高等职业教育旅游类专业新专业教学标准系列教材

旅游市场营销实务

王 宁　伍建海　廖建华　主编

杨琳曦　陈 兰　罗志慧　王少娜　副主编

清华大学出版社

北京

内 容 简 介

本书内容全面，层次清晰，可读性强，具有如下特点：①结构清晰，循序渐进。以"适用、够用、实用"为原则设计教材框架，以"任务驱动、项目导向、规范流程"的逻辑主线循序渐进地组织教材内容，符合学生的认知规律和学习成长路径。②任务导向，体例创新。学习目标设定合理，学习指南清晰，任务实施和考核明确，实训项目丰富，案例内容具有较新的前沿视角。③校企合作，产教融合。众多旅游行业协会和公司的大力参与和支持，使本书内容更加与企业接轨，更加与市场贴近。④知识新颖，与时俱进。介绍旅游网络营销的优秀案例及做法，较为详细地介绍了微博营销、移动互联网营销、微信营销、小红书营销、自媒体营销等相关理论和案例。

本书既适用于高等教育旅游管理专业教学，也可作为旅游从业人员的培训教材。为方便学习，本书配备了电子课件、习题和案例等教学资源。

本书封面贴有清华大学出版社防伪标签，无标签者不得销售。
版权所有，侵权必究。举报：010-62782989，beiqinquan@tup.tsinghua.edu.cn。

图书在版编目（CIP）数据

旅游市场营销实务 / 王宁，伍建海，廖建华主编. —北京：清华大学出版社，2021.7（2024.1重印）
高等职业教育旅游类专业新专业教学标准系列教材
ISBN 978-7-302-56150-7

Ⅰ. ①旅… Ⅱ. ①王… ②伍… ③廖… Ⅲ. ①旅游市场－市场营销学－高等职业教育－教材 Ⅳ. ①F590.8

中国版本图书馆CIP数据核字（2020）第143497号

责任编辑：左卫霞
封面设计：傅瑞学
责任校对：刘　静
责任印制：曹婉颖

出版发行：清华大学出版社
网　　址：https://www.tup.com.cn，https://www.wqxuetang.com
地　　址：北京清华大学学研大厦A座　　邮　编：100084
社 总 机：010-83470000　　邮　购：010-62786544
投稿与读者服务：010-62776969，c-service@tup.tsinghua.edu.cn
质 量 反 馈：010-62772015，zhiliang@tup.tsinghua.edu.cn
课 件 下 载：https://www.tup.com.cn，010-83470410

印 装 者：北京鑫海金澳胶印有限公司
经　　销：全国新华书店
开　　本：185mm×260mm　　印　张：17.5　　字　数：391千字
版　　次：2021年7月第1版　　印　次：2024年1月第4次印刷
定　　价：58.00元

产品编号：081731-01

前　言

"旅游市场营销实务"是旅游管理专业的核心课程，在专业课程体系中具有重要地位。在旅游新业态背景下，只有重构课程体系、完善课程标准、更新教学案例，才能适应旅游经济发展新形势和旅游教育的新需求。基于此，本书紧紧围绕培养高素质的复合型旅游人才培养目标，以专业所需知识结构、业务实操能力的应用型人才为出发点，对接旅游行业新业态，注重理论的创新与国际化接轨的需求，展现国内外旅游酒店、旅游景区、旅游交通和旅行社等旅游企业市场营销最新发展状况与经典案例，充分做到与旅游行业接轨。

本书在编写过程中以"任务驱动、项目导向、规范流程"的逻辑主线组织教材内容，力求展现旅游市场工作流程中的各项具体工作任务，为旅游管理专业学生提供最新的教学内容和案例。与同类教材相比，本书具有以下特点。

1. 结构清晰，循序渐进

本书以"适用、够用、实用"为原则设计教材框架，全书分为八个项目，从走近旅游市场营销到旅游市场调研与定位，从旅游产品策略设计到旅游产品定价策略设计，从旅游产品渠道策略设计到旅游产品促销策略设计，从制订旅游市场营销计划到旅游网络营销策略设计，按认知规律组织内容框架，符合学生的学习成长路径，使学生可以循序渐进地理解和掌握教材内容。

2. 任务导向，体例创新

全书共有八个项目，在每个项目学习之前，设定以"知识目标""能力目标""素质目标"和"思政目标"为一体的"学习目标"，提供包括学习方法和学习资源等内容的"学习指南"。每个项目分为若干个任务，每个任务建立"任务目标""任务实施"和"任务评价考核点"。以失败案例作为"引导案例"导入课程，引出下文知识内容，中间穿插"案例""拓展阅读"等相关知识点，以正面案例作为"总结案例"，进行分析和说明。每个任务配有"同步练习"和"实训项目"，项目末以"前沿视角"展现与本项目内容相关的新闻或者资讯，最后进行"综合训练"，提升学习项目的综合运用能力。

3. 校企合作，产教融合

本书在编写过程中得到多家校企合作企业的大力支持与关注，在此要特别感谢为本书提供案例的广东省旅行社行业协会以及广东同程创施国际旅行社、广州广之旅国际旅行社、广州喜玩国际旅行社、广东南湖国际旅行社、广东羊城之旅国际旅行社、广东粤美国际旅行社、郴州假期旅行社等的行业专家及公司领导，正是旅游行业协会与公司的大力参与和帮助，才使本书的内容与企业紧密衔接，更加贴近市场。

4. 知识新颖，与时俱进

旅游网络营销策略设计项目在介绍旅游网络营销的相关概念、产生及发展的基础上，分析旅游网络营销的主要模式和主要特点，主要以旅行社、酒店、旅游景区三种旅游行业典型企业为例阐述面临的问题和主要对策，介绍旅游网络营销的优秀案例及做法，对旅游网络营销的最新发展态势做了进一步的阐述，较为详细地介绍了微博营销、移动互联网营销、微信营销、小红书营销、自媒体营销等相关理论和案例。

使用本书建议线上与线下相结合进行学习。课前通过课程信息化资源、网络慕课提前预习相关知识；课中主动配合授课教师，积极参与线上、线下互动，领会并掌握各任务所需技能；课后完成同步练习、实训项目以巩固所学知识和技能。

本书由王宁、伍建海、廖建华担任主编，杨琳曦、陈兰、罗志慧、王少娜担任副主编。本书在写作过程中参考和借鉴了多位专家学者的著作与研究成果、大量优秀教材、众多旅游企业案例以及互联网上的公开资料，资料来源和参考文献已经一一列于教材内容与参考文献中，在此一并表示衷心的感谢。

由于编者水平有限，有感于旅游行业瞬息万变，加之时间紧迫，疏漏和欠妥之处在所难免，真诚希望得到各位旅游行业专家、旅游教育同行和旅游专业读者的批评与指正。

编　者

2021 年 1 月

目 录

项目一 走近旅游市场营销 1
  任务一　认知旅游市场营销 3
  任务二　走进旅游市场营销内容体系 12

项目二 旅游市场调研与定位 32
  任务一　旅游市场营销环境分析 34
  任务二　旅游市场调研 47
  任务三　STP 战略营销 56

项目三 旅游产品策略设计 71
  任务一　认知旅游产品的概念 73
  任务二　旅游产品品牌策略设计 79
  任务三　旅游产品开发策略 91

项目四 旅游产品定价策略设计 100
  任务一　认知旅游产品价格 102
  任务二　选择旅游产品定价方法和策略 108

项目五 旅游产品渠道策略设计 121
  任务一　认知旅游产品销售渠道 123
  任务二　旅游产品销售渠道策略设计 139

项目六 旅游产品促销策略设计 158
  任务一　认知旅游产品促销 160
  任务二　制定旅游产品促销策略 168

项目七 制订旅游市场营销计划 185
  任务一　认知旅游市场营销计划 187
  任务二　旅游市场营销控制 204

项目八 旅游网络营销策略设计 221
  任务一　认知旅游网络营销 223
  任务二　确立旅游网络营销策略 246

参考文献 274

项目一
走近旅游市场营销

【学习目标】

知识目标

1. 掌握旅游市场、旅游市场营销的基本概念和内涵。
2. 了解旅游市场营销的研究内容及方法。
3. 熟悉旅游市场营销观念的演变过程。
4. 整体把握旅游市场营销课程的逻辑结构。

能力目标

1. 能够认知旅游市场理论。
2. 能够熟练运用旅游市场理论进行案例分析。

素质目标

1. 培养学生旅游营销工作的热情。
2. 培养学生的学习能力、数据收集和分析的能力。

思政目标

1. 培养学生良好的职业道德和素养。
2. 培养学生的时代感和创新意识。

【学习指南】

学习方法

1. 讲授学习法。通过聆听教师讲授，理解、掌握知识。
2. 记忆卡片法。通过学习概括内容，列出标题，做成记忆卡片，分类整理。
3. 思维导图法。把各级主题的关系用相互隶属与相关的图表现出来，把主题关键词与内容建立记忆链接。

学习资源

1. 章节配套 PPT。
2. 参考书目。菲利普·科特勒，约翰·T. 鲍文，詹姆斯·C. 麦肯斯. 旅游市场营销[M]. 6版. 谢彦君，李淼，郭英，等译. 北京：清华大学出版社，2017。
3. 网络资源。

（1）文化和旅游部：https://www.mct.gov.cn。
（2）世界经理人：http://www.ceconline.com。
（3）搜狐网：https://www.sohu.com。
（4）数英网：https://www.digitaling.com。
（5）中国营销传播网：http://www.emkt.com.cn。
（6）社交媒体和数字营销网：https://www.socialbeta.com。
（7）中国旅游网：http://www.cntour.cn。
（8）中国旅游集团：http://www.ctg.cn。

任务一　认知旅游市场营销

任务目标

某旅游集团有限公司招聘了几名市场专员，其主要职责如下：①根据公司市场战略及市场动态，负责产品的市场推广；②开拓新市场，发展新客户，增加产品销售范围；③负责辖区市场信息的收集及竞争对手的分析；④负责销售渠道的建立。作为该公司旅游市场主管，请为新入职的市场专员培训旅游市场营销相关知识。

任务实施

每个小组将任务实施的步骤和结果填写到表 1-1 任务单中。

表 1-1　任务单

小组成员：		指导教师：
任务名称：		模拟地点：
工作岗位分工：		
工作场景： 1. 公司是旅游集团有限公司 2. 需要培训市场专员		
教学辅助设施	模拟旅游企业真实工作环境，配合相关教具	
任务描述	通过对旅游市场专员基本工作要求的介绍，让学生认知相关定义和内涵	
任务资讯重点	主要考查学生对旅游市场营销的认识	
任务能力分解目标	1. 具备市场意识，理解市场营销的基本概念 2. 熟悉旅游市场、旅游市场营销的知识 3. 学会解释相关旅游市场营销概念，并举例说明	
任务实施步骤	1. 掌握相关知识点 2. 学生以小组为单位，撰写旅游市场报告 3. 每个小组借助多媒体进行汇报，展示小组成果 4. 各小组互评，教师点评	

任务评价考核点

1. 理解旅游市场的基本概念。
2. 掌握旅游市场专员的基本工作要求。

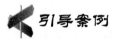
引导案例

"全域旅游+大数据"推动品牌精准营销

2018 年 4 月 16 日，由人民网舆情数据中心举办的"全域旅游大数据与目的地品牌营销"研修班在人民日报社新媒体大厦举办。酷旅互动数据创始人李明儒以"全域旅游时代下大数据技术在旅游品牌营销领域的广泛应用及影响"为题，与在场的旅游业从业人士进行深入探讨。

全域旅游是新时期旅游发展理念的重要革新。"以往游客多以观光景点为核心诉求，旅游参团主要为多城市同游，体验感较差。团队游时代旅游要素较少，政府只需将景区、酒店以及旅行社管理好，就能正常、稳定运行。"李明儒认为，当前的旅游业正步入自由行时代，游客不再以观光景点为单一目的，对度假以及休闲消费等方面的诉求也日益增加。

李明儒同时指出，在全域旅游的背景下，以景点为核心的旅游方式已经发展为多种途径、最大限度满足游客需求的方式；政府对旅游市场的管理范围从简单的景区、酒店、旅行社开始转变到全域、全方位管理，旅游场域中涉及的旅游要素也成倍增加。这是由于旅游目的地积极推动品牌营销与产品分销成为立足之本。在传统旅游中，旅行社全权负责景区品牌营销与分销，如今旅行社产品分销功能降低，线上旅行社（online travel agency，OTA）平台强大的产品分销能力开始显现，但是从旅游目的地品牌营销方面来看，OTA的表现相对较弱。

李明儒进一步指出，品牌营销主要是通过多渠道媒体来完成，然而大部分旅游目的地和景区并没有掌握良好的宣传方式扩大品牌知名度，宣传方式与内容的同质化等问题仍然比较突出，这是摆在旅游目的地面前不可回避的问题。

（资料来源：http://yuqing.people.com.cn/GB/n1/2018/0425/c419308-29950607.html）

思考：当前旅游目的地营销主要面临哪些问题？应该如何解决这些问题？

今天，市场营销不仅是旅游企业的一个职能，更是一种企业经营哲学、一种企业思想方式。"顾客是上帝"已成为大多数旅游企业的口号，满足顾客需要是企业的第一任务。为了更有效地为目标顾客服务，各家旅游企业必须提供精准的营销策略，从而比其他竞争企业更能为目标顾客实现价值。

一、旅游市场

当代著名市场营销学家菲利普·科特勒（Philip Kotler）把市场定义为"所有实际和潜在购买者的集合"。他从市场营销学的角度给出的市场定义：市场是由一切具有特定的欲望和需求并且愿意和能够以交换来满足此欲望和需求的潜在顾客组成的。

旅游市场的产生是旅游这一特殊的消费活动在商品经济条件下的产物。广义的旅游市场是指在旅游产品交换过程中反映的各种经济行为和经济关系的总和。旅游供给者和旅游需求者之间的矛盾运动推动着旅游经济活动的发展。旅游经营者、供应商、中间商和需求者之间的各种关系，也会最终反映在旅游市场上。狭义的旅游市场是指在一定时间、一定地点和条件下，具有旅游产品购买力、购买欲望和购买权利的群体，也被称为旅游需求市场或旅游客源市场。

在市场经济条件下，从旅游企业到旅游者个人，都与旅游市场有着密切的联系，旅游市场反映着整个旅游行业及其相关行业的商品与服务的交换关系。旅游市场既是旅游企业生产经营活动的起点,也是终点,是旅游企业与外界建立合作关系、良性竞争关系的传导和媒介,更是旅游企业生产经营活动成功与否的裁判员。如何更好地认识旅游市场、适应旅游市场,是旅游市场营销活动的核心与关键。

 拓展阅读 1-1

> **菲利普·科特勒——现代营销学之父**
>
> 菲利普·科特勒(1931—),生于美国,经济学教授。他是现代营销集大成者,被誉为"现代营销学之父",任美国西北大学凯洛格管理学院终身教授,是美国西北大学凯洛格管理学院国际市场学S.C.强生荣誉教授。
>
> 科特勒教授现任美国管理科学联合市场营销学会主席,美国市场营销协会理事,营销科学学会托管人,管理分析中心主任,杨克罗维奇咨询委员会成员,哥白尼咨询委员会成员。除此以外,他还是许多美国和外国大公司在营销战略和计划、营销组织、整合营销方面的顾问。同时他还是将近20本著作的作者,为《哈佛商业评论》《加州管理杂志》《管理科学》等第一流杂志撰写了100多篇论文。
>
> 科特勒对市场营销和管理的贡献大致可以分为3个方面:①他提升了营销的重要性,将它从一个次要行为转变为一个更为重要的生产活动,在这方面,他的贡献超过了其他任何作家和学者;②他延续了彼得·德鲁克开创的观点,把重点从价格和分配转移到一个更大的领域,即满足消费者需要和一种产品或服务所产生的利润;③他将营销的概念从单纯销售扩大到一个更笼统的传播和交换的过程。
>
> (资料来源:http://www.ceconline.com)

(一)旅游市场的组成要素

旅游市场由旅游市场主体、旅游市场客体和旅游市场媒介三大要素组成。

1. 旅游市场主体

旅游市场主体是旅游者,旅游者是为了满足自身生理和心理的需求,暂时离开常住地,进行旅游、观光、休闲活动的人。我国对旅游者的定义分为国内游客和海外游客两类,国内游客是指任何因休闲、娱乐、观光、度假、探亲访友、就医疗养、购物、参加会议或从事经济、文化、体育、宗教活动而离开常住地到我国境内其他地方访问,连续停留时间不超过6个月,并且访问的主要目的不是通过所从事的活动获取报酬的人。国内游客也分为国内旅游者(过夜游客)和国内一日游游客两类。而海外游客是指来我国大陆观光、度假、探亲、会议或从事政治、经济、文化、体育、宗教活动的外国人、华侨和港澳台同胞。

要成为旅游者,必须具备以下3个条件:一是有支付的能力,决定一个人能否实现旅游的收入水平实际上指的是可随意支配收入的水平,可随意支配收入水平的高低直接影响旅游者旅游消费水平的高低;二是要有闲暇时间,闲暇时间的长短直接影响旅游者的旅游距离和逗留时间;三是有旅游的欲望,如果已经有了旅游的费用和闲暇时间,但没有旅游的欲望,可能就会把费用和时间用在其他方面,例如看电影、逛街购物等。支付能力和闲暇时间是旅游者的物质基础,而旅游的欲望是决定旅游的关键因素,三者互相联系,缺一不可。

2. 旅游市场客体

旅游市场客体是旅游资源。旅游资源是指一切对旅游者构成吸引力的自然景观和人文景观等因素的总和。旅游资源一般可分为自然旅游资源、人文旅游资源以及自然与人文结合的旅游资源。

自然旅游资源是指能使人们产生美感或兴趣的、由各种地理环境或生物构成的自然景观,如山地景观、喀斯特地貌、海洋、河流、湖泊、极光、云海等。人文旅游资源指由各国各民族在漫长历史过程中所形成的各种社会环境、历史文物、文化艺术、民族风情等精神与物质财富,如古代建筑、历史文化名城、历史遗址、民族节日、民族风情、饮食等。而自然旅游资源与人文旅游资源相结合将产生更强的旅游吸引力,如泰山、黄山等景点被列入联合国文化和自然双重遗产,每年吸引大量中外游客前往参观。

3. 旅游市场媒介

旅游市场媒介是旅游市场主体与旅游市场客体发生联系的桥梁,为旅游者实现旅游愿望提供了可能。旅游市场媒介主要指旅游业,旅游业是直接或间接相关的综合性产业,以旅游业生产力六要素"食"(旅游餐饮业)、"住"(旅游酒店业)、"行"(旅游交通业)、"游"(旅游景观业)、"购"(旅游购物业)、"娱"(旅游娱乐业)为核心,以旅行社为产业龙头,由一系列行业部门组成的社会、经济、文化、环境的整合产业,是一个开放的复杂系统。

(二)旅游市场的特点

旅游市场虽然具有一般市场的共性,但是旅游作为一类特殊商品,旅游市场具有以下4个特点。

1. 季节性

首先,旅游者旅游闲暇时间分布的不均衡形成了旅游市场的淡季与旺季。旅游者一般利用节假日及带薪假期外出旅游,但由于带薪假期的长短不同,因此,不同时期的客流量也有明显的差异。如我国国庆"黄金周"假期是旅游的旺季,各地旅游市场均呈现出"井喷"的特征。

其次,旅游目的地国家以及地区自然条件、气象条件的差异,造成旅游市场产生季节性。一般来说,每年的6—9月为温泉旅游区的淡季,由于天气炎热,较少旅游者光临温泉旅游区,形成淡季。而进入10月以后,气温开始下降,温泉旅游区旅游者增加,旺季来临。

2. 多样性

随着我国经济的发展和人民生活水平的进一步提高,旅游消费水平由低级向高级发展,旅游消费结构呈现多元化的状态。由于旅游者的消费受多种因素影响,所以旅游者的需求也存在着差异。这些因素可分为两大类:一类是外界因素,如政治因素、经济因素、文化因素、相关群体因素、企业营销策略因素等;另一类是旅游者的自身因素,由于旅游者的社会经历、经济收入、个人兴趣爱好、受教育程度、职业、性别等的差别,旅游者表现出不同的市场需求,这种市场需求随着旅游者需求的变化而变化,并呈现出多样性。

旅游市场的多样性主要表现在旅游产品种类的多样性、旅游购买形式的多样性及旅游交换关系的多样性等方面。

3. 波动性

旅游市场的波动性起源于旅游需求和旅游供给两个方面。由于旅游是人们的一种高层次需求,各种因素都会影响旅游需求的变化,从而使旅游市场具有较强的波动性。如社会经济、政治、战争等任一因素的影响,都会引起旅游市场的波动。

4. 全球性

旅游市场的发展经历了一个由国内向国际的发展过程。由于早期人们的旅游活动是在国内不同地区间进行的,所以旅游市场最初是在一个国家的范围内形成的。第二次世界大战之前,由于各国家经济贸易关系的发展,促进了区域性旅游市场的出现,如欧洲与北美洲之间的旅游活动。第二次世界大战之后,生产力的提高、长距离旅游交通条件的改善和全球社会经济的发展,使国际旅游市场、旅游活动及区域性旅游市场经历变化,旅游活动扩展到全球范围,促使旅游市场全球性形成。

因此,现代旅游市场是一个以全球为活动范围的统一的国际旅游市场,在这个旅游市场上,旅游者的足迹遍布世界的各个地区和绝大多数国家,而世界各国也都积极支持和鼓励旅游业的发展。

二、旅游市场营销

市场营销是 20 世纪初起源于美国的一门新兴学科,美国企业管理大师彼得·德鲁克认为,市场营销最早于 1650 年前后产生于日本,19 世纪中叶美国开始出现市场营销。美国作为市场营销的发源地,在 1915 年成立了全美广告协会,1931 年成立专门讲授和研究市场的美国市场营销学会(AMS),1937 年以上两大组织合并成为美国市场营销协会(AMA),并在全国几十个州设立分会。这些组织成立后,通过理论与实践相结合,丰富了营销理论,极大地促进了市场营销及市场营销学在美国的发展。

市场营销作为推销商品的手段和形式在我国自古有之。"日中为市,致天下之民,聚天下之货,交易而退,各得其所",就是对中国古代市场及其活动的具体而生动的描述。1978年中国走上了改革开放的发展道路,重视发展商品经济和市场经济。由于市场营销适应商品经济发展的要求,与市场经济发展相辅相成,因而市场营销在中国才开始得到广泛的应用和发展。

在旅游企业管理活动中,市场营销是旅游企业整体活动的中心,市场营销部门是旅游企业的重要管理部门,因此,如何去认识市场、研究市场、适应市场乃至主动地驾驭市场,是旅游企业生产和发展时必须面临的首要问题。

（一）市场营销的概念

市场营销是与市场有关的人类活动，即以满足人类各种需要和欲望为目的，通过市场，变潜在交换为现实交换的活动。美国市场营销协会在 2004 年对市场营销的最新定义是：市场营销是一项有组织的活动，它包括创造"价值"，将"价值"通过沟通输送给顾客，以维系管理公司和顾客之间的关系，从而使公司及相关者收益的一系列过程。而菲利普·科特勒则认为，市场营销是个人或组织通过生产和制造并同别人或其他组织交换产品或服务以满足需求和欲望的一种社会和管理过程。

市场营销是从生产前设计到售后服务的全面管理过程，包括营销分析、规划、执行和控制等工作，因而，市场营销又被称为营销管理。

（二）旅游市场营销的概念

旅游市场营销是指以旅游消费需求为导向，进行旅游企业高效运营，提高旅游者满意度，实现企业经济效益和社会效益协调统一的活动，它以旅游者需求为中心，适应旅游市场环境的变化，实现旅游商品价值的交换。

旅游市场营销的概念有以下三重定义。

（1）旅游市场营销是一种活动，这种活动追求企业的高效运营，提升旅游者满意度，实现企业经济和社会效益协调统一。

（2）旅游市场营销是以旅游者需求为中心、旅游者消费需求为导向的。

（3）旅游市场营销可以在适应旅游市场环境变化的基础上，实现旅游商品价值的交换。

三、旅游市场营销观念

市场营销观念是一种企业经营的哲学，是企业对待市场和顾客的态度，是支配企业开展经营活动的基本指导思想，因此也被称为市场营销哲学。市场营销观念的正确与否，直接决定了企业经营的兴衰成败。市场营销是为了在目标市场上达到预期的交换目的而做出的努力，那么在不同的经济发展阶段，指导市场营销进行运行的观念应有所不同。在市场营销发展的历史上有两种不同的营销观念：以产品为核心的观念和以顾客需求为出发点的观念。

（一）以产品为核心的观念

旅游企业以旅游产品为经营核心，以增加产品供给、提升产品质量和推销产品为主要任务。以产品为核心的观念包括生产观念、产品观念及推销观念。

1. 生产观念

生产观念是指导销售的最古老的观念。以生产观念为指导的企业行为以生产为核心，致力于追求更高的生产效率和更广的分销范围，"以产定销"，以此来促进企业的发展。生产观念的出现有着特定的历史背景：一是供不应求的市场，消费者对产品的优劣不太在意，生产商只要提高产量，就可以在市场上获得较大的效益。二是经营成本太高，必须提高劳动生产率来实现市场的扩大。换句话说，市场的主要问题在于产品的有无和价格的高低，消费者关心的问题是是否买得到和买得起。在这个市场阶段，生产观念有其存在的价值。

生产观念主要表现为重生产、轻营销，重产量、轻质量。旅游企业把主要的精力放在产品的生产方面，追求高效率、大批量、低成本的生产，忽视市场需求的差异化。旅游企业的管理以生产部门为主。例如我国一年一度的春运期间，交通运输紧缺，此时，交通运输公司只需加开临时班车，无须过多地考虑其他附加服务，只要能满足旅客回家过春节的需求，就能最大限度地获得企业利润。

2. 产品观念

随着生产的发展，产品生产规模不断扩大，供不应求的紧张局面得以缓解，旅游者有较多的旅游产品可供选择。这时，主要指导旅游企业的营销观念是产品观念。产品观念认为，只要提高产品质量，突出产品特色，就能顾客盈门。"酒香不怕巷子深"属于典型的产品观念之一。各家旅游企业均开始重视产品的质量、功能和特色，致力于提高产品质量，增加产品功能，不断改进产品，使产品尽可能地达到尽善尽美，如全新的飞机、新型的列车、豪华的餐厅等。

但在现代市场经济条件下，卖方竞争激烈，即使再好的旅游产品，没有适当的营销，通向市场的道路也不会是平坦的。产品观念很有可能导致"营销近视症"，过分重视产品而忽视顾客的需求，即使产品很优秀，但企业仍有可能经营失败。营销专家麦肯锡指出："销售一种产品比制造它们要复杂得多，因此，不应该过分夸大生产的作用。"

3. 推销观念

当旅游产品的供给大量增加，旅游企业担心的不再是酒店、景点和交通设施能否有足够的能力来满足顾客，而是能否找到足够的顾客进行消费，推销观念应运产生。旅游企业认为，如果企业不进行大量的推销，消费者就不会购买他们的产品。所以，旅游企业必须有一套有效的推销方法来刺激消费者，奉行推销观念的企业强调它们的产品是"被卖出去的"，而不是顾客主动"买去的"。

推销观念仍是一种传统的营销观念，旅游企业还是根据自己的条件来决定生产什么旅游产品，以及生产多少旅游产品，所不同的是，旅游企业开始关注旅游者、寻找旅游者，并设立销售部门来推销旅游产品。这一时期，旅游企业认为成功依赖于比竞争对手更有效的推销，强调的是旅游产品的推销。

以产品为核心的观念，始终没有摆脱以企业生产为中心的经营观念，在一定的经济发展阶段，也能为旅游企业带来一定的效益。随着社会经济的发展，市场竞争越来越激烈，旅游企业需要逐步将经营的重心放到研究顾客需求、推出符合顾客需求的旅游产品上来。

（二）以顾客需求为出发点的观念

以顾客需求为出发点的观念是一种全新的生产经营指导思想，也是一种以顾客的需要为导向的经营哲学。它以旅游企业整体营销活动为基础，其目的在于通过满足顾客的需要，提升顾客的满意度和忠诚度，实现旅游企业的盈利目标。以顾客需求为出发点的观念包括市场营销观念和社会营销观念两类。

1. 市场营销观念

旅游企业在经营过程中，面对旅游产品严重供过于求、市场竞争异常激烈的状况，纷纷转变观念，引入市场营销观念，以旅游者的需求为中心来开展各项经营活动。市场营销观念是以市场需求为中心，以研究并满足市场需求为重点的新型营销观念，同推销观念相比具有很大的差别。市场营销观念认为：达到旅游企业经营目标的关键在于正确确定目标市场的需要和欲望，消费者才是市场的主体，决定提供旅游产品的主导权在于消费者。

由于市场营销观念是以满足顾客需求为出发点的，即"顾客需要什么，就生产什么"，旅游企业的出发点不像以前那样以企业的产品为中心，而是以顾客的需求和欲望为出发点。满足顾客的需求和欲望是市场营销观念的核心，它实现了顾客满意及企业长期盈利的整合。

推销观念与市场营销观念在企业的实施过程中存在着很大的差别。

(1) 推销观念的产生是因为企业中生产的产品过剩，要通过推销卖掉这些产品；而市场营销观念则是按照顾客的欲望和需求来设计并生产产品，再针对目标顾客进行销售。

(2) 推销观念始终以本企业产品为中心，而市场营销观念是以市场中的顾客为中心。

(3) 推销观念只着眼于每一次的交易，只要每一次企业都能把产品卖掉即可，而市场营销观念则着重于培育市场。

(4) 推销观念是通过扩大销售来获得利润的，而市场营销观念则是通过顾客多次购买产品来获得利润的。

2. 社会营销观念

社会营销观念认为，不仅要满足消费者的需要和欲望，而且要符合消费者自身以及整个社会的长远利益。要正确处理好消费者的欲望与利益和社会长远利益之间的矛盾，实现科学和可持续发展。

例如，一些旅游企业打着"以旅游消费者的需求为中心"的幌子，不顾及社会的整体利益，过度开发旅游资源，严重污染环境，由此造成社会资源的巨大浪费，旅游地环境被严重破坏，当地利益被严重侵害的现象屡见不鲜。为了解决这些日益严重的问题，社会营销观念主张旅游企业的营销活动不仅要满足旅游者的需求和欲望，而且要符合旅游者和全社会的长远利益，要由"以旅游者为中心"转变为"以社会为中心"。

社会营销观念认为，旅游企业决策者在确定经营目标时，既要考虑市场需求，同时要注意消费者的长远利益和社会福利。通过有效的社会营销手段，保证旅游企业的长期盈利，实现旅游企业营销部门与其他部门的有效整合。

旅游市场营销观念对比如表1-2所示。

表1-2 旅游市场营销观念对比

观　念	出发点	关注重点	方法或手段	营销目标
生产观念	企业	生产	扩大生产、降低成本	通过扩大生产获得利润
产品观念	企业	产品	生产优质产品	通过优质产品获得利润
推销观念	企业	产品	推销、促销	通过扩大销售获得利润
市场营销观念	市场	消费者需求	整体营销	通过消费者满意获得利润
社会营销观念	社会	社会长远利益	战略营销	通过社会满意获得利润

未来酒店营销理念的变化趋势是怎样的

若是以一个"五年计划"的时间度量和畅想未来,至少有三个理念将给酒店营销带来变化。

第一,自有顾客的有效转化。酒店要采取有效的手段,把顾客吸附到酒店的平台上,并且让平台上的顾客转化成酒店产品的消费者。这两个举措同等重要,对酒店营销的影响很大。

至于酒店平台,不能仅依靠销售经理"地推"拉进来老客户,而是要通过酒店全员的服务努力,形成一个忠诚客户群,并且由专人负责,不断维护,这当然并非易事,但必须去做。

第二,跨界与精准营销。跨界和精准营销已经成为互联网营销的利器,作为酒店需要考虑的是,如何让跨界成为精准营销的导火线?如今,"不想当网红的吃货不是好顾客"流行一时,酒店营销理应有新的思考。

要发挥酒店的场所优势,尝试让一群有共鸣点的人聚集到一起,然后引导产生不是原来的共鸣点的共同兴趣——这样的课题貌似有点绕,但应该成为酒店营销人研究的课题。

第三,生态链。酒店作为自然、社会、政治、经济、科技、环保、艺术乃至未来的集合体,可以延伸的地方有许多。现在已经有一些酒店和景区的产品打包销售,可以看作生态链的一种简单形式。

什么主题可以成为酒店营销应该抓住的生态链?这个链条该如何去设计?如何引起客人的关注并且愿意体验酒店的产品组合?这些问题的思考、解答和探索,对酒店营销的深化和扩展无疑具有积极的意义。

科技理念都在不断进步,对酒店行业来说也是日新月异,可以想象,未来营销变化肯定不止上述这些,可能还需要广大酒店人在这个过程中去摸索和总结。

(资料来源:https://www.sohu.com/a/201395636_218739)

同步练习

一、单项选择题

1. 下列不属于以产品为核心的观念的是(   )。

    A. 生产　　　　B. 产品　　　　C. 推销　　　　D. 市场营销

2. "酒香不怕巷子深"代表的是营销管理哲学中的(   )观念。

    A. 产品　　　　B. 社会营销　　C. 生产　　　　D. 市场营销

3. 推销观念认为(   )。

    A. 只要大力推销,消费者就会接受企业的产品

    B. 只要产品质量好,就不愁产品卖不出去

C. 从消费者需求出发，生产产品是推销的基础

D. 要统筹兼顾企业、消费者和社会的利益

二、简答题

1. 以顾客需求为核心的观念，包括哪几个观念？每个观念的特点是什么？
2. 试说明推销观念与市场营销观念的区别。

实训项目

选取本地两家同类型旅游企业（旅行社、酒店、旅游景区等），分别对其产品定价进行分析，总结这两家企业产品定价的利弊。4～6位同学为一组，分组提交成果。

任务二　走进旅游市场营销内容体系

任务目标

你作为某旅游集团有限公司的旅游市场经理，发现部门员工对旅游市场营销发展历史和知识体系的认识有待提升，请准备一份相关资料对部门员工进行指导。

任务实施

每个小组将任务实施的步骤和结果填写到表1-3任务单中。

表1-3　任务单

小组成员：	指导教师：
任务名称：	模拟地点：
工作岗位分工：	
工作场景： 1. 某公司是旅游集团公司 2. 旅游市场经理指导员工学习旅游市场营销发展历史和知识内容	
教学辅助设施	模拟旅游企业真实工作环境，配合使用相关教具
任务描述	通过对旅游市场营销发展历史的知识准备，让学生更加深入地认知相关知识
任务资讯重点	主要考查学生对旅游市场营销体系的认识
任务能力分解目标	1. 具备旅游市场营销发展历史的知识 2. 知晓不同历史发展时期的重要旅游市场营销理论 3. 熟悉旅游市场营销的学习内容
任务实施步骤	1. 掌握相关知识点 2. 学生以小组为单位，制订学习计划 3. 每个小组借助多媒体进行汇报，展示小组成果 4. 各小组互评，教师点评

任务评价考核点

1. 了解旅游市场营销不同历史时期的重要理论。
2. 掌握旅游市场营销新理论。

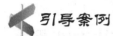引导案例

120年营销进化史

科特勒说:"经济学是营销学之父,行为学是营销学之母,数学是营销学的祖父,哲学是营销学的祖母。"其中,数学和哲学对于营销学来说太过久远与深邃。相比之下,经济学和行为学则与营销学更为亲近与贴切。总之,影响和改变消费行为是营销的根本目的,而经济学是营销依赖的生态。

1. 行为学与营销学

有商业就有营销,但长期以来"营销学"一直处于"有营销,而无学"阶段。直至印刷业发达之后,才开始有了"学科"的雏形,那时候的营销模式是"广告+推销",广告由第三方来负责,企业则负责售卖。

(1) 1898年,美国埃尔默·刘易斯提出购买行为法则,即AIDA法则:注意、兴趣、欲望、行动。这是有史以来第一个带有理论性质的营销学方法论。

(2) 霍普金斯发明了"强行销货法""试销""兑换券""派样"等现在仍被广泛采用的营销方法,他认为"广告是一门科学,其本质是推销术"。

(3) 1923年AC尼尔森成立,市场研究开始出现在营销领域,并扮演着越来越重要的角色。

(4) 20世纪50年代初,实战派罗瑟·里夫斯提出了USP理论,其独特销售主张认为,广告(营销)应聚焦于一个有差异性的、有穿透力的点,一切跟独特销售主张相违背的,都是吸血鬼,吸干传播效果的血。现在我们经常说的卖点、痛点等,都跟USP一脉相承,20世纪70年代出现的"定位"中也有USP的影子,但角度不同,定位体系更庞大。

(5) 李奥贝纳的"创意哲学",被称为半个理论,提出寻找(产品或品牌)"与生俱来的戏剧性"。他主张用"戏剧性"来启发消费者的购买诱因和兴趣动机。

(6) 在行为营销学派中,社会学家凡勃伦在1899年提出"炫耀消费"的理念,心理学家斯科特首次提出广告宣传需应用心理学理论,美国心理学家盖尔的《广告心理学》问世,是第一次系统地讲述如何使用心理学增加广告效果。

(7) 行为主义心理学创始人约翰·华生创造了S-R理论,即刺激—反应理论,随后约翰·华生进入智威汤逊工作,将其行为学理论带入广告界。

(8) 1932年,宝洁开始使用品牌管理制度,对后来的市场营销影响深远。所谓品牌管理制度,其实更准确地应该叫"产品管理制度"。它开启了以"产品总经理"的形式对一个产品市场表现全面负责的时代。因此,产品经理们必须与公司所有职能部门进行沟通,包括第三方的广告公司、市场研究公司。在此模式下,原来由第三方主导的广告创意、投放、事件营销、市场调研等职能开始并入企业,企业后来有了市场部(营销部),而第三

方则变成执行者。

2. 经济学与营销学

经济学与营销学关系的研究也是从20世纪初开始的，因为门槛较高，所以都是学院派，起初是把营销学作为经济学的一个分支来研究。代表人物有爱德华·D.琼斯、西蒙·李特曼等，有人称他们为"市场营销学的先驱"。

至于营销学开始与经济学正式分离，是从20世纪五六十年代开始的。那个时期出现了大量对营销学有贡献的人物和理念。

（1）在科特勒的巨著《营销管理》诞生之前，约翰·霍华德就著有一本《营销管理》，最先提出了"市场营销管理"的理论。

（2）而营销管理中的大框架"4P"，则是麦卡锡在其《基础营销》一书中首次提出的。

（3）罗·奥尔德逊是营销功能主义学派的创始人。

（4）社会学家罗杰斯提出了"创新扩散理论"。

（5）管理大师德鲁克、杜拉克、《哈佛商业评论》主编莱维特等，也都为现代营销学的诞生贡献了自己的理念和智慧。但跟霍普金斯、奥格威不同，他们普遍不太认同营销在"推销"上的价值。

（6）莱维特在其名作《营销短视症》中提到，企业偏重制造和销售产品，而营销却像"后娘养的孩子"。

（7）德鲁克则表示，"营销的目的就是让推销变为多余""企业只有两项最基本的职能：营销和创新"。

（8）1963年，波士顿咨询公司成立，其发明的波士顿矩阵等工具，也在几年后的《营销管理》中被引用。

总之，如果说科特勒是现代营销学之父，是集大成者，那刘易斯、霍普金斯、里夫斯、奥格威、霍华德、德鲁克、罗杰斯、莱维特、麦卡锡、亨德森等，则都是现代营销学的奠基人。

之后，营销学迎来了大一统，企业对营销的重视大大提高，营销不单单是"广告+推销+物流"的组合，而是基于企业资源，发现消费需求，并在满足市场需求下创造价值的企业系统活动。

科特勒根据市场变化对《营销管理》进行补充修正，并不断吸收新的营销理论，现在已经更新到第15版。同时消费者行为学作为营销的基础学科，也被重新整理、塑造，目前《消费者行为学》已经出到第12版。

（资料来源：https://www.digitaling.com/articles/46932.html，有删减）

思考：营销理论是否随着社会发展和经济进步在演变？选择印象最深的一个营销理论进行深入学习。

旅游市场营销学是一门揭示与探讨旅游市场营销及其规律的科学，是对旅游企业市场营销活动的理论性总结，是一门系统研究旅游市场问题的独立经济学科。

旅游市场营销学的主要研究对象是旅游企业，主要研究怎样摸透市场变化的规律以及如何有效地充实和管理市场营销活动。具体说来就是旅游企业如何识别、分析评价、选择和利用市场机会，从满足目标顾客需求出发，有计划地组织旅游企业的整体活动，通过交换，将产品从生产者手中转到消费者手中，以提高旅游企业的经济效益，求得生存与发展，实现营销目标。

一、旅游市场营销学的发展简史

（一）旅游市场营销学的导入阶段（20世纪60—70年代）

旅游市场营销学的导入阶段主要研究旅游产品与有形实物产品的异同、旅游的特征、旅游市场营销学与原有市场营销学研究角度的差异。

（二）旅游市场营销学的理论探索阶段（20世纪80年代初中期）

旅游市场营销学的理论探索阶段主要探讨旅游的特征如何影响消费者购买行为，尤其集中于消费者对旅游服务的特质、优缺点及潜在的购买风险的评估。代表性的学术观点如下。

（1）旅游服务的顾客评估如何有别于有形产品评估。
（2）如何依据服务的特征将服务划分为不同的种类。
（3）可感知性与不可感知性差异序列理论。
（4）顾客卷入服务生产过程中的高卷入与低卷入模式。
（5）旅游营销学如何跳出传统的市场营销学的范畴而采取新的营销手段等。

（三）旅游市场营销学的理论突破及实践阶段（20世纪80年代后期开始）

旅游市场营销学的理论突破及实践阶段主要研究以下问题。

（1）提出服务营销概念，并指出服务营销应包括7种变量组合，即在传统的产品、价格、分销渠道和促销的4Ps组合之外，再加上人、服务过程和有形展示3个变量，从而构成7Ps服务营销组合。

（2）由人（顾客和企业员工）在推广服务以及生产服务的过程中所扮演的角色，衍生出服务营销两大领域的研究，即关系营销和服务系统设计。

（3）强调加强跨学科研究的重要性。
（4）研究一些特殊的服务营销问题。

市场营销学理论发展一览表如表1-4所示。

表1-4 市场营销学理论发展一览表

年　　代	新　概　念	提　出　者
20世纪50年代	市场营销组合 产品生命周期 品牌形象 市场细分 市场营销观念 营销审计	尼尔·鲍顿 齐尔·迪安 西德尼·莱维 温德尔·史密斯 约翰·麦克金特立克 艾贝·肖克曼

续表

年　代	新概念	提出者
20世纪60年代	"4Ps"组合 营销近视 生活方式营销 买方行为理论 扩大的营销概念	杰罗姆·麦卡锡 西奥多·莱维特 威廉·莱泽 约翰·霍华德 西德尼·莱维
20世纪70年代	社会营销 减低营销 定位 战略营销 服务营销	杰拉尔德·泽尔曼 西德尼·莱维 阿尔·赖斯 波士顿咨询公司 林恩·休斯塔克
20世纪80年代	营销战 大市场营销 内部营销 全球营销 关系营销	雷维·辛格 菲利普·科特勒 克里斯琴·格罗路斯 西德尼·莱维 巴巴拉·本德·杰克逊
20世纪90年代	绿色营销 "4Cs"营销 客户关系管理 整合营销	肯·毕提 罗伯特·劳特朗 Gartner集团 唐·舒尔茨

二、旅游市场营销学的研究内容

旅游市场营销学主要研究旅游企业如何根据旅游市场变化的规律来实现有效的经营管理工作和市场营销活动管理工作。具体来说，就是旅游企业如何识别、分析评价、选择和利用市场机会，从满足目标顾客需求出发，有计划地组织企业的整体活动。

旅游市场营销学研究的中心内容是顾客及其需求，研究的具体内容包括市场营销理论、市场营销战略与策略、市场营销方法与技巧，主要研究以下3类问题：①国际旅游业对市场营销学的研究；②我国旅游企业市场营销观念的转变；③旅游企业市场营销的步骤。

三、旅游市场营销学的发展

（一）传统营销理论

传统营销理论经过长期的发展，已经形成比较扎实的理论和实践基础，消费者已经习惯这种固定的模式。传统营销理论一般指由麦卡锡教授提出的4Ps组合，即产品、价格、渠道和促销组成的营销组合及其后续发展的7Ps、4Cs营销组合，它有以下3个显著特点。

（1）营销组合指的是企业可以控制的各种因素的组合。影响市场活动的因素很多，大体上可以分为不可控因素和可控因素两大类。不可控因素即市场环境，是指企业不能完全控制或完全不能控制的外部环境；可控因素是指企业为了达到市场营销目标，针对不同的市场营销环境所采取的能满足目标市场需求的营销手段。

（2）营销因素是一个动态组合。其原因是：在实际的营销过程中，营销组合不仅要受到企业自身资源条件和目标的影响和制约，还要受到企业外部营销环境，尤其是宏观环境的影响和制约。

（3）营销因素是一个多层次的组合。四大营销策略是一个大组合，各种营销策略内部又包含着许多具体的营销因素，这就形成了4个更小的系统组合（或者叫次组合），如果在每个营销策略包含的许多具体因素中选择4个因素，就会有16个因素，组成4个次组合。围绕目标市场，企业的营销活动就会形成一个开放的系统。企业可以从各种组合中选择最佳组合，以适应外部环境和目标市场的要求。

1. 4Ps 营销组合理论

通常所说的4Ps营销组合理论是指产品（product）、价格（price）、渠道（place）及促销（promotion）四大营销因素的组合。由于上述四个因素都是由"P"开头，所以被统称为4Ps。1960年，4Ps营销组合理论由杰罗姆·麦卡锡（E.Jerome McCarthy）在《基础营销》（*Basic Marketing*）一书中第一次提出。1967年，菲利普·科特勒在其畅销书《营销管理：分析、规划与控制》第一版进一步确认了以4Ps为核心的营销组合方法。

产品（product）：注重开发的功能，要求产品有独特的卖点，把产品的功能诉求放在第一位。

价格（price）：根据不同的市场定位，制定不同的价格策略，产品的定价依据是企业的品牌战略，注重品牌的含金量。

渠道（place）：企业并不直接面对消费者，而是注重经销商的培育和销售网络的建立，企业与消费者的联系是通过分销商来进行的。

促销（promotion）：包括品牌宣传（广告）、公关、促销等一系列的营销行为。

4Ps营销理论的提出奠定了管理营销的基础理论框架。企业营销活动的实质是一个利用内部可控因素适应外部环境的过程，即通过对产品、价格、分销、促销的计划和实施，对外部不可控因素做出积极动态的反应，从而促成交易的实现和满足个人与组织的目标，用科特勒的话说就是"如果公司生产出适当的产品，定出适当的价格，利用适当的分销渠道，并辅之以适当的促销活动，那么该公司就会获得成功"。市场营销活动的核心就在于制定并实施有效的市场营销组合，企业的一切营销运作都应该围绕着4Ps进行，以提高市场份额，达到获利目的。

4Ps营销组合理论具有如下特点。

（1）可控性。构成市场营销组合的各种手段是企业可以调节、控制和运用的因素，如企业根据目标市场情况能够自主决定生产什么产品、制定什么价格、选择什么销售渠道、采用什么促销方式。

（2）动态性。市场营销组合不是固定不变的静态组合，而是变化无穷的动态组合。企业受到内部条件、外部环境变化的影响必须能动地做出相应的反应。

（3）整体性。市场营销组合的各种手段及组成因素不是简单地相加或拼凑集合，而应成为一个有机的整体。在统一目标指导下，彼此配合、相互补充，能够求得大于局部功能之和的整体效应。

案例 1-1

如何做好景区营销

1. 了解景区产品

在营销"4P"理论中，产品是放在第一位的。就景区而言，虽然它不像其他实物产品一样销售的是产品本身，而是一种服务和一种体验感受。怎样把景区最核心的吸引物，或者说能引起游客共鸣和愉悦的地方准确地传递给游客非常重要。我们经常说销售产品推广卖点就是这个意思。就一个区域而言，由于包容的内容太多，可以用一种意象来传递，通常做一个形象推广就能起到较好的效果。如云南的形象推广口号"彩云之南"，是非常贴切和具有想象力的推广语。就一个景区而言，景区内核中最重要的特色跟游客最喜欢的一部分并不一定成正比。例如，成都金沙遗址最核心的应该是蜀文化，直接表现物为地下文物，但让许多游客感兴趣的并不一定是出土的文物，而是歌舞剧《金沙》，前期推广内容也是利用这个古典和现代相结合的舞剧及其形象。这里就说明一个问题：产品特色和市场需求不一定是一致的。是靠内在来演绎表象，还是靠表象来推动内核要根据具体情况而定，大部分景区的产品特色和游客需求还是一致的。

2. 用价格杠杆玩转淡旺季

一般而言，景区大多离人口聚居地稍远，因此，客流量会随着周末以及假期的变化而变动，特别是一些特色明显的景区，会有明显的淡旺季。如何解决淡旺季的问题？景区接待成本随着客流量的飙升会不断降低，旺季涨价、淡季降价已经是老套路了。而如今的市场需要更加用心，可以尝试定向市场分时段包场，用价格撬动淡季。某老牌景区，淡季时向同省地级市推出包周方案：每周一至周五，不论对方组团社发来多少人，都是每天两万元。以此循环推出，整个淡季市场3个月很快过去了，而景区因为持续稳定的客流量，在门票之外挣够了吃、住、购的钱。淡旺季如此，那么平日和周末呢？离市区近一些的景区，是否会考虑白天和夜晚呢？当然有很多文章可做。切记，客流量就是现金流量，万勿计较一时的价格调整，人来了比什么都重要。

3. 用小主题玩转大联合

每年的2月14日、农历七月初七、12月25日这些年轻人比较关注的节日，总是离不开那些男女主题。接着做减法，从金婚、银婚、订婚、未婚、定情……这些主题中寻找一个最易唤起关注的，可以联合婚纱影楼、婚庆公司、婚庆中介、主题卖场等一起来举办活动。以此类推，小主题全年都有，而可以联合的平台则是无限宽广。

> **4. 用自媒体玩转曝光率**
>
> 很多景区都有自己的自媒体平台，新浪微博、微信公众号、今日头条号，但凡能够提升曝光率的平台都注册有公众账号，可惜的是很多没有运作好。用自媒体刷存在感，就是用自媒体玩曝光率。标题党是首选。××景区惊现史前幻象、少女新婚当天悔婚竟是因为没有去××景区……内容党是根本。每家景区都不缺美图，各类名目的图片却用而不得法。需要精研励志文章，将景区的内容、美图和人生感悟结合起来，每一篇文章都值得那些鸡汤群众去收藏。互动活动是撒手锏，网红的力量有些时候是想象不到的强大，请网红搞个活动，相信会大有收获。
>
> （资料来源：https://www.sohu.com/a/212627126_410740，略改动）

2. 7Ps 营销组合理论

与有形产品的营销一样，在确定了合适的目标市场后，服务营销工作的重点同样是采用正确的营销组合策略，满足目标市场顾客的需求，占领目标市场。但是，服务及服务市场具有若干特殊性，从而决定了服务营销组合策略的特殊性。在制定服务营销组合策略的过程中，学者们根据外部营销环境的变化在传统的 4P 基础上又增加了 3P，即人员（participant）、有形展示（physical Evidence）和过程管理（process management）。

（1）人员。在 7Ps 营销组合中，人（包括服务人员与顾客）作为一种元素，扮演着传递与接受服务的角色。在现代营销实践中，企业的服务人员极为关键，他们可以完全影响顾客对服务质量的认知与喜好。尤其是在服务行业中，由于人员素质参差不齐，服务表现的质量就无法达到一致的要求。人员也包括潜在购买及已购买服务的顾客。企业不仅要通过服务人员处理企业与已购买顾客之间的互动关系，还需要兼顾处理潜在顾客的行为与态度。

（2）有形展示。有形展示可以解释为"企业服务的促销更加贴近顾客"。有形展示的重要性在于，由于服务存在无形性，顾客不能在接受服务前了解服务水平的高低，而有形展示能使顾客从可触及的线索中，去体味你所提供的服务质量。因此，最好的有形展示方式是将无形的服务变成有形的服务。

（3）过程管理。过程管理是指顾客获得服务前所必经的过程。例如，顾客在获得服务前必须排队等待，那么这项服务传递到顾客手中的过程，时间的耗费即为重要的考虑因素。

4Ps 与 7Ps 之间的差别主要体现后 3 个 P 上，从总体上来看，4Ps 侧重于早期营销对产品的关注上，是实物营销的基础，而 7Ps 则侧重于后来所提倡的服务营销对于除产品之外服务的关注，是服务营销的基础。从营销过程上来讲，4Ps 注重的是宏观层面的过程，它从产品的诞生到价格的制定，然后通过营销渠道和促销手段使产品最终到达消费者手中，这样的过程是粗略的，并没有考虑到营销过程中的细节。相比较而言，7Ps 则是在这些宏观的层面上增加了微观的元素，开始注重营销过程中的一些细节，因此比 4Ps 更加细致和具体。它考虑到了顾客在购买时的等待、顾客本身的消费知识，以及顾客对于消费过程中所接触的人员的要求。从营销立场来说，4Ps 可以说是站在企业者的角度提出的，而 7Ps 则更倾向于站在消费者的立场上。从营销对象来讲，4Ps 组合侧重于对产品的推销，而 7Ps 组合则侧重于对顾客的说服。

 案例 1-2

新零售时代下的顾客体验营销

1. 让老客户给五分好评

当下消费者变化的第一个趋势就是消费群体的年轻化，"95后"成为购买主力，他们更习惯去网购，不相信所谓的广告和权威，更愿意相信朋友或者圈子的推荐。传统门店的销售是从顾客走进门店的那一刻开始的，但是新零售时代下的销售是从老客户的口碑传播开始的。对于"95后"的消费者来说，他们打算买一些产品的时候，首先要做信息搜索，他们会从网络或者朋友圈子那里获取信息，因此，在新零售时代，要更加注意老客户的维护管理，只要老客户给一个差评，那么生意可能就要凉凉了。我们曾说一个不满意的消费者会影响25个潜在消费者，那是在传统时代。在今天互联网技术这么发达的时代，一个不满意的消费者可能会影响成千上万名潜在消费者。

怎样创造老客户的口碑呢？首先得让客户满意，给你五星好评。举个外卖小哥的例子，很多外卖小哥都会找客户要五星好评，什么意思？外卖小哥应该要求客户给外卖小哥打分，否则大多数客户是不会给评分的。其次，这个分数怎么要？外卖小哥按时把外卖送到客户手上，客户会给五分好评吗？不会，因为没有惊喜嘛。外卖小哥说了一句话："先生，你们家里有没有垃圾需要我顺手帮您带下去。"我们得想想自己能够给客户带来哪些增值服务。

2. 门店专属VIP停车位

想要客户满意，就要给客户创造惊喜的购物之旅，当所有品牌都在销售现场作势的时候，有没有想过对消费者的购买流程进行全面管理。在完成品牌信息搜索之后，客户要来门店，那么他们会怎么来呢？交通工具无外乎打车、开车、公交车等，有没有想过解决顾客到店的这个问题，比如说给那些打车、坐公交车来的顾客报销交通费，这种模式在很多门店做促销活动时都已经尝试过了。

门店有几个专属VIP停车位，就彻底解决了停车难的问题，对于一些愿意开车的客户来说，有停车位是他来门店购物的主要因素。有这样一个案例，一家餐饮店为了招揽生意，竟把酒店一楼全部做成了停车场，想吃饭停好车上二楼，就这么一个改变把周围的餐饮店全部秒杀掉。有人说停车位紧俏太贵了，我们也租不到，那我们为客户提供代客泊车服务总可以吧，只要真正站在客户的角度去想问题，帮助客户解决后顾之忧，那机会自然就会来到你身边。

3. 场景化门店陈列方法

什么叫作场景化陈列方式，可以从两个层面来谈：第一个是整个店带给消费者的感受和体验是什么；第二个是关于产品的陈列方式。

如果走进一家母婴店，发现产品规规矩矩地摆在货架上，各种堆头、促销海报、宣传单页、价格标签铺天盖地而来，是一种什么样的感受？这就是大多数母婴店的样子，在我们的印象中，母婴店就应该是这个样子。但是如果有一天走进一家母婴店，发现像走进了热带森林，各种大树、绿草，还有潮湿的空气和淡淡的花香，还能听到鸟鸣或者蛙叫，又是一种什么样的感觉？惊喜！在购物的同时感受不一样的生活场景。热带森林风格还可以换成非洲沙漠、校园操场等各种主题。曾经我们以为连锁门店的标准化是快速扩张的优势，同时也能降低成本，但是在新零售时代，客户越来越注重购物体验，千店千面，每个店都给消费者不一样的体验越发重要。去看看肯德基和永和大王这两年新装的店面，你就会觉得消费真的是升级了，消费者需要更加高档次的店面。在你心目中的红色肯德基正在慢慢消失，黑色开始在肯德基的店铺中得到运用，简欧风格的小景致正在悄悄地设计进肯德基门店，就餐的桌子上多了充电的插座接口，迎合大众消费者的需求才是门店转型的关键。

（资料来源：http://www.emkt.com.cn/article/667/66779.html，略改动）

3. 4Cs 营销组合理论

市场营销理论发展到 20 世纪 90 年代，随着消费者个性化日益突出，加上媒体分化、信息过载，传统的 4Ps 营销组合理论逐渐被 4Cs 营销组合理论所挑战。从本质上讲，4Ps 思考的出发点是以企业为中心，是企业经营者要生产什么产品、期望获得怎样的利润而制定相应的价格、要将产品以怎样的卖点进行传播和促销并以怎样的路径选择来销售。在这一系列的营销组合中，忽略了顾客作为购买者的利益特征，忽略了顾客是整个营销服务的真正对象。以客户为中心的新型营销思路的出现，使以顾客为导向的营销理论不断出现。1990 年，美国学者劳特朗（Lauteborn）教授提出了与 4Ps 相对应的 4Cs 理论。

4Cs 营销组合理论的核心是顾客战略。而顾客战略也是许多成功企业的基本战略原则，如沃尔玛提出"顾客永远是对的"的基本企业价值观，酒店业中强调"顾客是上帝"的经营理念。4Cs 营销组合以顾客为中心进行企业营销活动规划设计，从产品到如何实现顾客需求（consumer's needs）的满足，从价格到综合权衡顾客购买所愿意支付的成本（cost），从促销的单向信息传递到实现与顾客的双向交流与沟通（communication），从通路的产品流动到实现顾客购买的便利性（convenience）。

（1）顾客需求。顾客需求有显性需求和潜在需求之分。4Cs 营销的首要任务是要研究客户需求，发现其真实潜在需求，通过制定相应的产品战略，影响企业的生产过程。换句话说，就是先把企业原有产品放到一边，首先对消费者的需求与欲望进行研究，生产并售卖消费者想购买的产品。

（2）顾客成本。顾客成本是顾客购买和使用产品所发生的所有费用的总和，除产品价格外，还包括购买和熟练使用产品所发生的时间成本、学习成本、机会成本、使用转换成本、购买额外配件或相关产品的成本付出的总和。对于这些成本的综合考虑，更有利于依据目标客户群的特征进行相关的产品设计和满足顾客的真实需要。

（3）顾客沟通。顾客沟通强调顾客在整个过程中的参与和互动，并在参与互动的过程中，实现信息的传递以及情感的联络。一方面，顾客沟通要选择目标客户经常接触的媒介管道；另一方面，由于现代社会信息爆炸，消费者每天所接触的信息来源非常广泛，单向的信息传递会由于消费者的信息接收过滤而造成传播效率低下。而顾客沟通强调的客户参与，则使顾客在互动的过程中对于信息充分接收并产生记忆。

由顾客沟通体验营销就是客户在体验的过程中，了解产品与自身需求的契合，发现产品的价值所在，并在无形中领悟品牌文化，在潜移默化中达致心里的感动。而体验的过程中，顾客的心声被企业接纳，又成为下一次创新的方向。以顾客为导向才更能使企业实现竞争的差异性和培养企业的核心竞争能力。

(4) 顾客便利。顾客便利的目标是通过缩短顾客与产品的物理距离和心理距离，提升产品被选择的概率。顾客便利是顾客在购买过程中感受的一种应急性、即时性、方便性的心理比较状态。顾客实际购买过程的每个环节都存在着顾客对购买便利性的心理预期，如果顾客在与目标产品接触中的便利性大于预期便利，则顾客感受到了购买便利；反之，则顾客没有感受到购买便利。

① 顾客便利与顾客购买过程有着紧密的联系。

② 顾客便利并不是能够看得到的实实在在的有形商品，而是通过购买及消费之后才能够感受到的服务，它与顾客的心理活动过程有着紧密的联系。

③ 顾客现在感受到的便利状态，是由于其在当前购买过程中所产生的心理感受与以前的心理感受相比较而形成的，是顾客的一种心理比较状态。因此，企业需要应用新科技，满足顾客购买便利性的需要。

4Ps 与 4Cs 对照如表 1-5 所示。

表 1-5　4Ps 与 4Cs 对照

类别		4Ps		4Cs
阐释	产品 (product)	服务范围、项目，服务产品定位和服务品牌等	客户 (customer)	研究客户需求欲望，并提供相应产品或服务
	价格 (price)	基本价格，支付方式，佣金折扣等	成本 (cost)	考虑客户愿意付出的成本、代价是多少
	渠道 (place)	直接渠道和间接渠道	便利 (convenience)	考虑让客户享有更多的便利
	促销 (promotion)	广告，人员推销，营业推广和公共关系等	沟通 (communication)	积极主动与客户沟通，寻找双赢的认同感
时间		20 世纪 60 年代中期（麦卡锡）		20 世纪 90 年代初期（劳特朗）

(二) 市场营销新理论

1. 关系营销

关系营销 (relationship marketing) 是把营销活动看成是一个企业与消费者、供应商、分销商、竞争者、政府机构及其他公众发生互动作用的过程，其核心是建立和发展与这些公众的良好关系。1985 年，巴巴拉·本德·杰克逊提出了关系营销的概念，市场营销理论研究迈上一个新的台阶。

(1) 关系营销的本质特征如下。

① 双向沟通。在关系营销中，沟通应该是双向而非单向的。只有广泛的信息交流和信息共享，才可能使企业赢得各个利益相关者的支持与合作。

② 合作。一般而言，关系有两种基本状态，即对立和合作。只有通过合作，才能实现协同，因此合作是双赢的基础。

③ 双赢。关系营销旨在通过合作增加关系各方的利益，而不是通过损害其中一方或多方的利益来增加其他方的利益。

④ 亲密。关系能否得到稳定和发展，情感因素也起着重要作用，因此关系营销不只是要实现物质利益的互惠，还必须让参与各方能从关系中获得情感的需求满足。

⑤ 控制。关系营销要求建立专门的部门，用于跟踪顾客、分销商、供应商及营销系统中其他参与者的态度，由此了解关系的动态变化，及时采取措施消除关系中的不稳定因素和不利于关系各方利益共同增长的因素。

此外，通过有效的信息反馈，也有利于企业及时改进产品和服务，更好地满足市场的需求。

(2) 关系营销三部曲。发现正当需求、满足需求并保证顾客满意、建立顾客忠诚，构成了关系营销中的三部曲。

首先，企业要分析顾客需求，顾客需求满足与否的衡量标准是顾客满意程度的高低，满意的顾客会给企业带来有形的好处（如重复购买该企业产品）和无形的好处（如宣传企业形象）。

其次，从模式中可以看出，期望和欲望与感知绩效的差异程度是产生满意感的来源，所以，企业可采取下面的方法来获得顾客的满意：提供满意的产品和服务，提供附加利益，提供信息通道。

最后，顾客维系。市场竞争的实质是争夺顾客资源。维系原有顾客、减少顾客的叛离，要比争取新顾客更为有效。维系顾客不仅需要维持顾客的满意程度，还必须分析顾客产生满意感的最终原因，从而有针对性地采取措施来维系顾客。

 案例 1-3

黄山的关系营销

黄山作为世界文化与自然遗产地，位于我国安徽省黄山市，其历史悠久，旅游产业得到了一定的发展，但是，黄山景区的关系营销，只具有一定程度的零星发展趋势，并没有采取更进一步的措施来最大限度地挖掘它的潜力，这制约了黄山市场营销前进的步伐。

1. 与游客的关系

黄山旅游属政府主导型，有政府作为坚强后盾，旅游市场比较规范，旅游者的权益也受到了重视。为了与游客建立良好的关系，黄山景区采取了一系列措施，包括：建立黄山旅游网，提供政策、资料和旅游信息等；提供会议场所，满足商务游客的旅游需求等。目前来看，这些措施虽然取得了一定的效果，但对于奠定与游客的牢固关系还远远不够。通过收集黄山游客的调查资料可以发现，游客对黄山景区的综合管理水平、餐饮、产品开发等方面的体验效果满意度偏低，这些都是影响黄山景区关系营销的重要因素，黄山景区管理者应予以足够重视。

2. 与竞争者的关系

黄山地处我国东部，除了黄山东部还有九华山、庐山、龙虎山等山岳旅游资源，它们作为竞争对手，在客源市场上有着相同的特点，如何进行有效整合，而不是通过打价格战等传统市场的竞争方式吸引游客，这也是目前的一大难题。其中，对于同处安徽省内的九华山，虽然都是山体旅游资源，但因其有自己的独特性——中国四大佛教名山之一，所以可以与之形成合作关系。事实证明，它们同属于"两山一湖"旅游区域，可以引导游客顺次游览，旅游资源得到了一定的互补。

3. 与影响者（旅游社区）的关系

据李东和张捷等对黄山居民旅游影响感知和态度的调查，周边地区居民对黄山风景区旅游影响的感知和态度呈现较为明显的空间分异。在一定地域范围内，居民对旅游积极影响感知强度距离衰减，对旅游消极影响感知强度距离递增。此调查只是从总体上概括旅游社区对黄山的态度，在现实中，黄山附近的社区也存在因为黄山旅游的过度开发带来的拥挤，日常生活用品价格上涨等而对黄山旅游景区抱有消极态度，从而影响黄山关系营销的运用。除此之外，因黄山东、南、西、北的社区开发进度和交通条件等的不同，造成了一定的发展冲突和社区间的隔膜，这对关系营销的运用也带来一定的困难。

4. 与景区内部的关系

黄山的经营管理机制存在国有企业的管理模式，员工的积极性和创造性不高。公司共有员工3000多人，人工成本逐年上升，没有采用合理的激励机制。虽然早在1987年11月，国务院就成立了黄山风景区管理委员会，但因部门设立较多，沟通比较困难，给黄山景区的发展带来了一定的负面影响，应当采取措施，减少这些不利因素。值得一提的是，黄山对景区环境采用"景点轮休制"，取得了积极的成果，既保证了黄山旅游业的可持续发展，又为国内其他景区的保护起到了示范作用。可见，在与景区的环境关系方面，黄山形成了自己独有的风格，这对景区内部关系营销奠定了良好的基础。

（资料来源：曹莉丽，李建杰. 略论旅游景区关系营销——以黄山为例[J]. 投资与创业，2016(8)，较大改动）

2. 4As营销理论

4As营销理论是对4Ps和4Cs营销理论的再一次升华，它的核心精髓是：强调对产品的引导、创新（ahead）；强调对产品和品牌的溢价、升值（appreciation）；强调分销和购买方式的合适、恰当（appropriate）；强调与消费者建立激发、共鸣（arouse）。

（1）更强调产品的引导性、创新性。注重产品本身，也注重消费者的需求，但更强调产品的引导性和创新性，强调以一种强势的产品创新引导消费，引导潮流趋势。

（2）更强调产品和品牌在消费者心里的溢价性和增值性。要求产品价格与成本的平衡，与消费者心理价位的平衡，但更强调要引导消费者心理价位的调整，提升消费者心理价值观感，提升品牌和产品在消费者心目中的价值形象。

（3）更强调购买场所的合适性和恰当性。要求渠道建设的方便和可控性，能让消费者购买方便，但并不是越多越好，而是要创新地引领一种时尚而又节约高效的购买方式，从而以一种并不过度方便而又能让品牌企业承担得了的渠道模式解决购买方式。

（4）更强调消费的需求激发和共鸣唤起。要求企业强势推介产品的功能性和卖点，同时要与消费者心理形成有效沟通，但宣告和沟通只是解决了双方交流的管道，并不能解决最终购买问题，因此，还必须激发消费需求，与消费者建立心理共鸣，这种共鸣和激发足以使消费者自动产生消费欲望。

案例 1-4

海底捞一流服务背后的秘密

海底捞联合创始人施永宏曾经分享说：服务是为了让客户有更好的体验，提高自身品牌附加值，书本上常介绍的面带微笑，只是普通的服务，真正好的服务要给客户提供一种物超所值的感觉。

施永宏曾经分享海底捞的两大服务特点。

1. 给顾客带来惊喜感

我们有个顾客，吃完火锅之后非常喜欢吃米饭，在四川饭店，一般会给白米饭配免费泡菜。但是这个客人不喜欢吃泡菜，她喜欢吃老干妈拌香菜下饭。但这个菜品火锅店没有。当顾客提出这样的需求时，我们就会按照顾客的喜好满足她的需求。从此这个客人来点米饭，我们就会上老干妈拌香菜而不是泡菜。后来，有一次她到上海出差，她惊喜地发现，她点米饭送的也是老干妈拌香菜。背后有什么秘密？原来，她去上海的时候，正好有个店员是从四川调过去的老员工，记得她的口味。所以就和厨房沟通，给顾客上老干妈拌香菜。结果这个顾客在店里感动得哭了。顾客在异地能享受这种服务，觉得非常感动，她也会主动帮我们做宣传。这就是给顾客带来惊喜感最直接的回报。

2. 超预期

我们店里会有很多顾客带着宝宝来吃饭，为了方便这些顾客，我们几乎每个店里都增设了儿童游乐区，有专门的人带着。针对一些年纪小的婴儿，我们还准备了婴儿车、婴儿床，大人吃饭的时候，就可以把孩子放到车上或者床上。当你把床推到客人面前的时候，他们会非常意外，会觉得怎么火锅店还有婴儿床？我觉得像这种服务就属于超预期的。往往这种超预期的惊喜感是给餐饮服务做口碑宣传最好的点。

我们的服务为什么这么出名？实际上是因为我们提供了很多这种给客人惊喜感以及

超预期的案例。找到超预期服务的出口很简单，只要亲自去问客户就可以。因为只有客户自己清楚他需要的服务到底是什么！

（资料来源：https://www.sohu.com/a/306949031_100130283，略改动）

3. 4Rs 营销理论

4Rs 营销理论是在 4Cs 营销理论的基础上提出的新营销理论。4Rs 分别指代关联（relevance）、反应（reaction）、关系（relationship）和回报（reward）。该营销理论认为，随着市场的发展，企业需要从更高层次上以更有效的方式在企业与顾客之间建立起有别于传统的新型的主动性关系。

（1）紧密联系顾客。企业必须通过某些有效的方式在业务、需求等方面与顾客建立关联，形成一种互助、互求、互需的关系，把顾客与企业联系在一起，减少顾客的流失，以此来提高顾客的忠诚度，赢得长期而稳定的市场。

（2）提高对市场的反应速度。多数公司倾向于说给顾客听，却往往忽略了倾听的重要性。在相互渗透、相互影响的市场中，对企业来说最现实的问题不在于如何制订、实施计划和控制，而在于如何及时地倾听顾客的希望、渴望和需求，并及时做出反应来满足顾客的需求，这样才有利于市场的发展。

（3）重视与顾客的互动关系。4R 营销理论认为，如今抢占市场的关键已转变为与顾客建立长期而稳固的关系，把交易转变成一种责任，建立起和顾客的互动关系。而沟通是建立这种互动关系的重要手段。

（4）回报是营销的源泉。由于营销目标必须注重产出，注重企业在营销活动中的回报，所以企业要满足客户需求，为客户提供价值，不能做无用的事情。一方面，回报是维持市场关系的必要条件；另一方面，追求回报是营销发展的动力，营销的最终价值在于其是否给企业带来短期或长期的收入能力。

4R 营销具有如下特点。

（1）4R 营销以竞争为导向，在新的层次上提出了营销新思路。根据市场日趋激烈的竞争形势，4R 营销着眼于企业与顾客建立互动与双赢的关系，不仅积极地满足顾客的需求，而且主动地创造需求，通过关联、关系、反应等形式建立与顾客独特的关系，把企业与顾客联系在一起，形成了独特的竞争优势。

（2）4R 营销真正体现并落实了关系营销的思想。4R 营销提出了如何建立关系、长期拥有客户、保证长期利益的具体操作方式，这在关系营销史上是一个很大的进步。

（3）4R 营销是实现互动与双赢的保证。4R 营销的反应机制为建立企业与顾客关联、互动与双赢的关系提供了基础和保证，同时也延伸和升华了营销便利性。

（4）4R 营销的回报使企业兼顾成本和双赢两方面的内容。为了追求利润，企业必然实施低成本战略，充分考虑顾客愿意支付的成本，实现成本的最小化，并在此基础上获得更多的顾客份额，形成规模效益。这样一来，企业为顾客提供的产品和追求回报就会最终融合，相互促进，从而达到双赢的目的。

4R 营销提供了很好的思路，同任何理论一样有其不足和缺陷。如与顾客建立关联和关系，需要实力基础或某些特殊条件，并不是任何企业都可以轻易做到的。

拓展阅读 1-2

4Ps、4Cs 和 4Rs 的区别与联系

4Ps 营销理论是营销理论中最基本的理论，是以企业本身为导向的营销理论。

4Cs 营销理论是在 4Ps 营销理论的基础上提出的营销理论，是以消费者为导向的营销理论。

4Rs 营销理论是在 4Cs 营销理论的基础上提出的营销理论，是以竞争为导向的营销理论。

三者相辅相成，合作下来可以达到相得益彰的效果。

（资料来源：https://wenku.baidu.com，略改动）

4. 绿色营销

绿色营销是指企业以环境保护为经营指导思想，以绿色文化为价值观念，以消费者的绿色消费为中心和出发点的营销观念、营销方式和营销策略。它要求企业在经营中贯彻自身利益、消费者利益和环境利益相结合的原则。

绿色营销是适应 21 世纪的消费需求而产生的一种新型营销理念，也就是说，绿色营销还不可能脱离原有的营销理论基础。因此，绿色营销模式的建立和方案的选择及相关资源的整合还无法也不能脱离原有的营销理论基础，可以说，绿色营销是在人们追求健康（health）、安全（safe）、环保（environment）的意识形态下发展起来的新的营销方式和方法。

在旅游行业，以可持续发展作为指导思想的绿色营销，倡导节约、环保和健康的消费方式，以此达到社会效益和经济效益的统一，满足社会、旅游企业和顾客三方面的发展需求，并且能使三方从中获益。

目前，国际上比较通行的做法是"5R"原则。

（1）研究（research）。就是把环保纳入旅游企业的管理决策中来，重视对环保的研究及制定相关的环境对策。

（2）减量化（reduce）。通过采用新技术、新工艺、新材料，减少或消除有害废弃物的排放。

（3）再开发（rediscover）。积极进行科研活动，变普通产品为绿色产品，积极创造绿色品牌。

（4）循环（recycle）。对废旧产品进行回收处理、循环利用。

（5）保护（reserve）。积极参与环境整治活动，培养员工的环保意识，树立旅游企业绿色形象。

拓展阅读 1-3

中国绿色饭店全面启航

创建绿色饭店能帮助企业平均节电15%，平均节水10%，让企业平均收入增长12.08%，平均毛利率增长3.51%。2018年全国绿色饭店评定机构工作会议暨国标新指标体系发布会于近日在北京举行。中国饭店协会副会长陈新华在会上表示，创建绿色饭店成为饭店行业高质量发展的突破口。经历了16年发展历程的绿色饭店创建工作，有了完善的标准，积累了丰富的经验，在绿色发展理念深入人心、消费升级步伐不断加快的背景下，绿色饭店创建工作迎来前所未有的机遇期。

2002年12月，国家发布了《绿色饭店等级评定规定》(SB/T 10356—2002)行业标准。2007年9月，《绿色饭店》(GB/T 21084—2007)国家标准发布。自2002年至2018年，绿色饭店创建工作经历了16年的发展历程。中国饭店协会副会长陈新华透露，到2018年为止已评定绿色企业1500余家，绿色饭店评审员2300余人。中国绿色饭店从无到有，从有到精，在国家倡导绿色发展理念、消费升级的背景下，中国绿色饭店迎来最好发展时期。

陈新华表示，中国饭店业要进一步明确绿色饭店的发展目标，要牢固树立绿色发展的理念，将绿色理念融入饭店业的经营管理服务消费的过程中。下一步要通过提升全国绿色饭店各地评定机构的工作质量和绿色饭店国家标准评审员的工作能力，打造中国绿色饭店升级版，为饭店业高质量发展护航。

首先，围绕"收益增长20%，排放减少20%"的目标，将创建绿色饭店定性指标优化为可操作衡量的定量指标，通过整合专家、技术、资金资源为绿色饭店创建企业提供专业咨询辅导与资源对接，帮助企业真正实现"双二十"目标。

其次，要构建绿色饭店的业态体系。陈新华表示，现在的饭店业，与16年以前大不一样。之前创建绿色饭店的主要是星级酒店。现在的饭店市场已经发生了非常大的变化。除星级饭店、经济型酒店等传统业态，还涌现出民俗、公寓、会议饭店、度假酒店、精品饭店等业态。这些业态适应新消费需求而诞生，以绿色发展理念为指引，与绿色饭店的发展理念一致。未来会有更多新业态加入创建绿色饭店的行列中。

最后，要促进绿色饭店产业化发展。陈新华说，绿色饭店不仅是创建绿色饭店本身这项工作，下一步要促进绿色饭店的产业化发展。要打造绿色饭店生产基地、采购基地，要积极推广绿色饭店智能化先进技术的应用。同时，要积极推进绿色饭店与养老产业、旅游产业、文化产业等融合发展。

另外，要打造绿色饭店的百强榜品牌，要大力推进绿色饭店的国际交流，以提高绿色饭店的知名度，让更多的消费者能够选择绿色饭店消费，让绿色饭店的绿色发展能够得到更好的回报。

（资料来源：https://www.sohu.com/a/244747022_275039）

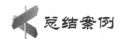

环球旅讯峰会"2019 数字旅游奖——创新营销奖"
——长隆欢乐万圣节:"关你鬼事"整合传播

作为长隆欢乐世界主题园区的保留项目,长隆欢乐万圣节已经举办至第八届。环旅现场,长隆工作人员分享的就是上一年品牌的万圣节项目。上一年,以"关你鬼事"为传播主题,长隆欢乐万圣节自创了长隆五大鬼王 IP,并为此拍摄了广告片、一支粤语 rap 单曲、H5 以及二次元漫画。

其中广告片又由 5 个独立的小故事组成,主要梗概可以理解为:每当男主人公要做出破坏社会纪律的事情时,鬼王就会现身,以经过戏剧化夸张处理的方式劝阻主人公,创意灵感来自旅游区提倡文明出游的要求。片中虽然出现了丧尸、亡灵等恐怖角色,但却为他们安排了一个社会不文明行为监督者的角色,恐怖氛围携带者与社会纪律监督者形象同时出现带来的反差感给片子增加了几分趣味性。

另外,结合嘻哈音乐越来越受大家欢迎这一文化消费大趋势,长隆还制作了一支粤语 rap 单曲,向观众传达万圣节"关你鬼事"的主题信息,同时呼吁观众万圣节到长隆来玩。据悉,这支 rap 单曲在活动期间还一直在园区内的 LED 屏上轮播。

1. 项目背景

根据长隆工作人员现场介绍以及品牌参与金鼠标数字营销大赛时提交的资料来看,在长隆欢乐万圣节已经连续举办了七届之后,在万圣节活动上逐渐摸索出了自己的品牌思路,但随着万圣节知名度的不断提升,各大商家纷纷举办起各种万圣主题活动,导致同质化严重,在一定程度上分散了目标消费者的注意力,并影响了消费者对长隆欢乐万圣节的关注度。因此,此案例长隆欢乐万圣节的目标是持续强化用户认可度,与竞品形成区隔性差异,并打造品牌独特标识。

2. 核心创意及传播主题

在本案例中,长隆找到的核心解决方案是打造专属长隆的鬼王 IP。结合园区以及市场分析,长隆希望以故事 IP 化,构建长隆欢乐万圣节世界观,赋予人设、故事以及符号。

另外,根据长隆工作人员的介绍,项目传播主题"关你鬼事"有两层意思:第一层是与你相关的鬼事;第二层就是在广东粤语地区生活的一个话术,指"关你什么事",希望结合年轻人——比较个性、比较拽的态度,用关你鬼事进行传播。

3. 传播思路

基于过往调查,长隆万圣节的受众 85% 都是年轻人——"00 后""90 后",因此,在内容创作上,长隆采用了较为年轻化、社交化的方式演绎。同时,在内容传播上,长隆也做了一些尝试,例如,投放地铁、多媒体视频网络平台广告,借势锦鲤热点以及明星吴克群《为你写诗》这样的电影热点,同时还邀请了华南地区的 KOL 合作"午夜追鬼敢死队"综艺式直播,以及举办全民抢走大南瓜的狂欢活动。

4. 项目目标

首先，长隆希望项目价值可以体现在品牌端。经过过去七届的运营，长隆欢乐万圣节在珠三角地区年轻人中建立了一定影响力，借此项目，长隆希望继续提高欢乐万圣节品牌形象。

其次，长隆除乐园之外，还有餐饮、酒店，是一体化的综合旅游体，因此欢乐世界万圣节也可以带动其他周边的餐饮、酒店的营收。

（资料来源：https://socialbeta.com/t/104754，略改动）

同步练习

一、单项选择题

1. 下列不属于 4Ps 营销组合的是（   ）。

   A. 渠道　　　　B. 产品　　　　C. 人员　　　　D. 促销

2. 绿色营销是人们在追求（   ）的意识形态下所发展起来的营销方式和方法。

   A. 健康　　　　B. 安全　　　　C. 环保　　　　D. 新潮

二、简答题

1. 简述关系营销三部曲。
2. 举例说明 4Cs 营销组合。
3. 简述 4Rs 营销理论。

实训项目

收集相关资料，对本地知名的旅游行业企业进行分析，掌握本地区旅游酒店、旅游景区、旅游交通、旅游餐饮、旅行社等旅游相关企业知名品牌并进行概括介绍。以 4~6 位同学为一组，分组提交成果。

前沿视角

数字营销

所谓数字营销，是指借助于互联网络、计算机通信技术和数字交互式媒体来实现营销目标的一种营销方式。数字营销将尽可能地利用先进的计算机网络技术，以最有效、最省钱地谋求新的市场的开拓和新的消费者的挖掘。

数字营销是基于明确的数据库对象，通过数字化多媒体渠道，如电话、短信、邮件、电子传真、网络平台等数字化媒体通道，实现精准化营销，营销效果可量化、数据化的一种高层次营销活动。

数字营销之前曾被看作特殊领域的独立营销形式，但是，由于它提供了相同的受众沟通方式（只不过是以数字形式而已），2003 年开始已经经常被看作能够涉及绝大多数的传统营销领域（如直复营销）的营销形式。

在数字经济时代，传统企业实现数字化时，必须把数字营销作为一个重要的方面来关注，变革原本不能满足需要的营销思想、模式和策略，实现新的营销方式。与数字管理、生产制造一道，数字营销作为一个热点，将成为数字企业的3个重要组成部分之一。一般来说，在充分竞争的市场上，企业只能得到正常利润，如果想得到超额利润，那就必须创新。创新是对生产要素进行新的组合，从经济学的意义上讲，它不仅包括技术创新，也包括了营销创新。其中，数字营销就是创新的典型事物。

数字营销不仅是一种技术手段的革命，而且包含了更深层的观念革命。它是目标营销、直接营销、分散营销、客户导向营销、双向互动营销、远程或全球营销、虚拟营销、无纸化交易、客户参与式营销的综合。数字营销赋予了营销组合以新的内涵，其功能主要有信息交换、网上购买、网上出版、电子货币、网上广告、企业公关等，是数字经济时代企业的主要营销方式和发展趋势。

（资料来源：https://baike.baidu.com）

项目小结

本项目首先介绍市场与旅游市场的含义，旅游市场营销相继经历了生产观念、产品观念、推销观念、社会营销观念等观念，分析旅游市场构成的三大要素以及旅游市场具备的四大特点，阐述了旅游市场营销相关定义和观念。其次简述旅游市场营销观念的发展历程和研究内容，对旅游市场营销学发展理论和内容体系做了进一步的阐述，较为详细地介绍了4Ps、4Cs、关系营销、4Rs、4As和绿色营销等相关理论和案例。

综合训练

1. 实训项目

选择本地知名的旅游行业企业（旅行社、酒店、旅游景区等），运用相关营销理论，分析该企业近年进行了哪些市场营销活动。

2. 实训目标

培养学生资料收集以及运用所学营销理论分析具体案例的能力，通过项目让学生更好地运用旅游市场营销基本理论知识。

3. 实训指导

(1) 指导学生掌握资料收集方法以及相关营销理论知识。

(2) 给学生提供必要的参考资料。

4. 实训组织

(1) 把所在班级学生分成若干小组，每组4～6人，确定组长，实行组长负责制。

(2) 运用不同的旅游市场营销理论，完成旅游企业市场活动报告PPT汇报，在课堂上进行汇报交流。

5. 实训考核

(1) 根据每组的旅游企业市场活动报告PPT汇报，由主讲教师进行评分和点评，占50%。

(2) 课堂讲解完后，每个小组互评，各给出一个成绩，取其平均分，占50%。

项目二
旅游市场调研与定位

【学习目标】

知识目标

1. 了解旅游市场的营销环境。
2. 掌握旅游市场调研的程序及问卷设计方法。
3. 了解旅游市场细分、目标市场选择及市场定位的 STP 战略方法。

能力目标

1. 能够进行旅游市场调研。
2. 能够熟练运用 STP 理论指导实践。

素质目标

1. 培养学生热爱旅游营销工作，具有较强的责任心。
2. 培养学生的学习能力、分析及解决问题的能力。
3. 培养学生的团队合作精神和创新意识。

思政目标

1. 培养学生通过市场调研实践增强责任意识、纪律意识、大局意识。
2. 培养学生求真务实，开拓进取的精神。

【学习指南】

学习方法

1. 讲授学习法。通过聆听教师讲授，理解、掌握知识。
2. 讨论学习法。通过小组讨论，深化对所学知识的理解和运用。
3. 案例学习法。通过案例分析，总结经验，强化知识运用。
4. 项目学习法。通过完成具体项目，解决实际问题，提升专业技能。

学习资源

1. 章节配套 PPT。

2. 参考书目。

（1）李学芝.旅游市场营销与策划：理论、实务、案例、实训[M]. 3 版. 大连：东北财经大学出版社，2018。

（2）王宁.旅游市场营销[M]. 广州：广东高等教育出版社，2014。

3. 网络资源。

（1）中国旅游新闻网：http://www.ctnews.com.cn。

（2）环球旅讯：http://www.traveldaily.cn。

（3）同程旅游网：https://www.ly.com。

（4）腾讯新闻：https://new.qq.com。

（5）凯撒旅游网：http://caissa.com.cn。

（6）鸿鹄逸游：https://www.hhtravel.com。

（7）搜狐网：https://www.sohu.com。

（8）问卷星：https://www.wjx.cn。

（9）经管之家：https://bbs.pinggu.org。

任务一　旅游市场营销环境分析

任务目标

××旅行社刚刚成立，作为市场销售总监，请组织进行市场营销环境调研分析，并形成市场环境分析报告。

任务实施

每个小组将任务实施的步骤和结果填写到表 2-1 任务单中。

表 2-1　任务单

小组成员：	指导教师：
任务名称：	模拟地点：
工作岗位分工：	
工作场景： 1. ××旅行社刚刚成立 2. 市场环境分析	
教学辅助设施	模拟旅行社真实工作环境，配合相关教具
任务描述	通过旅游市场营销环境分析，让学生了解市场营销环境相关知识
任务资讯重点	主要考查学生对旅游市场营销环境的认识
任务能力分解目标	1. 具备旅游市场营销分析技能 2. 掌握营销环境分析方法 3. 掌握市场营销环境分析报告写作技能
任务实施步骤	1. 掌握相关知识点 2. 学生以小组为单位，进行旅游市场营销环境分析 3. 每个小组借助多媒体进行汇报，展示小组成果 4. 各小组互评，教师点评

任务评价考核点

1. 了解旅游市场营销环境的基本知识。
2. 能够进行旅游市场营销分析。
3. 能够写出分析报告。

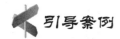

Z世代的旅行很不一样

据国家文化和旅游部、艾瑞咨询等公开数据显示，我国旅游市场近年来持续升温。在"消费升级"趋势的影响下，旅游市场再次发力，并稳中向好。2018年国内旅游人次数达55.4亿人次，出境游达1.5亿人次，未来数据预计将持续上涨。

这其中，千禧一代（1981—1996年）和Z世代（1997—2012年）可谓出了不少力，基本占到了线上旅游人群的78%。特别是Z世代，旅行成为他们业余兴趣爱好的第三位，占比达57%；此外，2019年他们在度假、旅游领域的消费金额也占到了44%左右。

一些不被大众熟知的地名和景点，出现在他们的旅行列表上；一些看似"疯狂"的想法，下一秒就被他们付诸实践了。爱旅游、敢放肆、舍得买、渴望社交的他们，旅行也变得不太一样了。

（资料来源：https://new.qq.com/omn/20200113/20200113A04KVY00.html）

思考：旅游企业该如何进行旅游市场分析？

旅游市场营销环境是指影响旅游市场营销管理能力的各种企业外部和内部因素组成的企业生态系统，由旅游市场宏观营销环境和旅游市场微观营销环境共同构成。旅游市场营销宏观环境是指旅游企业或旅游业运行的外部大环境，主要包括政治因素、文化因素、社会因素、经济因素、人口与地理因素、技术环境因素等方面。旅游市场微观营销环境是与企业市场营销活动直接发生关系的具体环境，是决定企业生存和发展的基本环境，主要由旅游购买者、旅游中间商、竞争者、公众等要素构成。

一、旅游市场营销宏观环境分析

（一）政治因素

政治环境是指企业市场营销活动的外部政治形势和状况给市场营销活动带来的，或可能带来的影响，一般分为国内政治环境与国际政治环境。它是旅游营销所遇到的机遇和风险都比较大的环境因素，因为一个国家的政局、政策是否稳定，国家之间关系的好坏都会直接影响旅游营销活动的开展。

首先，一个国家在一定时期内政局是否稳定直接影响整个旅游业的发展。如果一个国家政局比较稳定，没有战争、罢工、暴乱、恐怖袭击等活动，国内外游客在此旅游时就会有一种安全感，就会促进旅游业的发展。一个国家政局动荡，政变连续不断，政治风波此起彼伏，旅游者出于安全的考虑一般不会到这些地方旅游。例如，2017年韩国决定部署"萨德"反导系统，众多中国旅游企业纷纷下架所有韩国游的产品，而中国游客对去韩国旅行好感度也大幅下降，导致韩国旅游业收入一落千丈。

其次，国家旅游政策对旅游营销的影响，主要表现为国家的旅游产业政策及旅游政策变化对旅游企业的营销活动是否有利，是孕育着更大的市场机会还是带来一定的市场威胁。任何国家的政府从维护本国的政治、经济、民族利益出发，既可以制定鼓励、支持甚至极力推动旅游事业发展的政策，也可以制定控制、限制甚至禁止某些旅游活动开展的政策，从而影响旅游营销活动。例如，不丹政府为了保护不丹的生态环境不被游客破坏，政府规定了比较昂贵的旅游费用，也限制了入境游客的数量。如果旅游团人数少于4人，则需要另缴附加费。而一国政府对旅游业影响最大的是其对旅游业发展的态度，积极的扶持态度会使旅游业得到快速的发展。诸如财政资助、关税减免、长期低息贷款、信誉担保、公共事业费减免、实行特殊的旅游者兑汇率，以及积极地提供各种优惠条件并鼓励投资者向旅游投资等，都会对旅游业产生积极的影响。由于形成旅游活动的两大客观条件是可支配收入和闲暇时间，国家采取的经济分配制度及假日立法，对旅游市场需求的形成和实现都具有不可忽视的调节作用。我国实施每周五日工作制及黄金周假期以来，由于居民闲暇时间的增加，极大地促进了我国旅游事业的发展。

最后，旅游目的地与客源地所属国之间关系的好坏，直接影响旅游营销的成败。当一国与另一国通商时，政治、法律、文化等方面都会影响双边关系。政府在政策上采用关税减免、信誉担保、减少签证手续等措施，就会给两国的旅游往来创造良好的条件。本国与客源国的外交关系状况对两国互送旅游客源影响显著，良好的外交关系或外交关系的改善，都有利于国际旅游营销活动。

（二）文化因素

每一个国家，每一个民族，都会有各自独特的社会习俗、道德伦理和禁忌。文化影响造就和支配着人们的生活方式、消费结构、主导需求以及消费方式。人类在某种社会中生活，必然会在长期的历史传承下形成某种特定的文化，包括教育水平、宗教信仰、审美观念、价值观念、道德规范以及世代相传的风俗习惯等。不同文化背景的旅游者对其周围事物的认知也存在着差异，例如，对自由、幸福、自尊、民主、平等及个人风格都会有着不同的评价，也影响着个人的生活方式、行为方式及购买方式。

从教育水平来看，教育水平高的人群比教育水平低的人群存在更强的旅游需求，更多高教育人群将旅游体验视为生命中的一种财富，从而积极投入这项极富吸引力的活动中。

就文化因素而言，旅游市场营销人员应当具备两类知识：一类是关于某种文化的具体知识。例如，某种文化所具有的特性；颜色、花卉等在某种文化中的特殊含义等知识。另一类是抽象知识，抽象知识要求具有一定深度的洞察力，要站在旅游者的角度上，考虑到底什么样的旅游才是最受欢迎的。

例如，美国游客与日本游客的旅游方式存在明显的不同。美国人独立性强，喜欢自由自在，缺乏"组织性""纪律性"，他们出国经验丰富，依赖性较少，旅游多以家庭或情侣为基本单位，不习惯与别的家庭组团集体行动，多为"散客"；而日本游客则比较有纪律性，喜欢成群结队地组团出游。所以接待两国游客时，在旅游接待方式和方法上有着很大的区别。

（三）社会因素

1. 相关群体

所谓相关群体是指能影响一个人的态度、行为和价值观的群体，如家庭、邻居、亲友和周围环境等。相关群体可以小到几个人，也可以大到成为一种文化群体。按照群体内成员之间相互联系和影响的程度，一般可将相关群体分为三类：第一类是联系紧密、影响最直接的群体，如家庭、邻居、朋友等；第二类是联系较松散、影响力较次的一些群体，如协会、俱乐部等；第三类属于没有多少直接联系，但影响显著的群体，如歌星、影星、社会名流等。

由于从众心理的存在，相关群体对个人的影响方式一般来说比较大。人是有社会性和群体性的，如果离开群体独自行动，就会没有安全感。在社会环境下，从众心理会让个体感觉不孤单，别人都做了的事情，我也做，就会得到别人的认可，融入到他们当中去，也就没有孤身奋战的恐惧感。所以个人很容易接受本群体的行为，并避免违反该群体的行为。

2. 家庭因素

在家庭因素中，影响购买旅游产品的重要因素为家庭生命周期（family life cycle），它是反映一个家庭从形成到解体呈循环运动过程的范畴。消费者的家庭状况，因为个人年龄、婚姻状况、子女状况的不同，可以划分为八种家庭生命周期，在生命周期的不同阶段，消费者的行为呈现出不同的主流特性。

（1）单身阶段。处于单身阶段的消费者一般比较年轻，几乎没有经济负担，消费观念紧跟潮流，注重娱乐产品和基本的生活必需品的消费。在出游方面，以探险、刺激的背包游为主，对价格较敏感。

（2）新婚夫妇。经济状况较好，具有比较大的需求量和比较强的购买力，耐用消费品的购买量高于处于家庭生命周期其他阶段的消费者。新婚夫妇蜜月型旅游比较多，资金预算充裕，对价格不太敏感。

（3）满巢期Ⅰ。满巢期Ⅰ是指最小的孩子在6岁以下的家庭。处于这一阶段的消费者往往需要购买住房和大量的生活必需品，经常感到购买力不足，对新产品感兴趣并且倾向于购买广告推销的商品。

（4）满巢期Ⅱ。满巢期Ⅱ是指最小的孩子在6岁以上的家庭。处于这一阶段的消费者一般经济状况较好但消费慎重，已经形成比较稳定的购买习惯，极少受广告的影响，倾向于购买大规格包装的产品。

（5）满巢期Ⅲ。满巢期Ⅲ是指夫妇已经上了年纪但是有未成年的子女需要抚养的家庭。处于这一阶段的消费者经济状况尚可，消费习惯稳定，可能购买富余的耐用消费品。满巢期Ⅰ至Ⅲ期的旅游安排主要以适合孩子出游为中心，热衷参加亲子游活动。

（6）空巢期Ⅰ。空巢期Ⅰ是指子女已经成年并且独立生活，但是父母还在工作的家庭。处于这一阶段的消费者经济状况最好，可能购买娱乐品和奢侈品，但对新产品不感兴趣，也很少受到广告的影响。这一阶段旅游档次比较高，资金预算充裕，旅游以城市休闲游及度假为主。

(7) 空巢期Ⅱ。空巢期Ⅱ是指子女独立生活，家长退休的家庭。处于这一阶段的消费者收入大幅度减少，消费更趋谨慎，倾向于购买有益健康的产品。这一阶段的旅游主要以周边城市一日到两日游为主，有时与探亲访友相结合。

(8) 鳏寡期。收入很少，消费量很小，主要以购买医疗产品为主，旅游活动相对减少。

 案例 2-1

"亲子游"市场崛起

随着居民旅游消费需求的升级，基于不同场景的旅游业态逐渐形成。读万卷书，行万里路，很多家庭愿意花钱，带孩子出去旅游见见世面，亲子游已成为父母与孩子亲子活动的重要方式，尤其是"80后"父母的教育观念广泛转变，推动亲子游产品加速创新。消费主力"80后"父母更注重孩子的心理健康与综合素质，看重亲子游对孩子视野拓展和身心愉悦的作用。78.4%的游客会考虑是否增长了孩子的知识和见闻，54.8%的游客会在意孩子是否玩得开心，两者都是最重要的评价因素。

（资料来源：https://www.sohu.com/a/276023155_100014970，略改动）

3. 社会阶层

任何国家都存在着社会阶层，它是某种购买力的社会表现。每一社会阶层成员具有类似的价值观、兴趣爱好和行为方式，对旅游市场上某种商品的需求是相对稳定的。在一定的社会阶层里，人们常选购某些具有地位标志的商品来表明他们的社会地位。例如身份地位高的人，他们在选择旅游团队时，会考虑其他同伴的地位；在入住饭店时，会在意饭店的星级和档次；在旅游购物时，会考虑购买奢侈品。

一般而言，高社会阶层人群比中低层人群具有更广阔的旅游活动空间、更高的消费水平层次以及更前卫的旅游方式。过去跨国旅游和更大范围的洲际旅游主要流行于上层人群，中下层人群主要集中于区域性旅游或国内旅游。由于旅游市场竞争和旅游产品优化，出境旅游线路价格逐年下降，已经成为大众化旅游产品。因此，市场营销人员必须弄清楚哪些旅游产品符合哪个人群，在同一区域旅游产品中针对不同人群设计出不同的组合。

 案例 2-2

喜来登酒店集团的香味营销

喜来登酒店的客户群体定位在30~40岁的商务客人，他们年轻、崇尚简约、喜欢自由。当他们走进喜来登酒店，一股清新自然的"风车味"扑面而来，正合他们的意。而喜来登酒店旗下另外一个高端品牌威斯汀则采用了一款不同的香味。威斯汀酒店的大堂和公共区域，到处弥漫着一股白茶芳香。威斯汀酒店定位于高端商务客，这些商务客人工作紧张、压力非常大，白茶的芳香能够帮助他们舒缓压力、放松心情。这种芳香的选择和威斯汀品牌"个性化、直觉灵动、焕发活力"的核心价值观相适应，体现了酒店崇尚的健康、积极向上的生活方式。

和名称、Logo 一样，与众不同的气味正在成为酒店的新标识。而喜来登酒店集团旗下有瑞吉、豪华精选、W 酒店、威斯汀、艾美国际、喜来登、福朋喜来登等多个品牌，每个酒店都有自己的特有味道，根据酒店的风格、定位专门定制。

一股好的气味会使顾客心情愉悦，愿意停留较长时间。相反，难闻的味道则会让顾客产生焦躁情绪，甚至避而远之。酒店一方面要清除店内异味，如洗手间的气味、地毯发霉的气味等，另一方面要根据目标人群制订相应的气味方案。对女性消费者来说，咖啡的香味、花卉的气味、烤面包的气味、橙子等水果的气味，都很有诱惑力。男性消费者对气味的感知能力相对较弱，但对优雅的、淡淡的香水味普遍存在好感。

据研究发现，男人和女人最容易达成共识的是柑橘、橙子的味道，如果要用气味形成品牌独特的印记，则需要根据目标人群的喜好做科学的设计，使更多的人"说不清道不明"地喜欢我们的品牌，成为我们品牌的忠诚"粉丝"。

（资料来源：http://roll.sohu.com/20111121/n326371026.shtml）

（四）经济因素

1. 国内生产总值（GDP）

国内生产总值（GDP）是最重要的宏观经济指标，它是指一个国家或地区的国民经济在一定时期（一般为 1 年）内以货币形式表现的全部最终产品（含货物和服务）价值的总和。国内生产总值反映了一个国家的整体经济实力。研究表明，一般在人均 GDP 达到 300 美元就会兴起国内旅游，而人均 GDP 达到 1000 美元，国内旅游开始发展并较快形成规模；达到 3000 美元，就会出现洲际旅游热潮；而进一步达到 5000 美元，就会更多地进行环球游。同时，按照旅游行业发展的国际规律，随着国内经济发展水平的提升，旅游消费呈现"观光（人均 GDP 1000 美元）—休闲（人均 GDP 2000 美元）—度假（人均 GDP 3000 美元）"的逐步升级。

2020 年，中国国内生产总值首次突破 100 万亿元大关，不断迈上新台阶。在世界银行公布的人均 GDP 排名中，2018 年中国人均 GDP 为 9470 美元，排名第 71 位（共计 192 个经济体），比 1978 年（中国人均 GDP 为 200 美元，共计 188 个经济体）提高 104 位。

2. 个人可支配收入

个人可支配收入是指在个人收入中扣除个人缴纳的各种税款和交给政府的非商业性开支后可用于个人消费和储蓄的那部分个人收入。个人可支配收入是决定购买者购买能力的决定性因素，与个人的旅游消费和出游次数成正相关关系。个人可支配收入越高，对旅游产品的需求量越大，出游的次数也就越多。而且收入水平越高，消费水平和消费层次也就越高，旅游消费需求的满足程度也会越充分。

国家统计局公布的数据显示，2017 年全国居民人均可支配收入为 25974 元，和新中国成立初期相比增长 500 多倍。美国、中国、日本是世界前三大经济体，而我国是其中唯一的发展中国家。我国人均可支配收入和美国、日本的差距较大。2017 年美国居民人均可支配收入高达 5.8 万美元，按照 2017 年人民币对美元平均汇率计算约为 388600 元，而日本居民人均可支配收入为 1.7 万美元，折成人民币为 113900 元。

3. 外汇汇率

汇率变动对旅游业具有多重影响，最直接的影响就是本币的升值或贬值，进而影响旅游外汇收支的平衡。本币升值，刺激出境旅游的发展；本币贬值，刺激入境旅游的发展。

我国自实行有管理的浮动汇率制度以来，人民币持续升值。通俗地讲，就是中国人的钱值钱了。在国际市场上，原来一元人民币只能买到一单位商品，人民币升值后，就能买到更多单位的商品了，也就是人民币的购买力增强了。这对我国的出境旅游起到了推波助澜的作用，我国的出境旅游市场出现快速增长的势头。但与此同时，入境旅游人数增长放缓。国内游也受到出境旅游市场的替代作用影响，部分高端客源市场分流出境，造成国内旅游市场人均消费未能有效增长。

4. 基础设施建设

基础设施建设包括一个国家和地区的运输条件、能源供应状况、通信设施、商业基础设施以及旅游资源、旅游接待设施等。由于旅游业对基础设施的依赖性较大，如果一个国家和地区的基础设施建设没有跟上，会影响旅游营销活动的开展。近年来，交通基础设施建设为旅游业的发展提供了新的机遇和国民收入。例如，过去从广州到武汉坐普通列车需要 10 多个小时，出游时间成本太高。武广高铁开通后，近千公里的旅程只需 4 个小时即可到达。这样一来，广东、湖南、湖北等省份游客的双休日旅游有了更多选择。

（五）人口与地理因素

1. 人口因素

就旅游市场而言，影响旅游市场的人口因素主要包括人口数量、人口结构与人口城市化。

（1）人口数量。人口数量与旅游市场容量、旅游消费需求成正比。在收入接近的条件下，人口的多少决定着市场的容量，人口越多，旅游市场容量越大。

（2）人口结构。人口结构的状况，影响着市场需求的内容和结构。一般来说，在旅游市场的旅游者年龄构成中，以中老年群体为消费主体，青年群体虽然数量很大，但个人消费能力有限。如我国青年旅游主要以背包客出行方式为主，在旅游目的地一般住宿在青年旅馆及同级别的客栈，个人消费能力比较低。

（3）人口城市化。城市居民中有旅游需求的人数比农村多，随着我国城市化步伐的迈进，旅游市场将会不断扩大。随着城市人口的增加，如何通过适应人口城市化的特点去开发旅游市场，将是旅游营销人员面临的一个新课题。

2. 地理因素

（1）旅游客流的移动特点及规律与地理环境的关系。就地理因素而言，旅游客流随着地理距离的增大而衰减。在国际旅游格局里，国内旅游客流大于国际旅游客流，区域性中短程国际旅游客流大于洲际远程国际旅游客流。因此，许多国家都把近距离的市场作为自己的争夺目标。例如，泰国等东南亚国家纷纷以中国市场作为自己的争夺目标，泰国各景点更是配备了大量中文导游及相关服务人员，一些本地从业者也开始学习中文，更好地为中国游客服务。

(2)旅游者的旅游动机与自然地理环境的关系。自然地理环境如气候、地形、自然资源、环境状况等因素都会对旅游营销产生影响。在气候条件上，由于四季的景色不同，同一地区在不同季节可以组织不同条件的旅游活动，使一个地区的旅游活动丰富多彩而不单调。如湖泊在夏季可以组织湖上泛舟等游览活动，而在冬季又可以组织冰雕欣赏等活动。不同时节观赏的景色不同，这也就使同一旅游景点有了重复游览的意义。而在地形条件上，由于我国国土面积辽阔，具备高原、山地、丘陵、盆地、平原及河湖等多种地形条件，分别构成了独特的旅游资源。在地质作用下形成的花岗岩景观、砂岩景观、山岳峡谷、丹霞地貌景观等，提供了丰富的自然旅游资源。依靠自然旅游资源，可以组织游客参加各种旅游活动，如名山游、长江三峡游等。

（六）技术环境因素

技术环境对经济及旅游行业的影响是累计渐进的。技术环境因素的主要内容包括技术水平和技术发展趋势、技术对产业的影响、技术的社会影响以及信息化影响4个方面。

随着技术水平的提高，旅游交通逐渐发展起来，如动车的快速发展和高速公路的发展，为旅游者的外出旅游提供了更为便利和快捷的条件。大型飞机的发展，使洲际旅游更加舒适。

高新技术的综合应用创造出新的旅游资源和产品，可以使一些原来不具备旅游吸引力的资源成为新的旅游吸引物或使它们的吸引力获得提升，如主题公园和游乐场的各种高科技模拟技术和游乐设施。旅游行业应用了高新技术后，许多文物古迹资源得到了保护，增强了它们可持续发展的能力。

但是，技术同时也是一把双刃剑，它也会对社会产生负面影响，如环境污染、生态失衡等，这些都会对旅游业产生不良影响，使旅游地的自然环境和人文环境受到严重的损害，旅游可持续发展变得艰难。所以，既要充分认识到技术环境因素给旅游业带来的新机遇，同时也要谨防现代科技对旅游业产生的负面影响。

 案例 2-3

5G 时代的景区旅游体验和酒店服务

1. 丰富景区旅游体验

5G 高速的网络传输能力，不但可以振兴云计算和物联网，还可以使 VR（虚拟现实）崛起。

旅游景区高清直播。图像清晰度再也不会受到带宽的限制，视频的冲击力会得到充分体现，旅游景区的动态视频让游客更能感觉到真实性，对景区宣传会有很大的帮助。

移动设备的 VR 文娱体验。VR 的硬件设备会更新，人们将告别以往使用 VR 眼镜的不便，基于计算机视觉，使用手机、PAD 等移动设备就能体验 VR。

景区现场 VR 体验（文物重现）、室内导览。基于实时计算的边缘计算与 VR 技术相结合，能实现景区的现场体验、室内导览和文物重现。如在圆明园游览，AR 可以重现圆明园曾经的宏伟建筑，无数珍宝历历在目，使游客的沉浸感增强。再如 5G 结合室内定位技术，使游客在体验 VR 的同时，还可以基于位置实现智能导览。

2. 提升酒店服务水平

5G 使物联网得到复兴，万物联网之后，酒店的服务将会与以往不同，更富科技含量。各大移动运营商纷纷与酒店合作，推出 5G 智慧酒店建设项目，将 5G 与云应用引入酒店，实现 5G 智慧酒店，包括 5G 迎宾机器人、5G 云游戏、5G 云计算机等。

酒店商务服务水平提高。5G 商务办公业务能够实现全息投影远程会议、云打印、云传输等智能办公。

酒店管理安全高效。通过一系列传感器和 5G 网络的配合，可以精密地感知酒店每一处设施的实时信息，可以帮助维护器材，同时，使不同种类设施潜在危险的预警以及公共场所人流的管理产生革命性的变化——安全高效，全面提升酒店精细化管理水平。

（资料来源：https://www.iyiou.com/p/109609.html）

二、旅游市场微观环境分析

旅游企业微观环境因素如图 2-1 所示。

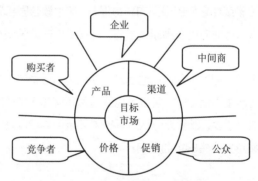

图 2-1 旅游企业微观环境因素

（一）旅游购买者对旅游企业营销活动的影响

1. 个人购买者

个人购买者是指最终旅游消费购买者，包括购买旅游产品和服务的个人和家庭。个人购买者购买旅游产品纯粹是为满足个人及家庭的物质与精神需要，并不将旅游产品用于牟利。个人购买者具有以下特征。

(1) 人多面广，个人购买者包括各种类型及社会阶层的人员。

(2) 需求差异大，因个人购买者的个人旅游需求、身份地位、年龄及个人习惯的不同，所购买的旅游产品也存在较大的差异。

(3) 多属小型购买，因个人购买者购买旅游产品仅供个人及家庭使用，购买量比较小。

（4）购买频率较高，由于个人购买者的需求存在多样性，购买旅游产品的频率也比较高。

（5）多属非专家购买，旅游者对旅游产品缺乏专门知识，属于非专家购买。

（6）购买流动性较大，旅游者的购买力和时间都有一定限度，对所消费的旅游产品都需慎重选择，这就造成旅游者对地区、企业以及替代品的选择的流动性较大。旅游企业营销人员应该根据企业本身的特点来分析企业所提供的产品和服务最适合于哪一种旅游者类型，他们的购买行为以及消费方式如何。

2. 公司购买者

公司购买者是指为开展业务而购买旅游产品的购买者，其特点如下。

（1）购买者数量较小，但购买的规模较大，此类购买者大多是企业单位，购买者的数目必然比消费者数目少得多，例如公司为举办年会预订200间酒店客房，购买规模较大。

（2）公司购买属于派生需求，购买者是为开展业务、扩大"生产"而购买，其费用是生产性费用。

（3）公司购买需求弹性较小，因为公司是为开展业务而购买，费用由单位支出，所以公司购买者对旅游商品和服务的需求受价格变动的影响较小。

（4）公司购买属于专业人员购买，公司有专门的采购人员，他们是受过训练、有专门知识、内行的专业人员，专门负责采购工作。专业采购人员购买时重视产品和服务的质量，一般的广告宣传对他们影响不大，对此类购买可采用高价优质旅游产品策略。

（二）旅游中间商对旅游企业营销活动的影响

旅游中间商是指处于旅游生产者与旅游者之间，参与旅游产品流通业务，促使买卖行为发生和实现的集体和个人，包括经销商、代理商、批发商、零售商、交通运输公司、营销服务机构和金融中间商等。旅游中间商一方面要把旅游产品信息告知现实及潜在的旅游者，另外一方面又需要为旅游者克服空间障碍到达旅游目的地提供便利。这类购买者的特点如下。

（1）购买是为了获利。旅游中间商购买旅游产品，其主要目的是转卖给旅游购买者，以取得利润。

（2）由专家购买。旅游中间商是专门以转卖旅游产品来取得利润的，是旅游业内专业人士，对旅游产品以及价格行情非常熟悉。

（3）购买次数较少，但每次购买数量较大。旅游中间商一般都处于旅游者密集、丰富的大中城市里，他们各自有自己的目标群体。因此，通过他们易于沟通旅游企业和旅游者之间的联系。旅游中间商是一批旅游专门人才，他们一般都受过旅游专业训练，懂业务，有经验，最了解市场，也掌握了旅游者的心理。他们能够给旅游者提供最有价值的信息，帮助旅游者选择最理想的旅游产品。

从某种意义上来说，中间商可以帮助旅游产品供给者提高产品的质量。因为中间商对旅游企业的营销活动影响重大，又是旅游产品销售渠道中不可缺少的一个环节，如何选择中间商事关重大，它关系着旅游营销计划的完成。因此，营销人员应全面、深入地调查和分析旅游中间商的发展趋势,搞好旅游营销中间商的选择、评估和管理工作。选择中间商的关键性因素是中间商资质、人员素质、劳务费用、履行职责效果以及可控程度。

(三) 竞争者对旅游企业营销活动的影响

旅游企业的竞争者是指在同一市场生产或提供相同或可替代的产品或服务的其他企业。从消费需求与购买决策的角度划分,可分为4种类型。

(1) 愿望(desired)竞争。愿望竞争是指提供不同服务产品以满足不同需求愿望的竞争。例如,旅游者想出去度假,他的目标地点是海滨度假村或者是名山,他的目标愿望对于旅游企业来讲,就叫愿望竞争。

(2) 一般(generic)竞争。一般竞争是指能够满足同一种需求但提供不同服务产品的竞争者。例如,旅游者到达目的地可以通过火车、轮船、飞机等交通工具,它们之间的竞争就叫一般竞争。

(3) 产品形式(product form)竞争。产品形式竞争是指旅游企业之间不同规格档次的竞争。例如,旅游者到达旅游目的地的时候,可以选择住星级酒店、经济型酒店或招待所,这些不同档次的酒店之间的竞争就叫产品形式竞争。

(4) 品牌(brand)竞争。品牌竞争是指产品的规格与档次都相同,但是品牌不同的竞争。当旅游者选择住经济型酒店以后,可以提供他选择的品牌有"7天""如家""锦江之星"等,这些酒店之间的竞争就叫品牌竞争。

(四) 公众对旅游企业营销活动的影响

公众是影响旅游企业营销活动的重要因素,它对旅游企业实现目标产生实际的或潜在的影响。公众主要包括社会公众和内部公众两种类型。

1. 社会公众

社会公众是指对企业实现其目标的能力感兴趣或发生影响的社会团体或个人。

(1) 金融公众,是指影响旅游企业融资能力的各种金融机构,包括银行、投资公司、股东等。

(2) 新闻媒体,是指报纸、杂志、广播、电视等有广泛影响的大众传媒。

(3) 政府机构,主要是指负责管理旅游企业业务经营活动的有关政府机构。

(4) 群众组织,是指国家公民为自己的某种共同利益和特殊需要而建立的各种社会组织。

(5) 社区居民,是指旅游企业所在地附近的居民和社区组织。

2. 内部公众

内部公众包括旅游企业所有内部员工。旅游企业的营销工作能否顺利进行,取决于各个部门之间协作是否默契。旅游企业的营销工作涉及很多职能部门,各个部门之间必须加强联系、沟通和协调。

三、旅游市场营销机会-风险分析

（一）机会与风险的概念

1. 机会

机会就是对旅游企业的营销活动具有吸引力、能享有竞争优势和获得差别利益的环境机会，即营销环境中对该旅游产品营销的有利因素。例如，2022 年卡塔尔世界杯，对出境旅游市场产生极大的吸引力，是旅游业的一个重大机会。

2. 风险

旅游企业在实现其目标的经营活动中，会遇到各种不确定性事件，这些事件将对经营活动产生影响，这些不确定性事件称为风险。旅游业风险分为两大类：一类是旅游业受波及所引起的风险，是指发生在其他行业由于危机所引起的负面影响波及旅游行业，使旅游业客源骤减、目的地形象受损的风险，如战争、金融风暴、恐怖主义、公共卫生等；另一类是旅游业内部的风险，是指发生在旅游业运营的范围内，直接对游客或旅游从业人员发生威胁，影响旅游活动的危机，如饭店火灾、旅游娱乐设施发生意外等。

（二）机会—风险分析

机会—风险分析，也称 SWOT 模型分析。其中，SW 是指旅游企业内部的优势和劣势，OT 是指旅游企业外部的机会和风险。SWOT 分析就是旅游企业在选择战略时，对该企业内部的优劣势和外部环境的机会与风险进行综合分析，据以对备选战略方案做出系统评价，最终达到选出一种适宜战略的目的。

SWOT 分析的做法如下：针对某一旅游企业，依据企业方针列出对该企业发展有重大影响的内部与外部环境因素，继而确定标准，对这些因素进行评价，判定是优势还是劣势，是机会还是风险。旅游企业应依据企业的方针列出对该企业发展有重大影响的内部及外部环境因素，继而确定标准，对这些因素进行评价，判断是优势还是劣势，是机会还是威胁，从而制定企业的战略，如表 2-2 所示。

表 2-2　SWOT 战略选择

企业外部因素＼企业内部因素	优势（S）	劣势（W）
机会（O）	SO（发展型战略）	WO（由稳定型转向发展型）
威胁（T）	ST（多种经营战略）	WT（紧缩型战略）

1. SO（优势—机会）

SO 表明外部有许多机会，内部又具有强大优势，宜采用发展型战略。例如，本地仅有几家酒店而每天入住的客人非常多，还有很多客人住不上酒店，可以采用发展型战略，扩大酒店规模。

2. WO（劣势—机会）

WO 表明外部有机会而内部条件不佳，可采取措施来扭转内部劣势，宜采用先稳定后发展战略。例如来参团的客人非常多，但由于旅行社内部经营状况不太好，在当地市场的销售一直处在下风，可以采取稳定型战略稳定局面，再谋求大发展。

3. WT（劣势—威胁）

WT 表明外部有威胁，内部状况又不佳，企业应设法避开威胁，消除劣势，可采用紧缩战略。例如外部经济环境不佳，旅游客人减少，旅行社由于之前扩张得比较快，导致经营局面困难，这时可以采用紧缩型战略，把旅行社规模缩小，谋求生存。

4. ST（优势—威胁）

ST 表明企业拥有内部优势但外部存在威胁，宜采用多角化经营战略分散风险，寻求新的机会。例如旅行社经营状况比较好，但由于有一家大型旅行社进入本地市场进行争夺，可以采用多角化的经营战略进行风险分散。

总结案例

凯撒旅游推出"差异化"旅游产品

2017 年暑期，凯撒旅游携多款产品登陆华东市场，涉及"新奇特高"系列，"幸福私家团"系列，以及极地、户外、体育、游学等旅游产品，"差异化"成为凯撒旅游产品的关键词。

据了解，"新奇特高"系列产品，以创新、猎奇、特色、高质量为标准，覆盖"百人盛典""小吃街，大胃王""全球旅拍""全球夜未眠""闺蜜去旅行"等新鲜玩法，从节庆、美食、旅拍、当地夜生活等角度，挖掘目的地的特色旅游资源。

"幸福私家团"是凯撒旅游 2016 年全新研发的产品系列，以"精致小团""高私密度""个性化""深度体验"为特色，2~7 人的私家小团，专属定制旅程，全程司陪服务，可带上爱人浪漫度假，与家人安享假期，一经推出，即受到市场的关注与认可。

凯撒旅游的户外旅游包含徒步、全球跑、悦露营、乐骑行，滑遍天下，其中还有适合上班族的徒步入门产品"周末闪游"。体育旅游则推出奥运、世界杯、NBA、欧冠、西甲、欧洲杯等世界顶级赛事的观赛产品。

凯撒旅游的极地邮轮占据着中国极地市场 28.6%的份额，特别是南极产品全面覆盖南极半岛、南极圈以及南极点。凯撒游学则提供专业的游学及研学产品，涵盖全球主流游学目的地，涉及学生游学、亲子游学、成人游学、精英游学、国内冬夏令营等不同的游学及研学项目，以专业的游学团队搭配专业的游学营地。

（资料来源：http://about.caissa.com.cn/20170516/365447.shtm，略改动）

同步练习

一、单项选择题

1. 下列属于旅游市场营销微观环境的是（　　）。
   A. 政治法律环境　　B. 竞争者环境　　C. 经济环境　　D. 人口环境
2. 居民收入增长时，旅游消费需求也随之上涨，这说明旅游业会受到（　　）的影响。
   A. 政治法律环境　　B. 社会文化环境　　C. 经济环境　　D. 社会公众环境
3. 以下对于企业竞争对手的条件描述，不符合的是（　　）。
   A. 地理位置相近　　　　　　　　B. 目标市场一致
   C. 产品和服务相同　　　　　　　D. 价格相差大于20%

二、简答题

1. 简述家庭生命周期。
2. 举例说明产品形式竞争。
3. 社会公众包括哪些类型？

实训项目

选取本地一家旅游企业（旅行社、酒店、旅游景区等），对其进行 SWOT 分析。4~6 位学生为一组，分组提交成果。

任务二　旅游市场调研

任务目标

以红色旅游为主题进行市场调研，了解红色旅游的需求特点，进而开发适合市场需求的红色旅游产品。

任务实施

每个小组将任务实施的步骤和结果填写到表 2-3 任务单中。

表 2-3　任务单

小组成员：		指导教师：	
任务名称：		模拟地点：	
工作岗位分工：			
工作场景：			
1. 红色旅游市场调研 2. 红色旅游市场需求报告			
教学辅助设施	模拟旅行社真实工作环境，配合相关教具		
任务描述	通过对旅行社市场调研工作的展开，让学生了解旅游市场调研操作		

续表

任务资讯重点	主要考查学生对旅游市场调研的实操
任务能力分解目标	1. 明确旅游市场调研的目标 2. 合理设计市场调查问卷 3. 依据程序开展旅游市场调研 4. 分析旅游市场调研结果
任务实施步骤	1. 掌握相关知识点 2. 学生以小组为单位，展开市场调查 3. 每个小组借助多媒体进行汇报，展示调研成果 4. 各小组互评，教师点评

任务评价考核点

1. 准确界定旅游市场调研目标。
2. 合理设计市场调查问卷。
3. 符合旅游市场调研工作程序。
4. 科学分析旅游市场调研结果。

 引导案例

旅游企业为什么需要进行市场调查

市场调查对旅游企业很重要。

首先，市场在不断变化。一方面，市场将愈加成熟，增长的空间狭小。旅游市场占有率的竞争越来越激烈，这在某种程度上将改变市场调研的方式与目的；另一方面，市场的迅速变化发展，将使企业进行更加快速的市场调研，市场调研计划也需更加完善。

其次，产品更新迭代迅速。新产品更新换代的速度越来越快，在带来利润之前，新产品在上市后的三年内失败的可能性越来越大。因此，企业离开市场调研，就很难得以生存，尤其是在正在成熟的市场中。此外还表现在新产品失败的代价将会更高。这就迫使管理人员将通过调研来帮助减少日益增加的广告成本、开发成本、管理成本等。

最后，消费行为的多变性。消费者变得更加精明和富有经验，必须通过市场调研不断掌握消费新需求。

（资料来源：https://zhidao.baidu.com/question/319054299.html）

思考：旅游企业该如何开展有效的市场调查？

现代市场营销之父菲利普·科特勒认为，市场营销调研是"系统地设计、收集、分析和提出数据资料，以及提出跟公司所面临的特定的营销状况有关的调查研究结果"。

一、旅游市场调研的定义及分类

1. 旅游市场营销调研的定义

旅游市场调研是指运用科学的方法,系统地、客观地辨别、收集、分析和传递有关市场营销活动各方面的信息,为旅游企业营销管理人员制定有效的营销决策提供重要的依据。

2. 旅游市场营销调研的分类

旅游市场营销调研,一般分为以下4类。

(1)探索性调研。探索性调研是指在尚未确定具体的调研内容和范围之时进行的一种调研活动,其功能在于发现问题或提出问题,为进一步深入研究打下基础。探索性调研主要方法有二手资料调查法、专家意见法。

(2)描述性调研。描述性调研是指通过大量的调查和分析,对市场营销活动中有关的客观事物和现象进行如实的描述,对找出的问题做如实的反映和具体的回答。描述性调研主要方法有询问法、观察法、实验法。

(3)因果性调研。因果性调研是指为找出营销活动或营销环境中某些关联现象或变量之间的因果关系而进行的一种调研活动。因果性调研主要方法有问卷调查法。

(4)预测性调研。预测性调研是指对未来市场需求进行预测的一种调研活动。预测性调研主要方法有统计模型、计量模型。

二、旅游市场调研的内容

旅游市场调研的内容十分广泛且丰富,但由于调研目的不同,调研内容也会不同。一般来说,旅游市场调研的基本内容为旅游企业外部调研及旅游企业内部调研。

1. 旅游企业外部调研

旅游企业外部调研包括旅游市场环境调研、旅游市场需求调研、旅游市场供给调研及旅游市场营销调研。

(1)旅游市场环境调研。旅游市场环境调研主要调查旅游客源地与目的地的政治、法律、经济、科技、社会文化及地理环境等。

(2)旅游市场需求调研。旅游市场需求调研主要调查旅游者规模及构成情况、旅游动机及旅游行为等。

(3)旅游市场供给调研。旅游市场供给调研主要调查旅游吸引物、旅游设施、市场可进入性、旅游服务、企业形象及旅游容量等内容。

(4)旅游市场营销调研。旅游市场营销调研主要调查市场竞争状况、旅游产品、旅游价格、分销渠道及促销。

2. 旅游企业内部调研

旅游市场调研还必须研究旅游企业自身与市场需求的发展是否相协调的问题,包括企业的营销策略、营销手段或营销组合是否能有效开拓市场,自己的旅游产品、价格、分销渠道以及促销方面是否存在问题。还有对自己营销活动的管理评估，在营销计划、组织实施以及控制方面是否适应市场变化。

三、旅游市场调研的程序

1. 明确问题和调查目标

明确问题和调查目标是市场调研的重要前提。调查目标是调查所要达到的具体目的，包括旅游企业产品和服务问题、经营中出现的困难、市场竞争问题及未来发展方向等。为使调查目标明确具体，必须考虑调查的目的、调查的内容、调查结果的用途及调查结果的阅读者等问题，从而为下一步调查工作的顺利进行奠定基础。

2. 制订调研计划

在确定调查目标后，就要拟订调查方案和工作计划。调查方案是对某项调查本身的具体设计，主要包括调查的具体对象、调查的地区范围、调查资料收集和整理的方法等内容。调查工作计划是对某项调查的组织领导、人员配备和考核、完成时间、工作进度和费用预算等事先进行的安排，目的是使调查工作能够有计划地进行，以保证调查方案的实现。

3. 收集信息

组织调查人员按照调查方案的要求和工作计划的安排，通过网络调查和实地调查系统地收集各种资料。一般而言，旅游企业市场调查所要收集的资料主要有直接资料和间接资料。

直接资料是旅游企业市场调查者自己采用各种市场调查方法，如观察法、实验法、访问法等，对市场信息进行收集、整理、分析的结果。直接收集的市场资料实用性强、可信度高，但取得直接资料需要较多的费用，有些资料又是旅游企业无法取得的。

间接资料是指从别人所组织的各种调查收集和积累起来的资料中，摘取和整理出的旅游市场或与旅游市场有关的资料。报纸、年鉴等都是其重要来源。间接资料的主要特点是节约费用，可以充分利用别的组织提供的而自身企业无法获得的调查资料，但需考证其真实性，且适用性较直接资料低。

资料收集阶段是旅游企业进行市场调查的重要阶段，是调查能否取得成功的关键，也是花费人力和财力最多而且最容易产生差错的阶段。因此要深入研究各种调查方法、调查方式并科学地制作调查问卷。

4. 信息分析及处理

在资料收集完成后，旅游市场调研人员应对资料进行整理、分析，从资料中提取与目标相关的信息。这是市场调查能否充分发挥作用的关键。当取得大量的旅游市场调查资料之后，首先要对其进行审核订正、分类汇总，根据研究目的进行加工整理，然后进行信息分析。在确实弄清旅游市场活动和过程的基础上，研究其动向及其发展变化规律，探索解决问题的方法。

信息分析一般可采用统计学中的方法，利用 Excel 工作表格，可以很方便地对调查表进行统计处理，获得大量的统计数据。常用的统计分析方法，主要有计算综合指标(绝对数、相对数以及平均数)、时间数列分析、指数分析、相关和回归分析、因素分析，或者描述性模型和决策性模型。

5. 提出报告

体现调研活动最终结果的是调研报告。调研报告编写力求观点正确、材料典型、中心明确、重点突出、结构合理。调研报告一般包括以下内容。

(1) 前言。说明市场调研的问题、调研目标、调研方法、调研对象、调研时间、调研地点以及调研人员的情况。

(2) 正文。调研报告的主体，应包括调研内容、调研数据、研究结果及其分析，解释及其成因。

(3) 结尾。提出建议，总结全文。

(4) 附录。包括附表、附图等补充内容。

案例 2-4

研学旅行市场报告：研学旅行市场未来超千亿

中国旅游研究院等联合发布了《中国研学旅行发展报告》。报告指出，随着素质教育理念的深入和旅游产业跨界融合，研学旅行市场需求不断释放，未来3～5年中国研学旅行市场总体规模将超千亿元。同时，报告系统梳理并介绍了研学旅行行业发展现状、消费需求状况、市场前景判断以及发展导向。

现归纳为以下四大核心观点。

1. 研学旅行的市场热度持续上升

在国民收入不断提高与休闲消费兴起的背景下，随着素质教育的理念深入与人口政策的放开，在自上而下的政策催化，以及旅游产业跨界融合的浪潮下，研学旅行市场需求不断释放。

在市场迅猛增长的需求驱动下，研学旅行行业内部出现了更为丰富的市场主体，在消费多元化与升级提质需求的驱动下，研学旅行产品的丰富化、标准化、立体化、创新化等方面都存在极大的提升空间。

2. 研学旅行消费需求后劲可期

据调查，约3/4的受访者表示了解研学旅行，80%左右的人表示对研学旅行很感兴趣，六成左右受访者参加过研学旅行。在参加过研学旅行的受访者中，70%左右通过学校和教育机构参与研学旅行，90%左右表示研学旅行基本达到8分满意水平。

从参加研学旅行的意愿调查来看，70%的人期望旅行时长是6～10天，能接受的人均花费在3000～10000元的所占比例达88%，64%的人认为，目前市场上的研学旅行产品能满足需求。各区域主要热门旅游城市如北京、上海、广州、深圳、成都、沈阳、武汉、西安等愿意参与研学旅行的比例基本达到70%以上。

3. 研学旅行行业规模和市场空间广阔

随着研学旅行成为在校学生的刚需，未来3～5年内研学旅行的学校渗透率将迅速提

> 升,据不完全估算,研学旅行市场总体规模将超千亿元,加上成年人和老年群体的研学旅行需求,市场规模将进一步扩大。未来,学校、留学中介和培训机构、旅行社等相关企业跨界融合将成为研学旅行发展的主打方向,研学市场的集中度有望提升。与此同时,研学旅行通过融入教育元素,创造更多价值并与普通旅游产品形成差异化竞争,加上消费者对研学旅行产品的价格敏感度较低,研学旅行行业利润率有较好的保障。
>
> 4. 合理引导研学旅行发展并予以政策保障
>
> 建议充分考虑研学旅行行业消费者的核心诉求,进一步完善研学旅行核心产品体系、优化目的地和示范基地建设、提升研学旅行运营质量,在规划布局和标准化建设、资金支持和投资优惠、市场培育和安全保障等方面提供跨部门的政策保障。
>
> (资料来源:https://www.sohu.com/a/234101102_100165704,略改动)

四、旅游市场调研问卷设计

旅游市场调研不仅需要有明确的调查目标和科学的调查方法,还必须应用一定的调查技术。问卷设计是市场调研中最常用的调查技术。

(一)调查问卷的结构

调查问卷的结构一般包括前言、正文和结束语3个部分。

(1)前言。在多数情况下,问卷调查是面向社会公众及消费群体进行的,所以需要向被调查者简单阐释本次调查活动的目的、意义,以引起被调查者的重视和兴趣,获得他们的支持与合作。

(2)正文。该部分是问卷的主体部分,主要包括被调查者信息、调查项目、调查者信息3个部分。

被调查者信息一般包括被调查者的姓名、性别、年龄、职业、受教育程度等。这些内容可以了解不同年龄阶段、不同性别、不同文化程度的个体对待被调查事物的态度差异,在调查分析时能提供重要的参考作用,甚至能针对不同群体写出多篇有针对性的调查报告。

调查项目是调查问卷的核心内容,是组织单位将所要调查了解的内容,具体化为一些问题和备选答案。

调查者信息是用来证明调查作业的执行、完成和调查人员的责任等情况,便于日后进行复查和修正。一般包括调查者姓名、电话,调查时间、地点,被调查者当时的合作情况等。

(3)结束语。在调查问卷最后,简短地向被调查者强调本次调查活动的重要性并再次表达谢意。

(二)问卷项目的设计

调查项目设计的好坏是关系到调查活动能否成功的关键因素,它对调查问卷的有效性、真实度等起着至关重要的作用。在设计问卷项目时,首先要确定调研目的、数据分析方法等因素,再确定问题类型。问卷项目按问题回答的形式一般可以分为封闭式问题和开放式问题。

其中封闭式问题包括两项选择题、单项选择题、多项选择题等，开放式问题一般有完全自由式、语句完成式等。

1. 确定问题类型

(1) 两项选择题。由被调查者在两个固定答案中选择其中一个，适用于"是"与"否"等互相排斥的二择一式问题。两项选择题容易发问，也容易回答，便于统计调查结果。但被调查人在回答时不能讲原因，也不能表达出意见的深度和广度，因此一般用于询问一些比较简单的问题。

(2) 单项或多项选择题。对一个问题预先列出若干个答案，让被调查者从中选择一个或多个答案。这类题型问题明确，便于资料的分类整理。但由于被调查者的意见并不一定包含在拟定的答案中，因此有可能没有反映其真实意思。对于这类问题，我们可以添加一个灵活选项，如"其他"来避免。

(3) 程度性问题。当涉及被调查者的态度、意见等有关心理活动方面的问题时，通常用表示程度的选项来加以判断和测定。这类问题的选项，不同的被调查者有可能对其程度理解得不一致。因此，有时可以采用评分的方式来衡量或在题目中进行一定的说明。

(4) 开放式问题。开放式问题是一种可以自由地用自己的语言来回答和解释有关想法的问题。即问卷题目没有可选择的答案，所提出的问题由被调查者自由回答，不加任何限制。使用开放式问题，被调查者能够充分发表自己的意见，活跃调查气氛，尤其是可以收集到一些设计者事先估计不到的资料和建议性的意见。但在分析整理资料时，由于被调查者的观点比较分散，有可能难以得出有规律性的信息，并会导致调查者主观意识的参与，使调查结果出现主观偏见。

2. 设计问题项目的注意事项

(1) 必要性原则。为避免被调查者在答题时出现疲劳状态，随意作答或不愿合作，问卷篇幅一般尽可能短小精悍，题目量最好限定在 20～30 道，每个问题都必须和调研目标紧密联系，并需要考虑题目之间是否存在同义重复、相互矛盾等问题。

(2) 准确性原则。问卷用词要清楚明了，表达要简洁易懂，一般使用日常用语，避免被调查者有可能不熟悉的俗语、缩写或专业术语。当涉及被调查者有可能不太了解的专业术语时，需对其做出阐释。例如："在本次调查中，我们对有关词汇做了界定，希望有助于您填写调查问卷。"

 案例 2-5

酒店消费者调查问卷

调查说明：

您好！非常感谢您参与本次问卷调查。本次调查旨在了解当前西宁的酒店市场现状，为在当地投资酒店进行可行性分析提供依据。本问卷采用匿名的方式作答，所收集信息仅用于数据分析，请您根据自己的实际情况填写。

问卷部分：

1. 您的性别？
□男　□女

2. 您的年龄？
□25岁及以下　□25~30岁　□31~45岁　□46~60岁　□60岁以上

3. 您的职业？
□企业职员　□个体经营者　□公务员　□教师　□学生　□其他

4. 您来自？
□外地　□本地（跳到第7题）

5. 您出游的目的？
□商务旅游　□观光旅游　□探亲访友　□其他

6. 您出游的方式？
□自助游　□单位组织　□通过旅行团

7. 您是否住过西宁的酒店？
□有　□没有（跳到第12题）

8. 您入住前是否有预订？
□有　□没有（跳到第10题）

9. 如果有，是通过何种方式预订？
□电话预订　□网上预订　□通过旅行社预订　□口头预订

10. 您如何得知该酒店的？
□亲友介绍　□媒体广告　□旅行社　□其他

11. 您到酒店的交通工具？
□私家车　□出租车　□公交车　□步行　□其他

12. 下列哪个范围的价格您比较能够接受？
□150元以下　□150~300元　□300~450元　□450~650元　□650元以上

13. 您选择酒店时的考虑因素及重要程度，请在表2-4的空白处打√。

表2-4　选择酒店时的考虑因素及重要程度

是否考虑	项目	一点都不重要	不重要	无所谓	重要	非常重要
□是　□否	a. 品牌知名度					
□是　□否	b. 价格					
□是　□否	c. 周边环境，交通状况					
□是　□否	d. 主体设计是否有吸引力					
□是　□否	e. 配套设施，服务质量					
□是　□否	f. 是否有宽带服务					
□是　□否	g. 安全保障					
□是　□否	h. 其他					

14. 下列哪些因素会影响您对该酒店的满意度及重要程度,请在表2-5的空白处打√。

表2-5　酒店的满意度及重要程度

是否考虑	项　目	一点都不重要	不重要	无所谓	重要	非常重要
□是　□否	a. 早餐是否美味可口					
□是　□否	b. 床睡起来是否舒适					
□是　□否	c. 消防,安全卫生					
□是　□否	d. 温馨,有家的氛围					
□是　□否	e. 主体突出,个性化					
□是　□否	f. 管理,服务质量高					
□是　□否	g. 其他					

15. 您还希望酒店添加哪项服务?

□餐饮服务　□购物　□订票服务　□娱乐　□其他

再次感谢您抽出宝贵的时间协助我们完成此次调查,谢谢!

(资料来源:https://www.wjx.cn/)

总结案例

周密调研后诞生的年度旅游产品

众信旅游在北京发布2018年度产品,积极响应2018年全国旅游工作会议部署发展"优质旅游"的中心任务,以"U-tour Design"为核心理念,从产品制造向产品创造进一步升级,主打"设计师系列""一家一团系列""五天年假系列""达人带路系列"四大原创品牌产品系列,强调旅行产品的创造力、品质感和服务性,旨在满足新时代广大消费者的旅游美好生活需要。

作为国内领先的出境综合服务商,众信旅游在2018年度产品的研发中,依然彰显消费者至上的价值取向。其市场品牌总监表示,旅游行业发展到今天已经不再拘泥于模式、业态之别,谁能更高效、更优质地服务好消费者,谁就守住了根本。据悉,众信旅游为了研发年度产品,在前期进行了为期1个月的市场调研,以行业数据、企业内部数据为分析基础,并对会员、行业媒体、零售门店店长及一线旅游顾问进行深度访谈,同时展开专业、科学的街头消费者访问,收集了数千份样本,从而对众信旅游品牌及产品的市场认知进行了深入研究及问题诊断。

此外,通过对此次市场调研反馈数据的分析,众信旅游进一步发现出境游市场新需求,并为年度产品创造方向及营销推广策略提供了支持,回归本源,以"人"为本,围绕着消费者的核心诉求。

(资料来源:http://travel.gmw.cn/2018-01/18/content_27383804.htm,略改动)

同步练习

一、单项选择题

1. 在尚未确定具体的调研内容和范围之时进行的一种调研活动是（　　）。
   A. 因果性调研　　　B. 预测性调研　　　C. 探究性调研　　　D. 描述性调研
2. 调查问卷中的问题只设两个选项的，称为（　　）。
   A. 两项选择题　　　B. 多项选择题　　　C. 顺位式问答题　　D. 自由问答题
3. 在调查问卷设计中，以下陈述错误的是（　　）。
   A. 问题的陈述应简洁　　　　　　　　B. 避免双重或多重含义的问题
   C. 避免否定句　　　　　　　　　　　D. 问题的类型只能采用一种

二、简答题

1. 简述旅游市场调研的程序。
2. 简述旅游市场调研的内容。
3. 二手资料如何收集？

实训项目

以"乡村旅游"为调研主题，结合旅游市场调研程序相关知识，制订出一份调研计划。4~6位同学为一组，分组提交成果。

任务三　STP战略营销

任务目标

××旅行社刚刚成立，作为市场销售总监，请结合STP战略，明确本企业的目标市场及定位。

任务实施

每个小组将任务实施的步骤和结果填写到表2-6任务单中。

表2-6　任务单

小组成员：		指导教师：	
任务名称：		模拟地点：	
工作岗位分工：			
工作场景： 1. ××旅行社刚刚成立 2. STP战略分析			
教学辅助设施	模拟旅行社真实工作环境，配合相关教具		
任务描述	通过对旅行社STP战略分析，让学生掌握市场细分、目标选择及定位知识		

续表

任务资讯重点	主要考查学生对 STP 战略的认识
任务能力分解目标	1. 具备市场分析能力 2. 熟悉目标市场定位方法
任务实施步骤	1. 掌握相关知识点 2. 学生以小组为单位，进行旅行社 STP 战略分析 3. 每个小组借助多媒体进行汇报，展示小组成果 4. 各小组互评，教师点评

任务评价考核点

1. 熟悉 STP 战略。
2. 能够实行市场细分。
3. 熟悉目标市场定位方法。

引导案例

"亲子游"需求旺盛，但服务粗放

越来越多的 "80 后" 父母将旅游视为亲子互动中必备的元素。究其原因，一方面是旅游大环境向好，旅游慢慢成为一些家庭的刚需，同时出境游门槛不断降低；另一方面也是边玩边成长的教育观念正在逐步深入人心。

但目前国内旅游细分市场的供给不完善也不专业，许多家庭带孩子出游一般不会考虑国内的旅游景点，因为景区吃住行的相关服务往往不到位。相反在国外，特别是马尔代夫、巴厘岛等旅游地，都执行住宿餐饮一站式全包，甚至贴心地设计了儿童托管服务，满足了家庭出游的各种需求。这也导致了国外游成为很多家庭出游的首选。

（资料来源：https://www.sohu.com/a/276023155_100014970）

思考：旅游企业该如何针对细分市场做好产品定位？

市场细分理论是有关市场目标定位的理论，是由美国营销学家温德尔·斯密（Wendell Smith）在 1956 年最早提出的，此后，美国营销学家菲利浦·科特勒进一步发展和完善并最终形成了成熟的 STP 理论：市场细分（segmentation）、目标市场选择（targeting）和市场定位（positioning）。

在 STP 战略营销活动中，销售者区分主要的细分市场，把一个或几个细分市场作为目标，为每个细分市场定制产品开发和营销方案。

STP 战略营销活动需要经过如图 2-2 所示 3 个主要步骤。

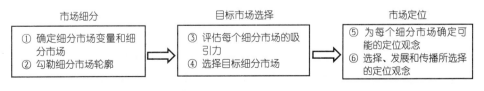

图 2-2　STP 战略营销三部曲

（1）市场细分。按照购买者所需要的旅游产品，将一个市场分为若干个不同的购买者群体，并描述它们的轮廓。

（2）目标市场选择。评估每个细分市场的吸引力，选择一个或几个准备进入的细分市场。

（3）市场定位。建立与在市场上传播产品的关键特征与利益，选择、发展和传播所选择的定位观念。

一、旅游市场细分

旅游市场细分是旅游市场营销工作系统过程中的重要环节，也是实现旅游市场营销目标的基础和前提。由于旅游市场本身的广阔性和复杂多变，没有一家旅游企业可以用一种旅游产品或服务满足旅游者有差异的需求，它们只能满足整体旅游市场中十分有限的部分。因此，旅游企业需要在做好市场调研的基础上，正确地细分市场，找准市场机会，选择适合自身企业的目标市场，才能更好地生存和发展。

（一）旅游市场细分的概念与原则

1. 旅游市场细分的概念

旅游市场细分是指旅游企业根据游客群体对旅游产品的需求欲望、购买行为和购买习惯的差异，把旅游市场划分为若干个分市场，从中选择自己目标市场的过程。

2. 旅游市场细分的原则

（1）可衡量原则。可衡量性是指旅游市场经过细分后具有明显的差异性，每一个细分的旅游子市场的购买力大小和规模大小都能被衡量，从质与量两个方面可以为旅游企业制定营销决策提供可靠依据。

（2）可进入原则。细分后的旅游市场是旅游企业利用现有的人力、物力、财力可以去进入和占领的。

（3）有价值原则。要求细分出的旅游市场在顾客人数和购买力上足以达到有利可图的程度，即要求细分市场要有可开发的经济价值。

（4）稳定性原则。严格的旅游市场细分是一项复杂而又细致的工作，因此要求细分后的市场应具有相对的稳定性。如果变化太快、太大，会使制定的营销组合策略很快失效，造成营销资源分配重新调整的损失，并形成企业市场营销活动的前后脱节，陷入被动局面。

（二）旅游市场细分标准

旅游市场细分的标准及其影响内容如表 2-7 所示。

1. 按旅游市场地理变量细分

（1）根据潜在客源地区与旅游目的地之间的自然环境的差异进行旅游市场细分。

（2）根据六大旅游区细分旅游市场，将世界旅游市场划分为六大旅游区：东亚及太平洋旅游区、南亚旅游区、中东旅游区、非洲旅游区、欧洲旅游区、美洲旅游区。

表 2-7　旅游市场细分的标准及其影响内容

划分标准	具体影响的内容
地理	地区、地形、地貌、气候、城市规模等
人口	年龄、性别、家庭规模、家庭生活生命周期、家庭收入、职业、教育状况、宗教信仰、种族等
心理	社会阶层、生活方式、个性特征等
行为	购买场合、追求效用等

（3）根据客源国进行旅游市场细分，是旅游目的地国家或地区细分国际旅游市场最常用的形式。

（4）根据客源地与旅游目的地的空间距离进行旅游市场细分，可分为远程、中程或近程旅游市场。

（5）根据旅行者的国际流向细分旅游市场，即根据不同客源地旅游者流向某一目的地占该目的地接待人次的比例将国际旅游市场细分为一级市场、二级市场和机会市场。一般来说，一级市场占目的地国接待总人数的 40%~60%。

2. 按人口统计变量细分

（1）年龄。旅游市场按年龄变量可分为儿童市场、青年市场、中年市场、老年市场。

（2）家庭生命周期。按家庭生命周期来进行划分。

（3）性别。按不同性别对旅游的需求，可细分为男性旅游市场和女性旅游市场。近年来，女性已成为旅游市场的重要客源目标。

（4）文化程度、职业、经济收入。文化程度越高，旅游的欲望越强。一般来说，文化水平越高，经济收入也越高，旅游支付能力越强，出去旅游的可能性也越大。

3. 按旅游者心理行为细分

旅游市场以旅游者的心理特征来细分，具体变量因素有气质性格、生活方式、价值取向、购买动机、偏好等。旅游者心理因素十分复杂，是一个内涵十分广泛、丰富的概念，不仅与旅游者的收入水平有关，而且与旅游者的文化素养、社会地位、价值观念、职业等因素密切相关。

4. 按购买行为细分

（1）按旅游目的细分。以旅游目的来细分是一种非常基本的方法，实质是按消费者购买旅游产品所追求利益的侧重细分。主要可细分为以下 5 类市场：观光旅游市场，会议、商务旅游市场，度假旅游市场，奖励旅游市场，探亲访友旅游市场。

（2）按购买时间和方式细分，即根据旅游者出游的时间、购买旅游产品的渠道及旅游方式来划分旅游市场。

（3）按购买数量和频率细分，是指按旅游者购买旅游产品的数量和频率特征来细分，可分为较少旅游者、多次旅游者和经常旅游者。这一变量因素同时也反映了旅游者对某一旅游产品的忠诚度。

酒店营销最常用的十大客源分类法

1. 按户籍来源地划分

这是最简单、最原始、最粗糙的客源划分方式。国内的客人按身份证所记录的户口所在地进行分类，看客人是来自北京、上海、广州，还是江苏、四川等地。海外的客人则按护照的签发地进行分类。

2. 按客人所属行业划分

这种划分方式也用得比较多。通常客人订房、订餐、订会议室时都会以某个协议单位的名义，如××公司、××部、××局等。通过对这些信息进行分析，可以发现到酒店来的客人主要集中在哪些行业。

3. 按客人预订的方式划分

从订房来看，预订的方式一般分为两类：直接预订和间接预订。前者是指住店的客人自己打电话或通过网络进行预订，他们自己就能说明价格、房型和抵达时间。后者则是通过别人进行预订，包括由协议单位的接待人员或者客人在当地的朋友安排预订，通过携程网进行预订，这一类预订有时候容易出现对价格、房型和房间最后保留时间的争议。

4. 按客人的消费总额划分

大部分的酒店都可以统计出一个年度消费排名，通常全年消费排名前20位的客人要占到酒店总收入的20%左右，有些还更高。按照80/20法则，这些是酒店需要重点关注的客源，保持他们的相对稳定性是酒店从总经理到每一位员工的重要工作，他们的流失往往会对酒店的正常营业收入造成很大的影响。

5. 按客人VIP的等级划分

有些客人的知名度极高，对酒店的声誉有极大的帮助，能对从事相同或相似职业的客人产生巨大的影响力。例如，接待过国家主席的酒店对政府部门有吸引力，接待过比尔·盖茨的酒店对IT行业有吸引力，接待过巴菲特的酒店对证券投资业有吸引力，接待过李嘉诚的酒店对华人企业家有吸引力等。

每一家酒店都应该通过接待一定数量的VIP来提升自己的知名度、美誉度，并检验酒店的产品质量和服务水准。

6. 按光顾频率划分

这一种方式也用得比较多，按光顾频率高低可分为两种客人：一是长住客，即以年为单位包租酒店客房的客人；二是常客，一年之中多次光顾酒店的客人。尤其是后者，应该是各家酒店需要高度重视的客源。

7. 按消费时节划分

旅游度假酒店对这种分析方式使用得较多，因为大多数旅游景点的淡旺季划分比较明显，必须合理地安排好不同时节的服务内容，合理调配人手。一般城市酒店较少使用这种方式，但其对客源分析仍然具有非常重要的指导意义。

8. 按性别和年龄划分

这种分析方式用得较多，却也用得最不好。通常性别与年龄都记录在客人的身份证件上，电脑能非常容易地进行分类，得出男女的比例是多少，各个年龄段的比例如何等。

9. 按消费水平划分

酒店的房间价格是从高到低排列组合的，不同的价格满足不同消费水平客人的需求。同样是单间，行政楼层的价格就高于普通楼层，别墅房间也高于主楼的房间。

10. 按消费个性特征划分

不同的客源有不同的消费习惯和个性化特点。虽然没有哪家酒店能满足所有客人的全部个性化需求，但满足其中的大部分，尤其是主体客源的主要需求也是可以做到的。

（资料来源：http://www.17u.net/news/newsinfo_279881.html）

二、旅游目标市场的选定

旅游目标市场是指旅游企业在市场细分的基础上进行营销活动所要满足其需求的消费者群体。选择目标市场是市场细分工作的延伸。旅游经营者需要根据自己的条件，从细分的市场中选择出一个或几个子市场作为自己从事市场营销活动的对象，这一过程就被称为目标市场的选定。

（一）评估细分市场

选择目标市场的第一步是分析、评估各细分市场，评估依据有各细分市场规模和增长率、细分市场结构吸引力以及旅游企业营销目标和资源。在评估细分市场时，必须考虑细分市场结构的吸引力、公司的目标和资源。也就是细分市场对企业有吸引力，同时与企业的目标和资源一致的问题。

（二）目标市场的选择

一般来讲，对旅游目标细分市场的选择有无差异目标市场策略、差异性目标市场策略和密集性目标市场策略三种方式，如图 2-3 所示。

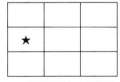
(a) 无差异目标市场策略

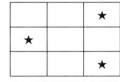
(b) 差异性目标市场策略

(c) 密集性目标市场策略

图 2-3 三种目标市场策略的比较

1. 无差异目标市场策略

无差异目标市场策略是指旅游企业无视整体市场内部旅游者需求的差异性，将所有细分出的子市场都作为自己的目标市场，只推出一种旅游产品，制定一种价格，运用一种统一的旅游营销组合，为满足旅游者共同的需求服务。

这种市场策略突出的优点在于，企业可以大规模销售，简化分销渠道，相应地节省市场调研和广告宣传的经费开支，使平均成本降低。另外，对于垄断性、吸引力大的旅游产品容易形成名牌产品的强大声势，创造规模效应。这种策略的缺点是不能完全满足旅游者的差异性需求。随着旅游者社会经济情况、生活方式以及个人兴趣的不断变化，对旅游多样化的需求日益增长，单一的市场策略不易吸引旅游者。因此，本策略主要适用于市场上供不应求或少数垄断性较强，以及初上市的旅游产品市场，随着旅游市场竞争的加剧，旅游企业采用本策略的机会越来越少，已不能适应现代旅游市场发展。

2. 差异性目标市场策略

差异性目标市场策略是根据消费者的不同需求特点，对整体市场进行细分。企业在此基础上选择整体市场中若干个细分市场作为自己的目标市场，针对不同细分市场的需求特点，提供不同的旅游产品，制定不同的营销组合，为满足不同的细分市场的需求服务。例如，将旅游市场细分为观光、度假、会议、体育等不同的细分旅游市场，而观光旅游市场又可细分为丝绸之路、名胜古迹、田园生活、山水风光等不同的内容。旅游企业针对不同的需求，设计各种旅游路线，提供不同的服务设施和服务项目。

这种策略的优点是能更好地满足各类旅游者的不同需求，有利于提高旅游产品的竞争力和扩大旅游企业的销售量。如果一个旅游地或企业能够同时在几个细分市场上占有优势，就会由于连带效应，而树立起旅游者所信赖的、声誉很高的目的地形象或企业形象。另外，由于同时经营数个细分市场，有助于企业降低风险。这种策略的局限性表现在，企业产品种类多，导致费用增多，要求具有多种销售渠道，会使广告费用、推销费用等随之增加。由于经营分散，在某一种产品中难以实现规模经济效益，从而影响了经营效率，影响企业优势的发挥。

3. 密集性目标市场策略

采用这种策略是指旅游企业在市场细分的基础上，集中选择一个或少数几个细分市场作为自己的目标市场，集中企业的全部精力，以某几种营销组合手段服务于该市场，实行高度的专业化经营。例如，有的旅行社专门为探险旅游、农业旅游等特色旅游服务。这种策略往往适合资源能力有限的中小型旅游企业以及旅游资源独特的旅游目的地。它们在较大的市场上难以取得竞争优势，因而力图在较小的市场范围内取得较高的市场占有率。

采取这种策略的突出优点在于能充分发挥企业的优势，使企业在特定市场上具有很强的竞争力。由于企业经营范围针对性强，容易形成产品与经营特色，因此有利于扩大企业在特定细分市场上的知名度，以及由此带来的销售额的增加。这种策略的不利之处是企业过分依赖少数几个市场，具有较大的风险性。由于市场面窄，一旦需求发生变化，企业就会出现危机。

以上3种策略各有其优缺点，旅游企业在选择自己的经营策略时必须考虑到自身的条件、产品和服务的特点以及市场的情况，加以权衡，慎重行事。

（三）影响目标市场选择的客观因素

一般来讲，影响目标市场选择的客观因素有以下 5 种。

1. 旅游企业自身的实力条件

旅游企业自身的实力条件包括人员的素质、可支配的资金、管理水平、产品和营销组合设计能力以及关系网络等，这些条件对于确定目标市场经营范围的大小起到决定性的作用。如果经营者实力强，各种资源丰富，可以采取差异性目标市场策略。反之，如果实力不足，且规模不大，则应采取密集性目标市场策略。

2. 旅游产品的特点

不同的旅游产品在满足旅游者需求方面有很大的差异。对于特色旅游产品、旅游餐饮服务等性质差别较大的旅游产品，可能需要很多档次来满足不同旅游者的需求，而有些以单一的产品就能满足所有旅游者的需要，例如，像航空客运服务、标准间客房服务这些性质接近、替代性强的旅游产品。

3. 旅游市场的特点

当旅游产品市场需求异质程度很低，旅游者的兴趣爱好及其他特点很相近时，可采用无差异目标市场策略。如一些名胜古迹、风土人情等项目可以采用此策略。相反，对于需求异质程度很高的旅游产品市场，则采用差异性或集中性目标市场策略。

4. 旅游产品的生命周期

产品处于生命周期的不同阶段，旅游企业采取相应的目标市场策略。对处在投入期或成长期的旅游产品，应采用无差异目标市场策略，因为此时对市场需求不甚了解，并且没有或很少有竞争者。当产品进入成熟期或衰退期后，应采用差异性目标市场策略，以利于开拓新的目标细分市场，尽力延长产品生命周期，或者采用集中性目标市场策略，使企业集中力量对少数有利可图的细分市场进行营销推广。

5. 旅游市场竞争的特点

如果企业的产品垄断性强，竞争者数量少或势力弱，可以采用无差异目标市场策略。反之则采用差异性或集中性目标市场策略。企业采取何种策略，往往视竞争对手的策略而定。例如，若竞争者采用无差异目标市场策略，企业就应当针对细分市场采用差异性或集中性目标市场策略，争取占领几个有利市场。

目标市场的选择是一个系统性工作，不但需要旅游经营者做好充分的市场调查，还要全面考虑各种影响因素。只有这样才能选择一个准确有效的目标市场。从整个旅游营销活动来看，目标市场的选择仍属于前期工作，这一工作的成功与否会直接影响后面工作效果的好坏。

案例2-6

万豪酒店的市场细分及目标市场选择

在市场细分这一营销行为上，万豪酒店可以被称为超级细分专家。在原有的四个品牌都在各自的细分市场上成为主导品牌之后，万豪酒店又开发了一些新的品牌。在高端市场上，Ritz-Carlton（丽思卡尔顿）酒店在为高档次的顾客提供服务方面赢得了很高的赞誉并备受赞赏；renaissance（新生）作为间接商务和休闲品牌与万豪酒店在价格上基本相同，但万豪酒店面对的是不同消费心态的顾客群体——已经成家立业的人士，而新生的目标顾客则是那些职业年轻人；在低端酒店市场上，万豪酒店由 fairfield inn 衍生出 fairfield suite （公平套房），从而丰富了自己的产品线；位于高端和低端之间的酒店品牌是 towne place suites（城镇套房）、court yard（庭院）和 residence inn（居民客栈）等，它们分别代表着不同的价格水准，并在各自的娱乐和风格上进行了有效的区分。

伴随着市场细分的持续进行，万豪酒店又推出了 springfield suites（弹性套房）——比 fairfield inn（公平客栈）的档次稍高一点，主要面对一晚75~95美元的顾客市场。为了获取较高的价格和收益，酒店使 fairfield suite（公平套房）品牌逐步向 springfield suites（弹性套房）品牌转化。

万豪酒店会在什么样的情况下推出新品牌或新产品线呢？答案是：当其通过调查发现在旅馆市场上有足够的、尚未填补的"需求空白"或没有被充分满足的顾客需求时，公司就会推出针对这些需求的新产品或服务——这意味着公司需要连续地进行顾客需求调研。从某种意义上来说，万豪酒店的专长并不是旅馆管理，而是对顾客知识的获取、处理和管理。如果调查显示某细分市场上有足够的目标顾客需要一些新的产品或服务特色，那么万豪酒店就会将产品或服务进行提升以满足顾客新的需求；如果调查表明在某一细分目标顾客群中，许多人对一系列不同的特性有需求，万豪酒店将会把这些人作为一个新的"顾客群"并开发出一个新的品牌。

（资料来源：http://www.17u.net/bbs/show_15_967460.html，略改动）

三、旅游市场定位

旅游市场定位是指旅游企业根据目标市场上的竞争者和企业自身的状况，从各方面为本旅游企业的旅游产品和服务创造一定的条件，进而塑造一定的市场形象，以求在目标顾客心目中形成一种特殊的偏好。旅游市场定位主要涉及3个问题：可利用的主要差异化属性有哪些？怎样在市场上选择有效的定位？如何把它的市场定位向顾客传递出去？

（一）旅游市场定位的作用

旅游企业进行准确的市场定位，其作用主要体现在以下3个方面。

1. 有利于企业建立竞争优势

所谓竞争优势，按照战略管理大师波特的描述，是指产生能为顾客创造的价值，而这个价值量大于企业本身创造这个价值时所花费的成本。顾客愿意花钱购买的就是价值，花费低于竞争对手的价格而获得等值的利益，或者得到足以抵消较高价格的独特利益（即超值），顾客均会感到满意。而旅游企业要建立竞争优势，最大限度地让顾客满意，就必须事先明确企业在哪些方面与竞争对手不一样，在顾客心中处于什么位置，即定好位。

2. 有利于企业营销组合的精确执行

解决旅游企业市场定位问题的好处在于，它能够帮助企业解决好营销组合问题，并保证营销组合的精确执行。营销组合——产品、价格、渠道和促销是执行定位战略的战术细节的基本手段。如果说确定目标市场是让营销人员知道为什么要制定相应的营销组合的话，那么，准确的定位战略则是告诉营销人员如何设计营销组合的内容。

例如，一个定位于"高档次旅游和服务"位置的企业，必须提供优质的旅游产品和服务，为这个档次的产品制定一个较高的价格，同时，通过高档的销售渠道进行分销，以及在面向高端人群的杂志上登广告，为这个产品及企业营造一种始终如一的、令人信服的高质量形象。

3. 避免企业间的恶性竞争

旅游企业如果不能突出自身优势，使企业与竞争对手区别开来，在争夺同样的目标旅游者时，由于客源的有限性，必然会进一步加剧市场竞争，甚至会出现恶性竞争的局面。由于没有进行有效的市场定位，企业产品雷同，在产品品种、服务、人员、形象等方面没有明显的差异，企业间的竞争就会更多地反映在价格上。价格竞争又会进一步降低企业的利润，使企业缺乏技术改造和提高服务质量的资金，最终影响到企业和整个行业的发展。

拓展阅读 2-2

旅游企业常见的四种定位错误

旅游企业在营销活动中，有可能出现定位错误的 4 种情况。

（1）定位不够。一些企业发现顾客对自身产品和服务（或者说差异化利益）只有一个模糊的概念，顾客并不真正知道它的特殊之处。

（2）定位过分。这引起顾客产生过于狭窄的印象，未来将难以进一步拓展。

（3）定位模糊。对定位有着过多的说明或时常改变产品和服务的定位，均有可能使顾客产生混乱的印象。

（4）定位疑惑。顾客很难从产品和服务特征、价格或提供者的角度相信企业宣传的各种利益。

（资料来源：https://bbs.pinggu.org/thread-7121326-1-1.html）

（二）旅游市场定位的步骤

旅游市场定位的关键是企业设法在自己的产品上找出比竞争者更具有竞争优势的特性，

根据竞争者现有产品在细分市场上所处的地位和旅游者对产品某些特性的重视程度，塑造出本企业产品的市场定位。因此，旅游企业市场定位的全过程可以通过以下 3 个步骤来完成。

1. 识别企业的竞争优势

旅游者一般都会选择那些给自己带来最大价值的产品和服务。赢得和留住顾客的关键是要比竞争对手更好地理解顾客的需要，并向他们提供更多的价值。旅游企业的竞争优势取决于其旅游产品开发设计和经营管理方面的成本优势及其旅游产品的创意设计能力。

要想确定企业的竞争优势，需要具体了解以下问题：竞争对手的产品定位是怎样的；目标市场上旅游者的需要和欲望的满足程度如何；哪些需要和欲望是尚未得到满足的；针对竞争对手的市场定位和目标市场上旅游者需要的利益，企业可以做些什么等。旅游企业通过回答以上问题，就可以从中找出与竞争对手的差异所在，并由此确定自己的竞争优势。

2. 选择有价值的竞争优势

并不是所有的差异都能成为竞争优势，旅游企业要做的就是区分哪些差异能够成为有价值的竞争优势。通常，企业要通过以下问题的回答来衡量。

(1) 重要性。要能够给相当数量的旅游者带来实惠。

(2) 独特型。既没有其他企业使用，也不能再以更独特的方式被竞争对手使用。

(3) 可沟通性。易于被旅游者见到并理解。

(4) 可负担性。旅游者能够负担得起由于差异带来的费用。

(5) 获利性。旅游企业能够从中获得利益。

大多数旅游者对每家旅游企业之间的细微差异并不十分感兴趣，旅游企业也没有必要费时、费力去深入探求每一处的不同。一般来说，旅游企业只需要对那些最能体现企业风格、最适合目标市场需要之处进行必要宣传即可。这就要求企业确定需要突出多少种差异和需要突出哪些差异。

3. 沟通及传播企业的市场定位

在确定了市场定位后，旅游企业要把它准确无误地传递给目标旅游者，使其独特的竞争优势在旅游者心目中留下深刻印象。旅游企业要通过营销活动使目标旅游者了解、熟悉、认同本企业的市场定位，并在旅游者心目中建立与其定位相一致的形象。如一家旅游企业定位于"质量上乘"，那么它就必须努力地把这种信息传播出去。优质产品的信息可以通过营销的其他要素表达出来，例如高品质的旅游产品设计、高质量的广告媒体选择、高素质的经销商合作等，这一切必须与企业"质量上乘"的定位相一致。

此外，旅游企业还要不断强化其市场形象并保持与目标旅游者的沟通，以巩固其市场地位。如果目标旅游者对企业的市场定位理解出现偏差，或者由于企业宣传上的失误而造成目标旅游者的误会，企业要及时纠正与其市场定位不一致的形象。

项目二　旅游市场调研与定位

案例 2-7

鸿 鹄 逸 游

鸿鹄逸游（HHtravel）是携程高端游品牌，集合了中国领先企业的品牌优势、研发服务能力、精英团队、资源网络，2010年起连续多年成功推出"顶级环游世界"，积累了丰富的高端旅游经验和客户群体。除了"顶级环游世界"系列产品，鸿鹄逸游还有北京、上海、台北等出发共近200条针对高净值人群的高端旅行常规线路，奠定了国内高端旅游市场的领先地位。

品牌理念：实现高端旅游者的梦想。

鸿鹄逸游（HHtravel）创作，挑战极限服务，精雕细琢。

鸿鹄逸游（HHtravel）是梦想、是体验、是收藏；是一生追求的鸿鹄大志；是无与伦比的奢华体验；是一趟旅行、一个无价的收藏。

鸿鹄逸游（HHtravel）是由市场领导品牌——大陆 Ctrip 携程旅行网与太美国际旅行、香港 WingOn 永安旅游与台湾 ezTravel 易游网合作创立。

（资料来源：https://www.hhtravel.com，略改动）

（三）旅游市场定位的方法

旅游市场定位的常用方法有初次定位、避强定位、迎头定位和重新定位。

1. 初次定位

初次定位是指新成立的旅游企业初入市场、旅游新产品投入市场，或者旅游产品进入新市场时，企业为满足某一特定目标旅游者的需要，采用所有的市场营销组合而使其竞争优势与特色为目标旅游消费群体接受的过程。

2. 避强定位

避强定位是一种避开强有力的竞争对手进行市场定位的模式。当企业意识到自己无力与强大的竞争者抗衡时，则远离竞争者，根据自己的条件及相对优势，突出宣传自己与众不同的特色，满足市场上尚未被竞争对手发掘的需求。这种定位的优点是能够迅速地在市场上站稳脚跟，并在旅游者心中尽快树立起一定形象。由于这种定位方式市场风险较小，成功率较高，常常被多数旅游企业所采用。

3. 迎头定位

迎头定位是一种以强对强的市场定位方法，即将本企业形象或产品形象定在与竞争者相似的位置上，与竞争者争夺同一目标市场。实行迎头定位的旅游企业应具备的条件是：能比竞争对手设计出质量更好或成本更低的旅游产品；市场容量大，能容纳两个或两个以上的竞争者；拥有比竞争者更多的资源和能力。这种定位存在一定的风险，但能够激励企业以较高的目标要求自己奋发向上。

67

4. 重新定位

重新定位是指旅游企业通过改变产品特色等手段，改变目标旅游者对产品的认识，塑造新的形象。即使企业产品原有定位很恰当，但当出现下列情况时，也需要考虑重新定位：一是竞争者推出的市场定位侵占了本企业品牌的部分市场，使本企业产品市场占有率下降。二是旅游者偏好发生了变化，从喜爱本企业品牌转移到喜爱竞争对手的品牌。重新定位是企业为了摆脱经营困境寻求重新获得竞争力的手段，也可能是由于企业发现了新的产品市场而主动发起的。

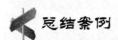

总结案例

全球酒店业通过本地化策略瞄准新一代旅客

在这个高度互联的世界里，年龄和社会经济状况各异的旅客们都在寻求与他们所到访的目的地建立更深度的联系。产生这种需求的其中一个主要原因是旅客们在入住酒店之前会在网络上收集大量信息。

有创意的酒店品牌正在满足这一需求，它们让顾客加入由本地社区居民与地点组成的多元化网络，将自己的品牌营销成"旅游体验"的一部分，而不仅仅是一个睡觉的地方。对于越来越多的旅客而言，他们入住的酒店代表着他们的身份。

酒店一直以来都是了解目的地的入口。在 20 世纪末，精品、设计和生活时尚酒店品牌争相涌现，这让市区酒店本身就成为一个目的地景点。目的地社区的酒店具有浓郁的本地化气息，将其作为社区入口的概念成为一大批兴奋的新连锁酒店品牌的差异化卖点。

大型的全球酒店品牌也跟上了这股潮流，不过，面向中端市场的酒店也掀起了一阵新趋势，它们重新制定针对中等收入家庭和二级市场的本地化策略。在今天，这已经成为酒店业的广泛共识，它们需要为受教育程度高和更紧密联系的旅客们提供更具深度和层次化的旅游体验，这一点会成为非常具有竞争力的优势。

随着逐渐上升的预订量和平均房价（ADR），我们很难去设定具体的 ROI（投资回报率）。所有的酒店专业人士在研究报告中都明确指出，所有细分市场的需求都在不断增长。用他们的话来说，打造本地化目的地旅游体验的 ROI 要做到几个方面，包括保持旅游相关性以提高年轻一代旅客的品牌忠诚度。

精明的酒店品牌正通过多方面的措施来增加本地化元素。例如酒店和本地认可程度高的区域性企业合作，与当地社区建立更具深度、更私人化的关系；酒店在酒店内外举办一些特别活动；酒店通过精心制定的社交媒体策略及博客来传播本地化的旅游体验。

（资料来源：http://www.traveldaily.cn/article/75182.html）

同步练习

一、单项选择题

1."银发旅游市场"是按（　　）因素进行的市场细分。

A. 家庭　　　　B. 年龄　　　　C. 收入　　　　D. 特征

2. 旅游企业通过改变产品特色等手段，改变目标旅游者对产品的认识，塑造新的形象。称为（　　）。

A. 迎头定位　　B. 重新定位　　C. 避强定位　　D. 改变定位

二、简答题

1. 简述 STP 理论。
2. 如何按照人口统计变量进行市场细分。
3. 简述目标市场选择的三种方法。
4. 简述旅游市场定位的步骤。

实训项目

选取本地一家旅游企业（旅行社、酒店、旅游景区等），对其进行 STP 分析，掌握其市场细分、目标市场选择和市场定位。4~6 位同学为一组，分组提交成果。

前沿视角

瞄准目标客源市场需求　做好入境旅游宣传推广

基于高满意度和忠诚度带来的口碑效应是保障营销效率和效果的基石，可在提高游客重游率的同时，不断吸引新游客到访。

近年来，全球入境旅游市场保持较快增长。据联合国世界旅游组织预测，2019 年全球入境旅游接待人数将增长 3%~4%。中国旅游研究院发布的《2019 入境旅游发展报告》显示，随着我国入境旅游发展环境不断优化，2015 年以来，入境旅游开始探底回升，并在此后的四年里连续保持增长。值得注意的是日本、韩国、新加坡、泰国等作为我国主要入境客源市场的同时，也是我国入境旅游最主要的竞争对手。面对来自周边国家更加激烈的竞争，推动我国入境旅游发展，亟须加强目标客源市场宣传推广工作。

对各级目的地营销及管理机构而言，应首先充分利用已有的入境旅游统计数据选出重点客源市场，对客源市场进行划分，将精力集中于需要优先关注的客源市场。针对不同类型的客源市场，其营销工作重点内容也大不相同。按照目标客源市场对中国的了解程度可将客源市场分为三类：传统客源市场、新兴客源市场和介于两者之间的机会市场。对于游客人数增长缓慢的传统客源市场，需要通过更深入的市场调查，对客源市场做进一步的细分，并基于不同的细分市场推广相应的旅游产品。与此同时，密切监控游客满意度，及时向目的地管理部门及相关企业反馈各细分市场需求变化，不断更新旅游产品，提升旅游服务品质，维持游客的高满意度和高忠诚度，提升重游率和口碑效应。"潜力客源市场"往往是新兴客源市场，当地居民对中国不甚了解，工作的重心是通过各种方式的信息传递，让当地潜在目标客源市场熟悉中国旅游，提升中国旅游的吸引力。在信息传递过程中，不仅需要传递能够吸引当地人来华旅游的信息，如宣传推广当地人感兴趣的旅游特色及产品，也要注重与传统及线上的大众媒体合作，向其传递基础实用信息，如中国的文化习俗、消费水平等，通过持续、鲜明的形象宣传提升目的地知名度。在这一过程中，值得格外注意的是，宣传口号和内容要与实际相符，切不能高于实际，导致入境游客的过高预期带来较低的满意度，产生负面口碑宣传。

在国家层面，目的地营销工作的核心在于旅游目的地品牌的打造和维护，提升中国旅游品牌知名度，并在不同的客源市场针对不同的细分市场进行相应的品牌推广活动，传达其感兴趣的中国独有的魅力。例如，以"美丽中国"为中国旅游目的地的品牌，针对日本潜在客源市场，"美丽中国"可能更多地体现在传统文化上；针对"一带一路"沿线国家，则可能更多地由展现中国经济发展成就的地标、工程等来体现。基于各客源市场各细分市场的不同需求，"美丽中国"的体现形式则将更加具体化、差异化。

通过持续的品牌推广活动，最终建立起并维护好与目标客源之间的情感联系，使潜在入境游客一想到中国，便能联想到他们期待的或已有的美好旅行体验。

（资料来源：http://www.ctnews.com.cn/art/2020/1/10/art_621_61116.html）

项目小结

本项目从旅游市场营销宏观环境和微观环境分析出发，介绍旅游市场调研的定义、内容、程序以及市场调查问卷的设计方法，运用 STP 营销理论，对旅游市场细分（segmentation）、目标市场选择（targeting）和市场定位（positioning）进行具体讲述。

综合训练

1. 实训项目

以"乡村旅游"为主题，进行科学的抽样调查（样本量不少于 500 人），完成乡村市场调查报告。

2. 实训目标

培养学生实施市场调查以及撰写市场调查报告的能力，通过项目让学生更好地掌握旅游市场调查方面的知识。

3. 实训指导

(1) 指导学生掌握抽样调查方法。

(2) 给学生完成报告提供必要的参考资料。

4. 实训组织

(1) 把所在班级学生分成小组，每组 4~6 人，确定组长，实行组长负责制。

(2) 完成旅游市场调查 PPT 汇报及旅游市场调查报告，在课堂上进行汇报交流。

5. 实训考核

(1) 根据每组的旅游市场调查 PPT 汇报，由主讲教师进行评分和点评，占 30%。

(2) 根据每组的旅游市场调查报告，由主讲教师进行评分和点评，占 50%。

(3) 课堂讲解完后，每个小组互评，各给出一个成绩，取其平均分，占 20%。

【学习目标】

知识目标

1. 认识旅游产品的概念。
2. 理解旅游产品的特点和整体旅游产品的构成。
3. 了解旅游产品品牌的概念和构成。
4. 认识品牌策略在旅游市场中的重要作用。

能力目标

1. 掌握旅游新产品开发的一般过程和策略,并灵活运用到实际工作中。
2. 熟练运用各种旅游产品品牌策略。

素质目标

1. 培养学生热爱旅游产品开发工作,具有较强的责任心。
2. 培养学生与团队成员的合作精神和创新意识。

思政目标

1. 培养学生具有良好的职业道德和素养。
2. 培养学生具有正确的职业观和价值观。
3. 培养学生求真务实、开拓进取、钻研、勤奋的认识论与方法论。

【学习指南】

学习方法

1. 讲授学习法。通过聆听教师讲授,理解、掌握知识。
2. 实际操练法。通过学习课程内容,针对项目要求,进行企业实际操作的模拟演练。
3. 课堂展示法。在课堂进行旅游产品展示,如旅游线路图、旅游网站内容等。
4. 案例分析法。学习案例内容,分析案例内容,掌握案例分析方法,得出结论。

学习资源

1. 章节配套 PPT。
2. 参考书目。

(1)李光瑶,石斌. 旅游市场营销[M]. 北京:清华大学出版社,2013。

(2)屈云波. 旅游业营销[M]. 北京:企业管理出版社,1999。

3. 网络资源。

(1)携程网:http://www.Trip.com。

(2)香格里拉酒店官网:www.shangri-la.com/cn。

(3)新京报:http://www.bjnews.com.cn。

(4)旅游圈:https://www.dotour.cn。

(5)搜狐网:https://www.sohu.com。

(6)洲际酒店官网:https://www.ihg.com.cn。

(7)中国经济网:http://www.ce.cn。

(8)新华网:http://m.xinhuanet.com。

任务一　认知旅游产品的概念

任务目标

××旅行社旅游产品部门计划进行市场调查，为设计亲子游产品做好铺垫，作为旅行社产品部门主管，请为该组成员布置市场调查任务。

任务实施

每个小组将任务实施的步骤和结果填写到表 3-1 任务单中。

表 3-1　任务单

小组成员：		指导教师：
任务名称：	模拟地点：	
工作岗位分工：		
工作场景： 1. ××旅行社计划做好亲子游产品设计的市场调研工作 2. 为员工分配任务		
教学辅助设施	模拟旅行社真实工作环境，配合相关教具等	
任务描述	通过对旅行社产品概念工作的展开，让学生对旅游产品有更深刻的理解	
任务资讯重点	主要考查学生对旅游产品知识的认识	
任务能力分解目标	1. 具备旅游产品人员基本素质 2. 理解旅游产品的特点 3. 了解旅游产品的整体构成	
任务实施步骤	1. 学习相关知识 2. 学生分组制订旅游市场调研计划，撰写报告 3. 每个小组撰写报告 4. 各小组汇报成果并互评，教师点评	

任务评价考核点

1. 了解旅游产品基本构成要素。
2. 理解旅游产品的特点。
3. 作为旅游产品部工作人员，能够灵活掌握旅游产品设置。

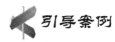
引导案例

> **人民日报调查：成都仿古小镇龙潭水乡为何昙花一现**
>
> 　　成都龙潭水乡仿古小镇投资 20 亿元，位于成都市成华区龙潭总部经济城核心区域，占地面积 220 亩（1 亩 = 666.667m^2），建筑面积 16.1 万平方米，其规模相当于周庄古镇，

> 是龙潭总部经济城最大的配套项目。经4年打造和建设，形成清一色江南仿古式建筑，曾被誉为成都的"清明上河图"。刚开业的时候热闹非凡，不少游客慕名而来。但好景不长，如今，酒店、婚庆基地、饭店等绝大多数商铺纷纷关门，平时游客很少。
>
> 斥巨资打造的仿古小镇，几乎成为一座空城，不仅影响城市形象，更会浪费宝贵的土地资源。不少市民觉得非常可惜，很关心龙潭水乡的未来发展。
>
> （资料来源：金正波. 成都仿古小镇龙潭水乡为何昙花一现[N]. 人民日报，2019-02-11（7））
> 思考：该旅游产品定位是什么？为何发展不理想？龙潭水乡将如何规划？

一、旅游产品的特点

旅游产品是指为满足旅游者的愉悦需要而在一定地域上被生产或开发出来以供销售的物象和劳务的总和。从顾客的角度来说，旅游产品是旅游者从离家外出开始直到完成全程旅游活动并返回家中为止这一期间的全部旅行经历的总和。从供给角度来说，是指旅游目的地为满足来访旅游者的需求而提供的各种旅游活动接待条件和相关服务的总和。单项旅游产品是旅游企业所经营的设施和服务，或者说是旅游企业借助一定的设施而向旅游者提供的项目服务。

旅游产品具有无形性、生产与消费的同步性、不可转移性、不可储存性和综合性等特点。

1. 无形性

无形性是服务产品的共同特点，旅游产品主要是由无形服务组成的集合体。旅游产品的无形性主要体现在两个方面：一方面，旅游产品是旅游者通过旅游活动体验一系列旅游服务获得感受的全过程；另一方面，旅游产品的无形性表现在其价值和使用价值，不是凝结在具体的物上，而是在无形的劳务活动中，只有当旅游者享受了服务后，才能体会到旅游产品的价值和使用价值。由此，旅游产品的深层次开发和对市场需求的满足较多地依赖于无形产品的开发，也就是不断地提高旅游服务的质量和水平。

2. 生产与消费的同步性

有形产品拥有"生产—销售—消费"环节，而多数旅游产品的生产与消费却是同时进行、不可分割的，所以又称"生产与消费的同步性"，这也是服务产品的共性。旅游产品尽管有预付等形式的非生产地交易，但旅游者只有到旅游产品产地才能拥有其使用价值，旅游产品交易的最终完成必须在产地实现。旅游产品生产与消费同步性的特点构成其与有形产品最突出的差别，并使其质量控制的难度增大。这一特点还说明旅游产品在旅客消费前还不是"成品"，旅游者在消费前一般也难以对旅游产品质量做出评价，这意味着旅游者的购买风险较高，同时也意味着沟通与促销将对旅游者起到重要的引导作用，恰如其分的沟通与促销，将有利于旅游者了解企业产品并进行选购。

3. 不可转移性

旅游者购买的旅游产品是特定时间、特定地点的使用权，因此，旅游者只能到旅游产品生产地就地消费。旅游产品的不可转移性还体现在产品销售后所有权的变更上。一般物质产品通过买卖交换，所有权发生转移，但旅游产品的买卖是旅游者在特定时间、特定地点拥有产品的使用权，不是永久性的。

4. 不可储存性

一般实物产品销售不出去可以储存待售，而旅游产品由于具有生产与消费的同步性和时空上的不可分割等特点，任何时间、地点的旅游产品都不可能首先生产出来等消费者购买，只有当旅游者购买并消费时，以服务为主体的旅游产品才会生产出来。如果服务在生产过程中未被销售，就意味着失去了这部分价值。

5. 综合性

由于旅游产品满足的是人类较高层次的精神需求，而非生活必需品，从而决定了旅游产品具有较大的需求弹性，容易被替代。精神需求的满足也可通过教育、体育健身、在居住地附近休闲游憩等方式获得。

 案例 3-1

旅行社品牌创建的现状与存在的问题

文化和旅游部最新数据显示，截至 2018 年 12 月 31 日，全国旅行社总数为 36121 家。旅行社的规模日益扩大、服务质量也有明显提高，形成了以携程、凯撒旅游、众信、广之旅、春秋、中青旅、中国国旅等为代表的品牌旅行社。

中国旅游业经过 30 多年的发展已达到一定规模，但是在品牌化的道路上行进得仍然很缓慢。虽然很多旅行社已建立了自己的企业品牌，如国旅、中旅、青旅、春秋、携程、众信等，但它们各自的产品品牌却并不突出。一家旅行社推出新的线路，别家就会立即跟风。其中东南亚旅游产品的"跟风"现象最为突出，由于东南亚旅游的进入门槛比较低，旅游企业之间较容易互相复制，因此比较有特色的线路很快就会被同行争相模仿和复制，随即而来的价格战导致该线路利润和竞争力随即下滑。在帮助旅行社进行品牌创建的过程中，我们总结出了目前存在的三个主要问题，希望引起旅行社经营管理者的高度重视。

1. 品牌意识淡薄

目前全国虽然有 36121 多家旅行社，但 80%以上的市场则被"散、小、弱、差"的"小作坊"式旅行社占据，这些"小作坊"式旅行社一味追求短期利润，存在大量恶性削价竞争、恶性"宰客"、服务质量低劣、品牌竞争意识淡薄等问题。

建立品牌是一个需要对人力、物力、财力各方面都进行投入的过程。不仅要进行品牌的塑造定位、推广，还要不断进行品牌的延展和更新升级。因此旅行社品牌的创建必须以稳固的产品体系为依托、以创新性经营理念为支撑。目前旅游市场比较混乱，中小型旅行社缺乏实力和意识去创建产品品牌，只有通过模仿市面上现有热销产品来求得生存，但这样的恶性循环最终导致利润越来越低，无法适应市场而倒闭。

2. 缺乏独立的产品品牌

现在，已有一些旅行社企业在品牌化道路上树立了很好的榜样。例如，国旅总社提出了以"统一品牌创名牌,开发产品出精品"为内容的名牌化战略,注册了"海底婚礼旅游";广州旅游公司推出了企业名称与品牌名称融为一体的"广之旅"品牌。

不难发现这些旅行社大多走的是统一品牌之路,即企业名称与品牌名称合二为一,融为一体。这样做有一定的原因,例如,旅游产品不能以某种"物化"形态存在,在稳定性、规范化和标准化方面不及有形产品;旅行社想利用在公众中已经知名的企业来带动产品品牌的建立,减少建立品牌的困难。这些想法都无可厚非,但从长远看,会产生不良后果。第一,旅行社提供的产品往往呈现多样化的特点,其品质、价格、档次高低不同、各有千秋,由企业名称演化而来的品牌名称可能会模糊产品形象,使产品失去自身特色。第二,根据旅行社经营分层的趋势和要求,今后一些大型旅行社将更多地担负起开发新产品的重任;如果旅行社不走以品牌区分旅游市场的路子,那么,当新产品推出后,将引起同行竞相效仿复制,长此以往,旅行社开发新产品的积极性也大大降低。

3. 品牌命名上存在的误区

首先,受历史原因的影响,旅行社的企业品牌名称普遍缺乏个性和特色。我国旅行社在最初发展过程中只有国旅、中旅和中青旅 3 家。由于最初市场定位不同,这 3 家旅行社从原则上说不存在竞争。后来随着市场的放开,越来越多的旅行社开始进入竞争领域。由于受旧的水平分工体制以及惯性思维的影响,众多的旅行社都在其名称中加入了"中国""国际"等称谓,这在事实上造成了旅行社企业品牌名称的混淆和雷同。

这种现象的产生主要源于两个方面:一方面,由于国、中、青 3 家旅行社都没有考虑到品牌名称的独特性,采用了通用名称作为品牌名称,从而后来易被其他旅行社所随意采用。另一方面,其他旅行社从短期效益出发,只考虑搭乘"知名品牌"的便车,而不注重长期无形资产的累计以及企业的品牌经营管理所带来的竞争优势。另外,一些旅行社在产品品牌的命名上采用了产品通用名称,即旅游线路或旅游活动的名称等。对旅行社来说,使用通用产品名称不利于体现自身产品的特点与优势,无法与竞争对手相区别,因此也达不到实行品牌战略的根本目的,一旦遇到该线路或活动出现问题不再继续,那么这个品牌也将面临无法给予其他线路使用的问题。

(资料来源:https://www.dotour.cn/article/147250.html,略改动)

二、整体旅游产品的构成

整体旅游产品是指旅游企业向市场提供的能满足人们旅游活动需要的一切物品和劳务,包括有形的物质产品、无形的服务、旅游企业的人员素质及理念、包装和品牌的价值、游客的期望值等一系列因素的综合体。

现代市场学认为,一般产品由 3 部分组成,即产品的核心部分、形式内容和延伸部分。其中,核心部分是指产品能满足顾客需要的基本效用和利益;形式内容是指产品向市场提供的实体和劳务的外观、质量、款式、特点、商标及包装等;延伸部分是指顾客购买产品时所得到的其他利益的总和,如咨询服务、贷款、优惠条件等对顾客有吸引力的东西。旅游产品同样由 3 部分组成。

(1) 产品的核心部分。向旅游者提供基本的、直接的使用价值以满足其旅游需求。

(2) 产品的外形部分。产品的外形部分包括如旅游产品的质量、特色、风格、声誉、组合方式等。

(3) 产品的延伸部分或辅助部分。提供给旅游者在购买之前、购买之中和购买之后所得到的附加服务和利益，即各种优惠条件、付款条件及旅游产品的推销方式等。

由此可知，任何一种旅游产品都是一个整体系统，不但用于满足某种需求，还能得到与此有关的一切辅助利益，并且产品的外形部分、延伸部分诸因素决定了旅游者对旅游产品的评价。这种从理论上对旅游产品内涵的界定，对旅游企业的营销具有重要意义。

旅游经营者在进行旅游产品营销时，应注重旅游产品的整体效能，并在外形部分和延伸部分形成自身产品的差异化，以赢得竞争优势。质量是旅游产品差异化的基础。目前，许多旅游企业都把提高产品质量和改进产品延伸部分作为吸引顾客、参与竞争的有效手段。旅游产品的延伸部分有安全保障、信息服务、信贷服务等。饭店业产品的延伸部分包括预订、客房用餐服务、信息服务、信贷服务、折扣、对儿童和残疾人照顾等。延伸部分为顾客提供了许多附加利益，能形成对顾客的独特吸引因素，从而创造顾客对产品和企业的信赖，有助于旅游企业保持和扩大市场。

拓展阅读 3-1

服务是什么

服务究竟是什么呢？服务的英文是"SERVICE"，除了字面意义，还有没有其他意义呢？我以为"S"表示微笑待客（smile for everyone），"E"就是精通业务上的工作（excellence in everything you do），"R"就是对顾客的态度亲切友善（reaching out to every customer with hospitality），"V"就是要将每一位顾客都视为特殊的和重要的大人物（viewing every customer as special），"I"就是要邀请每一位顾客下次再度光临（inviting your customer to return），"C"就是要为顾客营造一个温馨的服务环境（creating a warm atmosphere），"E"则是要用眼神表达对顾客的关心（eye contact that shows we care）。

（资料来源：屈云波.旅游业营销[M].北京：企业管理出版社，1999）

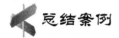总结案例

广东发布五条主题线路邀请游客过大年

由广东省文化和旅游厅主办的"请到广东过大年"推介会日前在天津成功举办。

推介会上，天津市文化和旅游局副局长尹大勇出席活动并致辞。广东省文化和旅游厅副厅长张奕民向游客发出"请到广东过大年"的邀请。张奕民表示，本次活动旨在让更多的人了解到温暖的广东，踏上粤式年味之旅，并与天津市文化旅游业界深化合作、整合资

源，共同开发推广文化资源和旅游产品线路，共同促进两地文化旅游产业的繁荣发展。

推介会现场，广东省文化和旅游厅发布"享年俗、看花市、玩滨海、泡温泉、品美食"五大主题线，并以舞台剧表演、相声、粤菜师傅现场制作等形式与现场观众互动。

据介绍，随着游客费观念的改变，春节旅游悄然成为一种"新年俗"，而"请到广东过大年"作为广东春节文化旅游 IP 已然叫响全国，闻名世界。数据显示，2019 年春节 7 天假期，广东省共接待游客 6330.3 万人次，同比增长 13.8%。

来自广州、深圳、珠海、佛山、韶关、梅州、中山、茂名、肇庆、清远 10 个地市文旅部门、文旅业界代表以及天津市文化和旅游局、天津市旅行社协会、旅游企业、新闻媒体等参加活动。

（资料来源：http://www.ce.cn/）

同步练习

一、单项选择题

1. 以下旅游产品的特点中，错误的是（　　）。

   A. 无形性　　　B. 单一性　　　C. 不可储存性　　　D. 不可转移性

2. 产品向市场提供的实体和劳务的外观、质量、款式、特点、商标及包装等，属于产品的（　　）。

   A. 核心部分　　B. 形式内容　　C. 延伸部分　　　D. 总体部分

二、简答题

1. 整体旅游产品分为哪些部分？每一部分分别包括什么内容？
2. 服务的英文是"SERVICE"，请谈谈你的理解。

三、案例题

根据有关部门提供的材料，我国 60 岁以上的人口已经达到 2.49 亿人，首次超过 15 岁以下的人口数量（2018 年统计局数据）。老年人是旅游者队伍中一个不可忽视的组成部分。某旅行社经过市场调查与评估，决定利用本地都市旅游资源，开拓国内的旅游市场。请针对老年旅游市场的特点，阐述你对老年旅游产品开发的观点和思路。

实训项目

1. 建立旅行社产品部

   分组：以小组为单位建立一家属于本组的旅行社产品部。每个组建立一个群，整个班级建立一个大群，方便联系和互动。把每组的联系方式都记下来。

2. 市场调查与分析

   （1）查找本地主要旅行社的亲子游产品，并进行详细记录。

   （2）分析这些旅行社亲子游产品的特征与产品内涵，找出异同，做好分类。

3. 撰写旅行社亲子游市场调查报告

利用市场调查，收集旅行社亲子游产品信息，为××旅行社亲子游项目的开展起到借鉴作用。撰写旅行社亲子游市场调查报告，并做成 PPT，进行全班汇报。

任务二　旅游产品品牌策略设计

任务目标

××旅游景区今年的目标是塑造自己的文创产品品牌，作为景区管理层，请思考塑造品牌的关键点，并付诸实践。

任务实施

每个小组将任务实施的步骤和结果填写到表 3-2 任务单中。

表 3-2　任务单

小组成员：		指导教师：
任务名称：	模拟地点：	
工作岗位分工：		
工作场景： 1. ××旅游景区新年计划想要塑造自己的文创产品品牌 2. 思考产品品牌塑造的关键点 3. 将文创品牌塑造付诸实践		
教学辅助设施	模拟旅游景区真实工作环境，配合相关教具	
任务描述	通过对景区新年计划展开，让学生认知旅游品牌	
任务资讯重点	主要考查学生对旅游品牌的认识	
任务能力分解目标	1. 了解旅游产品品牌的基本概念 2. 理解旅游产品品牌的属性与特点 3. 了解旅游产品品牌的构成要素	
任务实施步骤	1. 学习相关知识 2. 学生分组，找出产品品牌塑造的关键点 3. 每个小组找出一个品牌参照案例，进行品牌设计 4. 各小组汇报成果并互评，教师点评	

任务评价考核点

1. 知晓旅游产品品牌意识。
2. 了解旅游品牌的特点。
3. 对旅游产品品牌塑造有基本的概念。

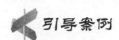

白鹿原文化 IP 扎堆　景区文化元素雷同　乡村旅游同质化如何破局

西安向东 30 多公里白鹿原畔的半坡上，白鹿原民俗文化村就在这个绝佳的"风水宝地"之上，俯瞰脚下，蓝田县城、灞河、山野田园尽收眼底。作为曾经的陕西省、西安市、蓝田县三级重点建设项目，这里保留了最原始的自然森林公园形态，通过仿古建筑、美食特产、传统技艺表演等形式，打造集生态旅游开发等为一体的综合性旅游度假区。2016年 5 月 1 日，白鹿原民俗村开业当天就接待游客 12 万人次，曾经红极一时。

时隔两年，6 月 28 日，记者再次来到该景区时看到，原先能停放近百辆车的停车场只有寥寥几辆车，景区摆渡车也随意停在路边，车轮上已是锈迹斑斑，看来已经很久没有开动过。景区大门口处，一名保安百无聊赖地闲坐着。

走进景区核心区域的小吃一条街上，更是让人触目惊心：长达百米的小吃街上，两边商铺大门紧闭，一些废弃的商铺内遗留着招牌、废弃灶具、物料。

1. 主打饮食文化被复制　景区独特性大打折扣

为何短短两年时间，景区就发生如此大的变化？一位仍在营业的奶茶店老板道出了缘由："民俗村内以小吃为卖点，除了餐饮，再也没什么特色。"

这样的说法也得到不少游客认同，记者在景区步行 5km 后发现，景区内尽管有嘉轩茶馆、勺勺客博物馆等白鹿原文化特色体验项目，看到最多的还是来自全国的各种特色小吃——披萨、排骨饭、黄焖鸡、牛肉面、重庆小面等。

有公开资料显示，白鹿原民俗文化村占地约 600 亩，总投资 2 亿元，是一个集生态农业观光、民俗文化体验、农事活动体验及乡村精品休闲度假为一体的文化旅游综合项目。但实际上，景区最能让游客记住的还是餐饮特色。随着周边其他类似景区的相继开业，主打饮食文化的民俗景区被复制后，独特性大打折扣。

2. "千村一面"且缺乏深度参与性活动　同质化伤害了"白鹿原"文化资源

白鹿原民俗文化村商户经营每况愈下，但距其不远处的簸箕掌村早已关门大吉。这个曾经以"洋槐林里看云海、移民新村观民俗、女娲湖边来休闲、窑洞土炕拉话话、商业街里品美食"为特色的民俗村，同样因为同质化严重、缺乏文化特色等原因，成为古镇旅游的失败案例。

对此，文旅产业运营策划机构专家于世春认为，白鹿原的特色小镇旅游应该依托《白鹿原》小说而来，而不是一味地去模仿古建筑，一窝蜂地做小吃一条街，这样只能让白鹿原只有形没有魂。"白鹿原的魂是什么？不仅是地理的象征，还是生于斯长于斯的血肉和灵魂，其中的文化精髓应是当地生命活动中形成的传统、风俗、生存方式、思想观念等。"于世春认为，文化转化成商业形态，需要根据历史文化特点去转化，要从细节入手，不能急功近利，否则同质化是对"白鹿原"文化资源的极大伤害。

（资料来源：杨明. 白鹿原文化 IP 扎堆, 景区文化元素雷同, 乡村旅游同质化如何破局[N].

西安日报，2018-06-29）

思考： 白鹿原民俗文化村失败的原因是什么？请从品牌方面思考如何才能提高景区吸引力？

产品品牌是指用以识别某旅游产品（包括目的地、旅游线路、特种旅游项目、单项旅游服务等）的名称、标记、符号、图案或其组合，以便消费者能识别旅游企业或旅游地的产品和服务，将其与竞争对手区分开来，获得旅游者的购买与参与。对于旅游市场而言，品牌最持久的特性是旅游产品的价值、文化和个性。

一、旅游产品品牌及其构成要素

菲利普·科特勒指出，一个优秀旅游品牌的构成要素包含6个方面的内容。

1. 品牌属性

旅游品牌首先代表着特定产品的某种属性，能给旅游者带来特定的价值和体验。例如，丽兹·卡尔顿饭店以其"最完美的服务、最奢华的设施、最精美的饮食与最高档的价格"被誉为饭店的"奔驰"，它不再单单是一个提供食宿的普通机构，而是身份、尊贵与奢华的代名词，这也就是丽兹·卡尔顿的品牌属性。

2. 品牌利益

品牌不仅代表旅游产品的一整套属性，还意味着特定利益。旅游者在选择特定的旅游目的地，购买特定的接待业产品时，不仅仅是为了购买相应的属性，更是为了得到某种独特的利益。例如，饭店属性只有转化为相关的利益，才能使顾客的食宿需求以及更高层次的意愿得到满足，"最高档的价格"属性可转化为"这顿晚餐表明我是成功人士"的情感利益。

3. 品牌文化

品牌文化是企业文化的重要组成部分。品牌象征着一定的企业文化，如香格里拉饭店一贯恪守为客人提供优质服务的承诺，并把其企业文化浓缩为一句话——由体贴入微的员工提供亚洲式接待服务，深入顾客内心，成为香格里拉饭店品牌的重要组成部分。

4. 品牌个性

品牌代表一定的个性，形成了特定产品与其他产品相区别的重要因素。David A.Aaker提到品牌有五大个性要素，分别是纯真、刺激、称职、教养、强壮。个性化的利益品牌更能够让消费者亲近，成为沟通旅游地和具体接待产品与游客情感的纽带；品牌个性同时也容易使政府和企业苦心经营的旅游形象深入人心，提高旅游地的重游率和产品的重复购买率。

5. 品牌使用者

不同的地域、年龄、性别、受教育程度、性格特征的客户，会选择不同的旅游地、不同的旅游企业服务，选择不同组合的旅游套装行程，参与不同类型的旅游活动项目，这些都体现了旅游产品品牌和旅游者特定的对应关系。在设计旅游产品、打造旅游产品的过程中，要从品牌使用者实际出发进行各种经营决策。

6. 品牌价值

旅游品牌在一定程度上展现了旅游目的地的政治经济文化状态和自然历史人文风貌，以及旅游企业特定的需要向客户表达的思想、情感和行事风格，这些都可以归结为旅游品牌的价值观。

二、旅游产品品牌的作用及特点

案例 3-2

展现碉楼文化　广东开平用节庆打造城市品牌

从 2019 年 12 月 21 日起，广东省开平市举办为期 4 天的碉楼文化旅游节。该节日叠加了一个别有风情的内容——2019 世界房车休闲度假大会，以"带上家 看碉楼"为主题，以开平碉楼品牌吸引了房车自驾游游客。

据了解，这一活动包含了房车大巡游、房车展示、露营大会、中国（开平）房车休闲度假高峰交流会、车友联欢晚会、房车自驾开平之旅等。"开平正在以打造'赤坎古镇、塘口碉楼、马冈美食、龙胜休闲、大沙花茶'一条龙旅游线路，实现全域旅游加快发展。全国各地的房车车友欢聚在美丽的塘口镇御宁山房车营地，自驾房车穿梭在岭南侨乡，一同领略开平的美景、美食、民俗文化，为开平旅游发展注入了新的生机和活力。"开平市长邝积康说。

据中国能源汽车传播集团负责人刘建林介绍，"休闲度假，回归自然"，正在成为人们对美好生活追求的重要方面。开平拥有美丽乡村休闲度假旅游的天然条件，是自驾游爱好者的优选目的地。本次活动有来自北京、宁夏、河北、天津、山西、山东、宁夏、重庆、广西、广东等十几个省份近 300 辆房车前来参加活动，这也充分说明开平碉楼文化对大家的吸引力之大。开平也由此被中国汽车报社评为"中国自驾游目的地城市"。

当日，同步发布了"开平畅游攻略"。其中包含碉楼探秘、乡村逸风、游学戏文、家宴寻味、红色传奇、天露品茗六大精品线路，这有助于前来开平自驾旅游的车友轻松欣赏开平风光，快速成为开平旅游和美食达人。同时，还预发布了开平碉楼的表情包，让游客在游历美景时随时和好友分享快乐。

（资料来源：http://www.gd.xinhuanet.com/newscenter/2019-12/22/c_1125374192.htm）

1. 旅游产品品牌的作用

（1）体现核心价值。品牌是帮助消费者或用户牢记产品或服务的利器，品牌不仅要将产品销售给消费者，还要使消费者通过使用对其产生好感，从而选择再次购买，不断口耳相传，形成品牌忠诚。同时，消费者通过品牌和对品牌产品的使用，形成满意度，围绕品牌形成消费经验，存贮在记忆中，为将来的消费决策形成依据。形象良好的品牌，被赋予美好的情感，代表了企业文化，使品牌产品在消费者心目中形成美好的记忆，最终体现企业和产品的核心价值。

(2) 便于识别分辨。品牌的建立是由于竞争的需要,用来识别某个销售者的产品或服务的。品牌设计应具有鲜明的个性特征,品牌的图案、文字等都应与竞争对手区别,展现本企业的特点。同时,各种品牌代表了不同形式、质量和服务的产品,可为消费者的购买决策提供借鉴。选择知名品牌,对于消费者而言无疑是一种省事、可靠又降低风险的方法。

(3) 保证竞争取胜。树品牌、创名牌是企业在市场竞争条件下逐渐形成的共识,人们习惯通过品牌对产品、企业加以识别而做出购买决策。品牌的创立、名牌的形成正好能帮助企业实现市场拓展,使品牌成为企业有力的竞争武器。品牌,特别是名牌的出现,使用户形成一定程度的忠诚度、信任度、追随度,由此使企业在与对手竞争中拥有坚强的后盾。品牌还可以利用其市场扩展能力,带动企业进入新市场,带动新产品占领市场。企业可以利用品牌资本运营的能力,通过特许经营、合同管理等形式进行企业的扩张。

(4) 赚取高额利润。品牌有一定的信任度、追随度,企业可以为一定的品牌制定相对较高的价格,获得较高的利润。品牌中的知名品牌在这方面表现得尤为突出。有调查表明,市场领袖品牌的平均利润率为第二品牌的 4 倍,而在英国最高达 6 倍。强势品牌的高利润空间在市场不景气或削价竞争的条件下表现得更突出。这种优势来自于消费者对该品牌产品价值的认同。

(5) 凝聚无形资产。由于需求的变更和竞争的推动,除了少数产品,绝大多数产品不会长久被消费者接受。一般而言,产品都有一个生命周期,会经历从投放市场到被淘汰退出市场的整个过程,包括投入、成长、成熟和衰退 4 个阶段。但是品牌却不同,它可以超越生命周期。只要品牌能顺应市场变化和消费趋势,通过改进或创新产品以及保持一贯的品牌个性,品牌就可以长期延续下去。

2. 旅游产品品牌的特点

(1) 专有性。品牌是用来识别特定产品或服务的生产者或销售者的。品牌拥有者经法律程序认定,享有品牌的专有权,有权要求其他企业或个人不能仿冒,这一点也是指品牌的排他性。然而旅游景区产品的公共性和旅游线路产品无知识产权,容易模仿,导致旅游产品品牌被模仿和伪造的情况经常发生。

(2) 无形性。由于品牌拥有者可凭借品牌的优势不断获取利润,可凭借品牌的市场开拓力、形象扩张力和资本内蓄力不断发展,品牌的价值也由此凸显。这种价值并不能像物质资产那样用实物的形式体现,但它能使企业的无形资产和市值迅速增大。品牌作为无形资产,其价值可以有形量化,同时品牌还可以作为商品进行交易,例如,有以品牌入股形式组建企业,有以品牌的号召力发展特许经营,更有加盟到名牌旗下,以图发展。

(3) 表象性。品牌是企业的无形资产,不具有独立的实体,不占有空间,但它最原始的目的就是让人们通过一个比较容易记忆的形式来记住某一产品或企业,因此,品牌必须有物质载体,需要通过一系列的物质载体来表现自己,使品牌有形化。品牌的直接载体主要是文字、图案和符号,间接载体主要有产品的质量、产品服务、知名度、美誉度、市场占有率。没有物质载体,品牌就无法表现出来,更不可能达到品牌的整体传播效果。

（4）扩张性。品牌具有识别功能，代表一种产品、一个企业，企业可以利用这一优点展示品牌对市场的开拓能力，还可以帮助企业利用品牌资本进行扩张。

（5）转化的风险性。品牌创立后，在成长过程中，由于市场不断发生变化，需求层次不断提高，企业的品牌资本可能壮大，也可能缩小甚至在竞争中退市，由此品牌的成长存在一定风险。对于品牌的风险，有时由于产品质量出现意外，有时由于服务不过关，有时由于品牌盲目扩张，运作不佳，这些都会给企业品牌的维护带来难度，对企业品牌效益的评估也有不确定性。

案例 3-3

洲际酒店集团旗下品牌

洲际酒店集团是亚太地区及全球最大并拥有最多酒店品牌的酒店管理公司。在100多个国家里拥有、运营及管理的酒店有5000多家。其旗下的主要酒店品牌有以下几个。

1. Kimpton Hotels，与众不同的入住体验

作为将精品酒店概念引入美国的行业先锋，Kimpton酒店及餐厅通过提供贴心的礼遇和设施、别出心裁的会议和活动、大胆而俏皮的设计风格，以及真挚个性化的宾客服务，让宾客感受到真切关怀。

2. Hotel Indigo，与灵感为邻

在英迪格酒店，等待每一个为灵感而来的客人。新地点、新人群和新想法，启发着他们的旅程。正如不会有两片相同的叶子，这个世界也不会有两间相同的英迪格酒店。

3. EVEN 酒店，均衡，乐趣，元气

逸衡酒店为满足宾客健康出行的生活方式而打造，让宾客在离家旅行时，仍能拥有充满乐趣和元气满满的入住体验，为宾客提供一流的健身器材和运动体验、健康的用餐选择、安心舒适的休憩空间。

4. 华邑，中华待客之道的艺术

华邑酒店及度假村是专为华人消费者打造的国际豪华酒店品牌。

5. 皇冠假日酒店及度假村，成就高效商旅

皇冠假日酒店及度假村坚信商务差旅能够更加优质。全球各大市场中，商务瞬息万变，工作亦是如此。作为全球高端品牌，酒店遍布世界各地的主要城市中心、门户城市及度假胜地。

6. Holiday Inn，尽享欢乐旅行

在假日酒店，身心愉快的旅行值得人人拥有。为提供实惠舒心的住宿体验，让宾客始终倍感温暖贴心而自豪。

7. Holiday Inn Express，智在，必达

智选假日酒店始终秉承简单、智慧的经营理念。作为洲际酒店集团发展飞快的品牌，已成为越来越多的旅客寻求简单温馨之地，以休息、放松和稍事工作的选择之一。

> 8. Holiday Inn Club Vacations，悦享假日喜悦
>
> Holiday Inn Club Vacations 所有者是这样的一群人：他们深谙家庭的重要性，致力于将精力投入至打造难忘珍贵的回忆。
>
> 9. Avid，让旅途更轻松
>
> Avid 酒店是洲际酒店集团旗下的全新品牌。致力于为宾客提供他们重视的服务，满足宾客在旅途中的日常所需，以高标准的管理及物超所值的价格为频繁出行的宾客打造物超所值的住宿体验。
>
> 10. Staybridge Suites，体验轻松惬意之感
>
> 作为长住型品牌酒店，Staybridge Suites 确保每个区域充满社区归属感，舒适而便捷，让宾客在离家远行时也能宾至如归。
>
> （资料来源：https://cn.ihg.com）

三、旅游产品品牌策略的具体措施

1. 品牌化决策策略

品牌化决策是指旅游企业决定是否给产品起名，设计标识、图案、符号等形象识别系统，旅游地是否进行旅游形象设计、旅游口号创作、旅游形象代言人的征集或聘请、开展会展营销、整合营销等一系列决策活动。

对于旅游业来说，饭店业的品牌化战略不管对于高星级饭店、经济型饭店还是中小型饭店而言，都是不可回避的必然趋势；对于其他旅游企业如旅行社、航空公司、游轮公司、餐饮企业、旅游景区等来说，品牌化也是其增加产品在市场的辨识度、认可度，促使其购买，形成消费者对产品的忠诚度的必然选择；而对于旅游城市和乡村或古镇来说，景区各种形式的措施，塑造良好旅游形象，提高在市场上的知名度、美誉度，打造地区品牌，不仅是发展旅游业，也是经营城市、改善投资环境的必然选择。

尽管品牌化是旅游市场竞争的大势所趋，但对于小型旅游企业和一般不知名的旅游地和普通旅游景区来说，是否使用品牌，还必须考虑旅游产品项目和地区经济、旅游资源禀赋的实际情况。

2. 品牌使用者决策策略

品牌使用者决策是指企业决定使用本企业的品牌，还是使用经销商的品牌，或两种品牌同时兼用。对于旅游业来说，制造商和经销商品牌使用博弈主要体现在旅游产品制造者和销售渠道之间，也就是在饭店、景区和旅游目的地等旅游产品生产者，和旅行社、OTA 平台（如携程、同程）等旅游产品销售渠道之间进行。如一些有实力的旅行社和 OTA 平台控制了饭店、景区和旅游地套装行程产品的销售，使用经销商品牌，这样就使旅游产品供给者在议价和利润分配中处于不利位置，例如，在旅游经销商降价的要求下被迫妥协；然而由于生产者自身的品牌影响力和营销能力较差，无法摆脱对旅游经销商的依赖，自行包装和销售旅游产品。面对这种问题，旅游企业采取了一些措施，如加大广告投入、建立企业网站及电子预

定和营销系统,一些有实力的景区和旅游城市开始在主要客源地开设旅游产品直销专营店。这些都有利于旅游产品生产者在与销售渠道的品牌博弈中处于更加有利的位置。

3. 品牌名称决策策略

品牌名称决策是指企业决定所有产品使用一个或几个品牌,还是不同产品分别使用不同的品牌,大致有以下 3 种决策模式。

(1) 个别品牌名称。企业决定每个产品使用不同品牌,采用个别品牌名称,为每种产品寻求不同的市场定位,有利于增加销售额和对抗竞争对手,还可分散风险,使企业整体声誉不致因某种产品表现不佳而受影响,目前大多数国际饭店管理集团都是采取此种策略,如法国雅高饭店集团(ACCOR)根据饭店产品档次和市场定位的不同,使用索菲特、诺富特、美居、宜必思等饭店品牌,如图 3-1 所示。

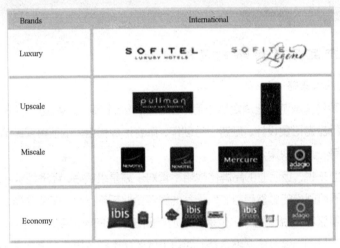

图 3-1　雅高饭店集团 Logo

(2) 统一品牌名称。对所有产品使用共同的家族品牌名称,即企业所有产品都使用同一种品牌。对于那些享有高声誉的著名企业,全部产品采用统一品牌名称策略可充分利用其名牌效应,使企业所有产品畅销。同时企业宣传介绍新产品的费用开支也相对较低,有利于新产品进入市场,如香格里拉酒店集团就只使用统一品牌,如图 3-2 所示。

图 3-2　香格里拉酒店集团 Logo

(3) 大类品牌名称。各大类产品使用不同的家族品牌名称,这样做一般是为了区分不同大类的产品,一个大类下的产品再使用共同的家族品牌,以便在不同大类产品领域中树立各自的品牌形象,例如:首旅集团的景区、饭店、会展场馆和旅行社等业务部门,拥有海南南山、宁夏沙湖、长春长影世纪城、民族饭店、京伦饭店、北京展览馆和神舟国旅等不同品牌。

携程品牌标志

携程旅行网是一家领先的旅游服务提供商，1999年创立于上海。2017年11月，携程收购美国社交旅游网站Trip.com，并将其作为旗下新品牌开始在海外地区进行市场推广。据介绍，Trip.com作为多语言旅行预订平台，主要面向海外市场，可提供包括英语在内的19种语言。

2013年携程在国内推出了新Logo（见图3-3），并对2010年以来启用的海豚图形做了全面优化。多年来，蓝色的海豚形象已成为中国旅游市场公认的象征。然而，为了更好地满足更多的全球受众，携程内部设计团队为Trip.com重新设计了一套易于识别的全新品牌形象系统。

图 3-3　携程新Logo

国际版和国内版最大的区别在于剔除了海豚图形，而是注重强调域名本身。希望能够将品牌名称变为品牌最大的资产，成为旅游的代名词。颜色方面则继续继承了原有的蓝色、橙色和白色。

4. 品牌战略决策策略

（1）产品线扩展策略。产品线扩展是指企业现有的产品线使用统一品牌，当增加该产品线产品时，仍沿用原有的品牌。这种新产品往往都是现有产品的局部改进，如增加新的功能、包装、式样和风格等。产品线扩展的利益有：扩展产品的存活率高于新产品，而通常新产品的失败率为80%~90%；满足不同细分市场的需求；完整的产品线可以防御竞争者的"袭击"。

（2）多品牌策略。在相同产品类别中引进多个品牌的策略。一个企业建立品牌组合，实施多品牌战略，往往出于规避和减少风险的考虑，并且这种品牌组合的各品牌形象间既有差别又有联系，组合的概念蕴含着整体大于个别的意义。

（3）新品牌策略。为新产品设计新品牌的策略。当企业在新产品类别中推出一个产品时，可能发现原有的品牌名不适合它，或是对新产品来说有更好、更适合的品牌名称，促使企业设计新品牌。

（4）合作品牌策略。合作品牌策略是两个或更多的品牌在一个产品上联合起来，每个品牌都期望另一个品牌能强化整体的形象或购买意愿。合作品牌的形式有多种：一种是中间产品合作品牌，如饭店和旅行社、会展公司联合开发一个品牌；另一种是合资合作品牌，如丝绸之路旅游线路品牌，云南迪庆、西藏昌都、四川甘孜和青海玉树等联合打造的"大香格里拉"旅游品牌。

（5）品牌再定位决策策略。品牌再定位决策是指一种品牌在市场上最初的定位也许是适宜、成功的，但到后来企业可能不得不对其重新定位。首先，应考虑将品牌转移到另一细分市场所需的成本，包括产品品质改变费、包装费和广告费。一般来说，再定位的跨度越大，成本越高。其次，要考虑品牌定位于新位置后可能产生的收益。收益大小由某一目标市场的消费者人数、消费者平均购买率、在同一细分市场竞争者的数量和实力，以及在该细分市场中为品牌再定位要付出的代价等因素决定。

(6) 品牌延伸策略。品牌延伸策略是将某一成熟品牌或某一具有较大市场影响力的成功品牌使用到其他产品上。品牌延伸并非只借用表面的品牌名称，而是对整个品牌资产的策略性使用。品牌延伸适用于同一旅游企业的新产品推出或者新产品生产企业与品牌所有企业合作，是新产品快速占用并扩大市场的有力手段，能够缩短产品引入期旅游消费者对产品认知的过程，有效节省促销费用；保证新产品投资决策的快捷准确，降低新产品的市场风险；有助于强化品牌效应，增加品牌无形资产的经济价值；增强核心品牌的形象，提高整体品牌组合的投资效益。

(7) 品牌更新策略。由于内、外部原因，品牌在市场竞争中知名度、美誉度下降，以及销量、市场占有率降低等品牌失落的现象，被称为品牌老化。

品牌更新策略是指随着企业经营环境和消费者需求的变化，品牌的内涵和表现形式也要不断发生变化。品牌更新策略包括：①形象更新，品牌不断创新形象，适应消费者心理变化，从而在消费者心目中形成新印象的过程；②定位的修正，企业在品牌建立之后，会因竞争形势而修正自己的目标市场，也会因时代变迁、社会文化变化而修正品牌定位；③产品更新换代，品牌想在竞争中处于不败之地，就必须保持技术创新，不断进行产品的更新换代；④管理创新，从企业生存的核心内容来指导品牌的维系与培养，含有多项内容，如与品牌有关的观念创新、技术创新、制度创新和管理过程创新等。

(8) 品牌联盟策略。品牌联盟策略是指若干家企业共同使用统一品牌，利用自身的资源优势生产同一产品或系列产品，形成较大的品牌联合体。在品牌联合体下，可以共享销售渠道、广告，极大降低成本，并使产品进入市场的周期缩短。

拓展阅读 3-3

同程艺龙启动品牌升级

2020 年 4 月 22 日，同程艺龙宣布正式启动品牌升级，同程旅游 App 及同程艺龙小程序更名为同程旅行，并同步启用了全新的 Logo 和品牌口号"再出发，就同程"。此次品牌升级后，同程旅行作为同程艺龙对外的服务品牌，将继续打造一站式出行平台，用更年轻的方式服务更多的用户。

虽然新名称与旧名称只有"游"和"行"的差别，但改名后的新 Logo 却有了颠覆性的变化。首先，使用了多年的绿色和橙色的两条小鱼图案摇身一变，成为一个聚集了鱼、飞鸟和飞艇 3 个元素的 3D 图形，如图 3-4 所示。

图 3-4　同程旅行新旧 Logo 对比

　　同程旅行新的 Logo 聚合了鱼、飞鸟、飞艇三种符号，官方将新图标称为"逐梦的符号"，诞生之初就承载着陪伴和助力探索世界的愿景。形状似"鱼"状的"飞艇"也继承了品牌的部分核心基因，而在颜色的选择上采用了近两年较为流行的紫色和明亮的黄色作为品牌色。

　　过去同程两条小丑鱼的 Logo 形象深入人心，此次同程旅行全新的 Logo 保留了"鱼"的雏形，同时增加了更多智慧、年轻、科技的内核，最终形成了"紫色飞艇，造梦大鱼"的全新品牌视觉形象。

　　它没有巨翼却可以像"飞鸟"一样遨游于天空；形状似"鱼"，也可以深潜海底，纵情于海洋世界；同时，"飞艇"巨大的运载能力，实用而理想化地包容承载了所有梦想。

　　据悉，"造梦大鱼"将作为同程旅行新的品牌视觉形象，该品牌的视觉形象延续了原有 Logo 中陪伴、畅快游玩的图形记忆，同时增加了更多智慧、新奇、年轻、时尚与轻盈的内核。使用了"飞艇"这一人类特别的发明，寓意可以装下所有的旅行梦想。这个"飞鸟"＋"鱼"＋"飞艇"的全新符号打破了固有的"生物体系"，形成了同程旅行独有的感官印记。同时，同程艺龙启用了全新的品牌口号"再出发，就同程"，昭示着同程旅行品牌与用户永远在一起，并帮助用户探索新世界、发现新奇有趣的新生活，实现旅行梦想。

　　（资料来源：https://www.logonews.cn/tongcheng-lvxing-new-logo.html，略改动）

 总结案例

中国旅游集团旅行服务有限公司发布两大新品牌

　　2019 年 12 月 25 日，中国旅游集团旅行服务有限公司"和世界交个朋友"品牌发布会在北京举行，正式发布"我和旅行"对客服务品牌，并同时发布高端定制产品品牌 CHUM COURTESY。

　　据介绍，中国旅游集团旅行服务有限公司为中国旅游集团旗下负责旅行服务业务的全资子公司。在中旅总社和国旅总社实施战略重组后，于 2019 年 6 月正式更名为"中国旅游集团旅行服务有限公司"，并将原芒果网、星旅网和国旅在线进行整合，推出"我和旅行"全新对客品牌，塑造统一的对客服务形象，形成线上与线下一体化协同运营体系。

　　"我和旅行"品牌定位为"美好旅游创享家"，将与新域名 ourtour.com 形成整体的品牌体系，旨在塑造一个年轻的、有活力的、创新的、简洁国际化的品牌形象。中国旅游集团旅行服务有限公司副总经理孙承龙表示，这是坚持以市场为主导，以消费者为中心的重要举措，体现了公司持续提高创新能力，为消费者提供高质量旅行服务产品的经营理念。

同期发布的高端定制产品品牌 CHUM COURTESY 则面向高端客户群体，包括淳智、淳行、淳合、淳逸四类主题，覆盖教育、健康管理等多个领域。此外，该品牌还推出了会员俱乐部，会员权益包括机场免税折扣、商务出行、定制游等。

（资料来源：http://www.bjnews.com.cn/feature/2019/12/25/666221.html）

同步练习

一、单项选择题

1. 以下（　　）酒店品牌不属于法国雅高饭店集团旗下品牌。
    A. 索菲特　　　B. 诺富特　　　C. 宜必思　　　D. 喜来登
2. 旅游产品品牌的特点有（　　）。
    A. 专有性　　B. 无形性　　C. 扩张性　　D. 表象性　　E. 风险性

二、简答题

1. 简述旅游品牌的作用是什么？
2. 简述品牌战略决策策略都有哪些？

三、案例题

故宫的雪、故宫的猫、故宫文创、故宫展览，如今，故宫已不再仅仅是一座博物馆，更是利用文化创意产品走进百姓生活的一个样板。作为一个拥有近 600 年历史的文化符号，故宫拥有众多皇宫建筑群、文物古迹，成为中国传统文化的典型象征。近年来，在文创产业带动下，故宫化身成为"网红"。据介绍，到 2018 年 12 月，故宫文化创意产品研发超 1.1 万件，文创产品年收入达 15 亿元。请从品牌塑造角度分析故宫文创成功的原因。

实训项目

实训 1：建立本组景区公关小组。

分组：以小组为单位建立一家属于某景区的公关部。每个组建立一个群，整个班级建立一个大群，方便联系和互动。请把每组的联系方式都记下来。

实训 2：撰写景区品牌分析报告。

（1）调查本省主要景区的文创产品，并进行详细记录。

（2）分析这些景区文创产品品牌塑造成功与否，并找到原因。

（3）利用市场调查，收集景区文创产品信息，为××景区撰写文创产品分析报告。

任务三　旅游产品开发策略

任务目标

××旅行社计划更新亲子游产品，作为产品部员工，请为公司设计一款亲子游。

任务实施

每个小组将任务实施的步骤和结果填写到表 3-3 任务单中。

表 3-3　任务单

小组成员：		指导教师：
任务名称：		模拟地点：
工作岗位分工：		
工作场景： 1. ××旅行社计划更新亲子游产品 2. 设计一款亲子游		
教学辅助设施	模拟旅行社真实工作环境，配合相关教具	
任务描述	通过对旅行社亲子游产品设计工作的展开，让学生认知岗位	
任务资讯重点	主要考查学生对旅游产品开发工作的认识	
任务能力分解目标	1. 具备旅游新产品的开发原则 2. 掌握旅游新产品的开发程序 3. 理解旅游产品组合策略	
任务实施步骤	1. 教师示范亲子游产品 2. 学生分组，找出亲子游产品设计要点 3. 每个小组进行亲子游产品设计 4. 各小组汇报成果并互评，教师点评	

任务评价考核点

1. 掌握旅行社新产品的开发职责。
2. 知晓新产品开发的程序。
3. 能够进行简单的产品设计。

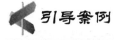

引导案例

"空城"万达广场

万达广场在很多城市已经成为一个地标，连公交线路都设置它为公交站点，由此可见，万达广场的受众人群之广，名气之大。然而，并不是所有地方的万达广场都这么受欢迎，下面介绍目前看来国内投资最无奈的万达广场。

此万达广场位于长白山国际旅游度假区,名为长白山万达广场。其总面积约 6 万平方米,由百货、超市、娱乐三大主题组成,有万达影城、大歌星 KTV、国际美食广场等,其商业模式和其他城市的万达广场大同小异,但无论是规模还是设计都非常用心。

正是看中了长白山的客流量,万达投资了 280 亿元,计划打造出一个新的商业中心。但是真实的情况却出乎了王健林的意料,这里虽然人很多,但万达广场的生意却很惨淡,很多商铺开了几个月,处于亏本状态。

很多商家为了止损,只能关闭了商铺,离开了这座万达广场。渐渐地,长白山万达广场就成了一座空城。

其实原因很简单,因为来这里的游客根本没有购买需求。众所周知,长白山的天气十分严寒,为了在山上旅行顺利,许多人会提前准备好充足的物资,而且由于货物的运输成本高昂,自然商品的价格也十分昂贵,对于许多家庭来说,在这里购买普通的商品是十分不划算的。

(资料来源:http://www.sohu.com/a/288462867_100178522)

思考:试分析长白山万达广场成为空城的原因。

一、旅游新产品开发的原则与程序

1. 旅游新产品开发的原则

(1) 系统化原则。旅游企业要在市场上立足,不可能只生产一种旅游产品,而要有自己的产品组合系统,其中有主导旅游产品和辅助旅游产品。同时,某旅游目的地要想吸引游客前来和重游,也不能只开发单一的自然和历史文化观光产品,而要建立和完善从本地实际出发、适应市场需要的旅游产品体系。旅游目的地产品的开发也是一项系统工程,需要旅游目的地各行业、各部门和全体居民的共同努力。

(2) 内涵特色化原则。目前旅游市场上很多产品表现出由于资源同质、开发思路陈旧、缺乏特色,产品之间抄袭、克隆和同质化,导致低层次低水平竞争不断重复。因此,在旅游新产品设计中,要从产品名字、内容、形式、形象、包装和服务等方面突出亮点,并着力从内涵中挖掘产品对消费者的内在吸引力。

(3) 可持续发展原则。旅游发展要以可持续发展理念为指导,旅游新产品开发也不例外。在旅游新产品中,要充分考虑当地环境的容量;注意克服新产品开发对生态环境的负面影响;从新产品开发的利润中,提出一部分作为旅游环境保护的专项基金,在游客对旅游产品的消费中,注意引导游客采取负责任的方式从事旅游活动;大力开发生态旅游新产品。

(4) 功能多样原则。旅游产品生命周期的长短在一定程度上取决于产品功能是否符合旅游消费者需求,而旅游者所希望的产品不再是单调的、缺乏人性化的、雷同的产品。新产品开发要注意对客源市场的需求进行调查和回应,真正从游客需求出发开发功能多样的旅游产品,提高旅游地重游率和旅游产品重构率。

2. 旅游新产品开发的程序

(1) 收集创意。在旅游新产品开发过程中，旅游经营者要集思广益，创造宽松的言论环境，构建必要的创意激励机制，激发员工丰富的想象力。激发创意的方法有很多，有头脑风暴法、角色扮演法、逆式思维法、相似类推法、连接联想法和焦点法等。旅游企业应倡导员工创新，把员工的创意运用到旅游新产品开发中去，把有用的建议收集起来。此外，旅游企业还可从旅游者、竞争者、旅游零售商、代理商，以及各大科研机构、行业协会、咨询公司等吸收创意。

(2) 筛选创意。要对收集的创意进行评估，研究其可行性，并挑选出可行性较强的创意，这就是创意筛选。创意筛选一般要考虑两个因素：一是该创意是否与旅游企业的目标相适应，表现创意与企业利润目标、销售目标、销售增长目标、形象目标等几个方面的符合程度；二是旅游企业有无足够的能力开发这种创意，这些能力表现为资金、人力、销售能力等。

(3) 概念形成。旅游企业对筛选后的创意进一步升华，发展成旅游新产品概念。其任务是把创意转变成旅游者喜闻乐见、愿意购买的现实产品。旅游企业要在从顾客的角度对这种创意所做的详尽描述中，形成特定形象，并发展成旅游产品概念。

(4) 概念测试。确定最佳旅游产品概念，进行市场定位后，就要进行概念测试，即用文字、图画描述或者用实物影像资料将旅游产品概念展示于一群目标客户面前，了解他们的反应，征询他们的意见。争取使推出的旅游产品更符合顾客需要，被顾客认为没前途的概念产品很容易被淘汰。

(5) 制订营销计划。为提高旅游新产品的市场成功率，经过测试后，就要制订相应的营销计划。营销计划包括新产品的目标市场、在旅游市场上的定位、目标市场规模与发展潜力、目标市场占有率，短期、中期和长期的价格，渠道、沟通与促销等营销策略。

(6) 新产品试制。试制阶段的任务是把概念性旅游产品转化为现实旅游产品。由于旅游产品的特殊性，在本阶段，旅游企业对实物产品和服务产品的要求有较大差异。实物产品试制既要考虑需求水平，又要考虑在技术上有一定的先进性，服务产品更多地考虑服务技能所能达到的水平及旅游者兴趣变化的趋势。一些企业在新产品试制成功后，请各方面的专业人士提出意见和建议，并据此进行改进。例如，某一新的旅游景区开业之前，邀请同行企业代表、旅行社代表、游客代表等参观一天，共征询意见 800 多条，景区根据这些意见进行整改，正式开业后游客比较满意。

(7) 新产品试销。通过试销，旅游企业可进一步了解旅游者偏好，了解旅游者对产品在质量、样式及价格等方面的意见，发现旅游产品设计时所忽略的缺陷。旅游企业根据市场试销收集来的信息，对旅游新产品加以改进和完善。生产成本不高或对市场很有把握的旅游新产品，也可直接拿到市场销售，以抢占市场先机，如旅游线路的推出，由于设计研发成本低，一些企业在旅游新线路设计后即投放市场，越过试销这一环节。对于投入大、一时拿不准的旅游新产品，一般还需经过市场试销这一环节。如果试用率和重复购买率都很高，便可停止试销，将旅游新产品正式投放市场；如果试用率高、重复购买低，则说明旅游者对产品尚不满意，尚待改进；如果试用率低、重复购买率高，则说明产品尚受欢迎，但旅游者对产品不够了解,需要加强促销;如果试用率和重复购买率都低,则说明新产品无发展前途,应停止开发。

(8)正式投放市场。旅游新产品经过试销阶段,得到市场肯定之后,旅游企业高层管理者应做以下决策:何时推出旅游新产品,在何地推出旅游新产品,向谁推出旅游新产品,如何推出旅游新产品。只有这几方面的问题得到了解决,企业才能真正实现其批量上市的目的。在旅游新产品刚投放市场时,一般销售量较小,各种费用较高,往往会发生亏损,这是正常现象,如新饭店一般在开业 3~6 个月会出现亏损,管理人员此时的任务是把亏损控制在一定范围内。

案例 3-4

"环西部火车游"迎来新年新产品

记者从中国铁路兰州局集团有限公司甘肃兰铁国旅公司获悉,中铁兰州局 2020 年将依托敦煌铁路开行"环西部火车游"甘青旅游大环线等新产品。

据了解,"环西部火车游"是中铁兰州局于 2018 年 4 月推出的列车旅游新模式,将火车从交通工具变成"陆地游轮"。随着西部交通基础设施不断提升,西部旅游热度不断升温,2019 年"环西部火车游"旅游专列开行、组织接待游客同比增长均超过 20%,实现客票收入同比增长 10.7%,利润同比增长 67.3%。

"敦煌铁路开通后,串联起了甘肃、青海、新疆、西藏四省区环线旅游铁路通道,为落实甘肃省'品交响丝路,游如意甘肃'品牌战略,发展全域旅游带来了有利契机。"中铁兰州局甘肃兰铁国旅公司党委书记、董事长符庆忠说。

符庆忠说,2020 年,"环西部火车游"将开行"兰州—张掖—嘉峪关—敦煌—阿克塞—大柴旦—茶卡—刚察—西宁—兰州"等甘青大环线 7 日游线路,推动西部地区铁路客运提质增效、旅游经济高质量发展。

(资料来源:http://www.xinhuanet.com//local/2020-01/02/c_1125416079.htm)

二、旅游产品组合策略

拓展阅读 3-4

旅游产品组合要素

旅游企业的产品组合策略实质上就是针对目标市场,对产品组合的广度、深度和关联性等要素进行选择、决策,使其旅游产品组合达到最优。

1. 旅游产品组合的广度

旅游产品组合的广度是指旅游企业生产和经营的不同类型旅游产品的数量,也称产品线的数量。数量多说明该旅游企业的产品组合广度宽,数量少则说明其产品组合广度窄。

例如，某家经营观光旅游的旅行社开始经营探险旅游，就是拓展了其产品组合的广度。较宽的产品组合可以提高旅游企业的应变能力和地域风险的能力；较窄的产品组合则有利于旅游企业降低成本，集中企业优势资源提高旅游产品质量，实现专业化经营。

2. 旅游产品组合的深度

旅游产品组合的深度是指旅游企业提供的某一类产品或某一产品线中所包含的不同类型、档次、品种和特色等单项产品项目的数量。例如，某家旅行社在经营标准团的同时，又推出经济团和豪华团，就是增加了其产品组合的深度。增加旅游产品组合的深度有利于满足消费者的多种需求，提高满意度，从而提高旅游企业的市场竞争力；但深度不够的旅游产品组合也有利于旅游企业发挥专长、降低成本，以创造名牌产品，吸引稳定的旅游消费者群体。

3. 旅游产品组合的关联性

旅游产品组合的关联性也称相关性、相关度，是指旅游产品特征与细分市场特征的相关程度，或者说是旅游企业生产经营的各类旅游产品和各单项旅游产品在生产、销售、宣传、消费等方面相互关联的程度。如果旅游企业提供的产品组合的关联程度较高，则有利于企业精于专业，提高企业及其产品的市场地位；而相关程度不高的旅游产品组合，则会产生较高的成本和费用。因此，中小型企业适合发展生产经营相关性大的产品组合。

（资料来源：李光瑶，石斌旅游市场营销[M]. 北京：清华大学出版社，2013）

（一）旅游产品组合的类型

1. 地域组合形式

地域组合是将跨越一定地域空间、特色鲜明突出、差异性较大的若干个旅游产品项目组合而成的。此类组合产品要求内容丰富、项目间差异性大。根据地域范围大小，可分为国际与国内组合形式。国际组合可细分为欧洲、亚洲、南亚和北美组合等；国内组合可细分为全国组合、地区组合、城市县域组合等。

2. 时间组合形式

时间组合形式的维度包含两个层面：①在一次旅游行程中具体时间的安排，包括花在区外和区内交通上的时间、在景区的停留时间、在目的地的娱乐和休闲时间，以及在旅游过程中的其他时间安排。②在一年当中，根据季节变化对旅游产品进行组合，如春季的"油菜花节"、夏季的"泼水节"、秋季的"水果品尝节"、冬季的"冰灯节"等。但有些旅游产品季节变动性小，不需要采取时间组合形式，如海南一年四季均可游览。

3. 内容组合形式

内容组合形式是根据旅游活动主题，将产品项目组合起来，可分为综合性和专题性组合产品。中国文化旅游属于综合型组合旅游，而具体的佛教文化旅游、茶文化旅游等属于专题组合旅游。例如，古代陆上丝绸之路主题旅游，内容上应包括西安、天水、兰州、嘉峪关、敦煌、吐鲁番、乌鲁木齐和喀什等城市及其历史遗迹与文化风貌。

（二）旅游产品组合策略

1. 扩大产品组合策略

扩大产品组合策略是开拓旅游产品组合的广度和加强旅游产品组合的深度，如在某旅游地开发新的旅游产品类型，以及丰富原有旅游产品或服务的内涵。具体方式如下。

（1）在维持原产品品质和价格的前提下，增加同一产品的规格、型号和款式。

（2）增加不同品质和不同价格的同一种产品。

（3）增加与原产品相类似的产品。

（4）增加与原产品毫不相干的产品。

扩大产品组合的优点：满足不同偏好消费者的需求，提高产品市场占有率；充分利用企业信誉和商标知名度，完善产品系列，扩大经营规模；充分利用企业资源和剩余生产能力，提高经济效益；减少市场需求变动性的影响，分散市场风险，降低损失程度。

2. 缩减产品组合策略

缩减产品组合策略是削减产品线或产品项目，特别是要取消那些获利小的产品，以便集中力量经营获利大的产品。其方式如下。

（1）减少产品线数量，实现专业化生产经营。

（2）保留原产品线，削减产品项目，停止生产某类产品，外购同类产品继续销售。

3. 高档产品策略

高档产品策略即在原有的产品线内增加高档次、高价格的产品项目，这种策略目前在我国休闲度假旅游产品开发中使用得十分普遍，但要考虑高端市场的容量和接受程度，以免盲目投资带来损失。优点是：容易为企业带来丰厚利润；可提高产品声望和旅游企业的市场地位；有利于带动旅游企业生产技术水平和管理水平的提高。缺点是：企业要承担一定风险。由于企业惯以生产廉价产品的形象在消费者心目中不可能立即转变，使得高档产品不能很快打开销路，从而影响新产品项目研制费用的回收。

4. 低档产品策略

在原有的产品线中增加低档次、低价格的旅游产品项目，如目前许多世界知名饭店集团在打造豪华品牌的同时，也发展经济型饭店产品，兼顾中低档市场。优点是：充分利用企业现有生产能力，补充产品项目空白，形成产品系列；增加销售总额，扩大市场占有率。与高档产品策略一样，低档产品策略的实行能迅速为企业寻求新的市场机会。缺点是：企业存在一定的风险。如处理不当，可能会影响企业形象；需要有一套相应的营销系统和促销系统手段与之配合，必然会加大企业营销费用的支出。

5. 合理的时间、空间安排

设计旅游产品组合时，首先，要考虑时间安排的合理性。如旅行社的包价旅游，从一日游到多日旅游线路的设计，就是以时间为序组合旅游产品。切实可行、有张有弛、衔接紧密的时间安排，给游客留出充分的休闲、欣赏、体验时间；如时间安排不当，导致误机、误车事故会令旅客十分反感。其次，还要兼顾空间设计方面，考虑旅游目的地类型、旅行模式、客源地与目的地的距离，旅行的可移动性，游客多样化利益的追求，游客的信息来源和旅行目的等因素。

6. 交通工具的选择

选择适当的交通工具既可节省旅途时间和交通费用支出，又能带给旅游者安全、便捷和舒适的感受。旅行社设计远程旅游线路时，在交通工具的选择上，既要考虑远距离景点的飞机，又要考虑中距离的火车，还可以安排短距离的汽车，甚至游轮，使客人在交通工具变化中体验不同的感受。而一些特殊交通工具则对游客有巨大的吸引力，如在冰雪皑皑的北国坐雪橇游林海雪原、坐森林小火车穿越张家界、骑马经过云南茶马古道等，都会给旅游者带来新奇的体验。

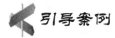
引导案例

打造世界级旅游目的地：西藏发布旅游新产品

以打造、提升西藏林芝索松村最美舞台、格嘎温泉、高空热气球为主的"全新雅鲁藏布大峡谷景区"于2020年3月开门迎客；在自然类5A级景区巴松错湖，打造遗忘码头网红打卡点、星空户外帐篷营地、水上无动力项目、水上林卡、水上会议和禅修等特色旅游产品等。

在2019年10月17日举办的新产品发布会上，西藏旅游股份有限公司（简称西藏旅游）宣布在雅尼湿地景区，已建成西藏第一个玻璃观景台和引进星空泡泡屋项目，2020年将建设呐喊喷泉；围绕阿里神山、圣湖景区，计划发展成为集朝圣文化体验、高原特色风光于一体的综合性景区；将鲁朗花海牧场景区开发成藏式风情温泉度假区。

"随着人民群众休闲度假需求快速增长，对个性化、特色化旅游产品和服务的要求越来越高，高起点制定旅游发展规划，高标准打造旅游景区势在必行。"西藏自治区旅游发展厅厅长王松平说，"西藏旅游倾力于产品创新，引导传统的观光旅游充分向休闲、体验、科考等深层次的旅游方式转变，为自治区旅游业态发展带来了有益助力。"

西藏旅游总裁胡锋介绍，在新产品设计过程中，公司以营销创新、产品创新、服务创新的理念，在景区全面推行数字化和游客服务智慧化，切实提高游客体验。同时，落地西藏民俗风情体验项目，引领高原健康度假方式。

（资料来源：http://m.xinhuanet.com/xz/2019-10/18/c_138482695.htm）

同步练习

一、单项选择题

1. 下列属于文化旅游产品的是（　　）。

　　A. 桂林山水游　　　B. 世界之窗　　　C. 故宫游览　　　D. 上海世博会

2. 在旅游新产品中，要充分考虑当地环境的容量，注意克服新产品开发对生态环境的负面影响。这个是旅游开发的（　　）原则。

A. 系统化　　　B. 内涵特色化　　　C. 功能多样　　　D. 可持续发展

二、简答题

1. 简述旅游新产品开发的程序。
2. 简述旅游产品组合策略。

三、案例题

近年来，国内旅游需求持续上扬。我国国内和出境旅游市场需求旺盛，国民旅游消费需求稳定增长。在网络化趋势下，旅游领域细分更加明显。如今的旅游业更趋向于散客化、休闲化、自助化，传统的观光模式已经不能满足人们多元的旅游需求，此时，短时间、近距离的"微度假"逐渐成为都市人旅游方式的首选。"微度假"的出行方式和时间更加具有随意性，旨在"背上背包就走"，是一种释放压力的旅游业态，类似于传统周边游，但是在旅游品质上提出了更高的要求，也对旅游产品的设计增加了难度。请为您所在的城市设计一条"微度假"线路。

实训项目

实训1：建立本组旅行社产品开发小组。

分组：以小组为单位建立一家属于某景区的营销部。每个组建立一个群，整个班级建立一个大群，方便联系和互动。请把每组的联系方式都记下来。

实训2：对本省某一世界遗产进行分析研究，设计旅游线路新产品。

利用市场调查，收集该世界遗产信息，用SWOT理论分析该世界遗产，为该世界遗产地设计旅游线路新产品。为该世界遗产地设计新线路，并做成PPT，在全班进行汇报。

前沿视角

低空旅游或成"新宠"，产品及服务仍需完善

近年来，我国部分景区也在不断开发符合当地自然环境的低空旅游项目，吸睛无数，俨然有成为旅游项目"新宠"的趋势。2019年《关于促进交通运输与旅游融合发展的若干意见》及民航局发布的《空中游览》咨询通告等政策对相关具体操作细节也做出了明确规范。政策方面的种种利好，不仅为我国低空旅游的发展指明了方向，更向各界释放了我国将引导开展这种新型旅游项目的信号。

据了解，目前，我国已有多个景区开通或正在打造以观光为主的低空旅游项目，仅2019年就有多例。四川师范大学文化与旅游学院教授李小波在接受记者采访时指出，国外低空旅游发展成熟的地区往往通用航空产业基础比较坚实，具备深厚的航空文化氛围与热爱航空的社会环境，我国在发展低空旅游时可以充分借鉴汲取国外成熟经验，积极培养通用飞机硬件制造维修的专业人才，根据目的地城市本身的特点设计产品及观光路线，加快产业发展的同时，提升城市的知名度与美誉度。

（资料来源：张亚欣. 发展低空旅游：政策频释利好 成本费用较高[N]. 中国城市报，2020-01-22）

项目小结

本项目对旅游产品的概念进行了系统介绍，阐明了旅游产品的主要特点，解析了整体旅游产品的构成；论述了旅游产品品牌的概念、作用与特点，介绍了旅游产品主要的品牌策略；阐述了旅游新产品的开发策略；叙述了旅游产品组合的概念和类型，介绍了旅游产品组合的主要策略。

综合训练

1. 实训项目

为本旅行社设计一条主题为"年夜饭+旅游"的新型旅游线路。

2. 实训目标

培养学生资料收集信息能力，运用理论知识分析和解决问题，通过项目强化学生的知识运用和分析能力。

3. 实训指导

(1) 指导学生掌握资料收集方法以及相关营销理论知识。

(2) 给学生提供必要参考资料。

4. 实训组织

(1) 把所在班级学生分成小组，确定组长，实行组长负责制。

(2) 对本次各大旅行社产品进行考察，对本旅行社开展"年夜饭+旅游"的新型旅游线路进行 SWOT 分析。

(3) 为本旅行社设计一条"年夜饭+旅游"的旅游线路。

(4) 做成 PPT，进行全班汇报。

5. 实训考核

(1) 根据每组的旅游企业市场活动报告 PPT 汇报，由主讲教师进行评分和点评，占 60%。

(2) 课堂讲解完后，每个小组互评，各给出一个成绩，取其平均分，占 40%。

项目四

旅游产品定价策略设计

【学习目标】

知识目标

1. 熟悉旅游产品价格。
2. 掌握旅游产品定价策略。

能力目标

1. 能够进行旅游产品定价。
2. 能够熟练运用定价策略和技巧。

素质目标

1. 培养学生热爱旅游营销工作，具有较强的责任心。
2. 培养学生的学习能力、分析及解决问题的能力。
3. 培养学生的团队合作精神和创新意识。

思政目标

1. 培养学生具有良好的职业道德和素养。
2. 培养学生爱岗敬业、勇于担当的责任感。
3. 培养学生诚实守信、开拓进取的精神。

【学习指南】

学习方法

1. 讲授学习法。通过聆听教师讲授，理解、掌握知识。
2. 讨论学习法。通过小组讨论，深化对所学知识的理解和运用。
3. 案例学习法。通过案例分析，总结经验，强化知识运用。
4. 项目学习法。通过完成具体项目，解决实际问题，提升专业技能。

学习资源

1. 章节配套 PPT。
2. 参考书目。张红英. 旅行社营销[M]. 上海：复旦大学出版社，2011。
3. 网络资源。

（1）人民网：http://travel.people.com.cn。

（2）淅川旅游网：http://www.xclyw.com。

（3）亲和力旅游网：http://www.qhlly.com。

（4）搜狐网：https://www.sohu.com。

（5）上观网：https://www.jfdaily.com。

（6）文化和旅游部：https://www.mct.gov.cn。

任务一　认知旅游产品价格

任务目标

××旅游企业新成立，作为旅游企业产品销售主管，请准备详细的旅游产品价格培训指导计划和内容，针对新员工进行相关培训。

任务实施

每个小组将任务实施的步骤和结果填写到表 4-1 任务单中。

表 4-1　任务单

小组成员：		指导教师：
任务名称：		模拟地点：
工作岗位分工：		
工作场景： 1. ××旅游企业新成立 2. 产品销售主管拟定产品价格培训指导内容 3. 培训新员工		
教学辅助设施	模拟旅游企业真实工作环境，配合相关教具	
任务描述	通过对旅游产品价格培训指导内容的准备，让学生认知旅游产品价格	
任务资讯重点	主要考查学生对旅游产品价格的认识	
任务能力分解目标	1. 具备旅游产品价格制定的基本能力 2. 熟悉旅游产品价格的构成和特点 3. 理解旅游产品价格的影响因素 4. 明确旅游产品定价目标	
任务实施步骤	1. 掌握相关知识点 2. 学生以小组为单位，制订旅游产品价格培训指导计划 3. 每个小组借助多媒体进行汇报，展示小组成果 4. 各小组互评，教师点评	

任务评价考核点

1. 了解旅游产品价格的构成。
2. 知晓旅游产品的特点和作用。
3. 能够结合不同情况灵活运用定价目标。

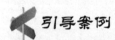
引导案例

> **经营"不合理低价游"的旅行社受处罚**
>
> 贵州海外国际旅游有限公司以每人 399 元的团费组织"云南西双版纳六日游"，属于

项目四　旅游产品定价策略设计

> 以不合理的低价组织旅游活动。贵阳市旅游产业发展委员会依据《中华人民共和国旅游法》第三十五条、第九十八条的规定，给予贵州海外国际旅游有限公司停业整顿一个月，并处30万元罚款的行政处罚。
>
> 　　海南骏程旅行社有限公司以每人450元的团费组织"海南三天两晚游"，属于以不合理的低价组织旅游活动。海口市旅游发展委员会依据《中华人民共和国旅游法》第三十五条、第九十八条的规定，给予海南骏程旅行社有限公司停业整顿一个月，并处15万元罚款的行政处罚，给予主要责任人李某某5000元罚款的行政处罚。
>
> （资料来源：http://travel.people.com.cn/n1/2017/0711/c41570-29397071.html，略改动）
>
> 思考：如何正确认识旅游产品价格的作用、影响因素和定价目标？

一、旅游产品价格的构成、特点及作用

旅游产品的价格就是对所获得的有形产品和无形服务的货币衡量。旅游者出行时，为满足自身吃、住、行、游、购、娱等各项需求，必须支付一定的费用以购买旅游产品，所支付的费用就形成了旅游产品的价格。

1. 旅游产品价格的构成

同其他有形产品一样，旅游产品也是人类劳动的成果，具有满足旅游者需求的使用价值。但旅游产品价格有其特殊性，旅游产品价格与有形产品的价格构成有所差异。一般商品的价格由原材料价格、劳动力价格和利润3部分组成，而对旅行社而言，旅游产品的价格则由旅游者的实际花费、服务费用和利润3部分组成。

（1）旅游者在旅游过程中各个环节费用，如吃、住、行、游、购、娱等实际花费。

（2）旅行社收取的服务费用。一般由以下5个方面的费用构成：①导游的服务费，包括地陪和全陪的费用，尤其是地陪，要全程陪同、讲解、服务全团，是一种体力与脑力结合的服务，导游服务费是对导游员智能、体能付出所应有的肯定和回馈；②旅行社的其他人工成本，如旅游计划调度、财务等后台人员虽然没有直接为某一个团队服务，但却是旅行社运作旅行团、推销旅游产品所必需的人员；③向国家上交的税收；④旅行社联络交际费用，如通讯费、商业场地的租赁费、旅游企业与业务伙伴的业务联系费用、旅游企业开发旅游新产品的开发费用等；⑤旅行社扩大再生产所需费用。

（3）旅游企业的利润。旅游企业从事旅游业务应该获取合理的利润，如果没有利润，旅游企业也无法维持生产和运营，就没有投资者愿意投资旅游行业。

2. 旅游产品价格的特点

旅游产品的特殊性决定了旅游产品价格具有与众不同的特点，主要表现在以下3个方面。

（1）综合性。旅游产品价格的综合性是由旅游产品的综合性决定的。旅游产品的综合性主要表现在两个方面：①旅游产品是由各种旅游资源、旅游设施和旅游服务构成的产品；②旅游产品是由众多行业和部门共同生产的。旅游产品的综合性使价格也带有综合性的特点。

（2）垄断性。旅游资源是旅游产品开发的基础，旅游资源的历史、社会和自然因素具有

很强的不可模仿性,导致了众多旅游吸引物既具有一定的稀缺性,又不易再生产和复制,致使旅游产品价格具有垄断性这一特点。

(3)季节性。旅游活动具有一定的季节性。在淡季,旅游者人数减少,购买力下降,旅游产品供过于求;在旺季,旅游者人数增加,旅游产品供不应求,这必然会引起旅游产品价格产生季节波动。

3. 旅游产品价格的作用

旅游产品价格的制定将会对旅游产品的销售、利润及旅游企业的形象产生重大影响,其在旅游市场营销中的作用主要表现在以下5个方面。

(1)旅游产品价格是直接获取利润的重要手段。
(2)旅游产品价格体现旅游产品形象和质量,是进行产品市场定位的重要手段。
(3)旅游产品价格是营销人员进行市场细分的主要依据之一。
(4)旅游产品价格会影响新产品进入市场的速度。
(5)消费者的购买行为会随着旅游产品价格的变化而发生改变。

二、影响旅游产品定价的因素

旅游产品价格的影响因素较多,既有旅游企业的可控因素(即内部因素),又有不可控因素(即外部因素)。把握旅游产品价格的影响因素是制定价格的基本前提。

1. 内部因素

(1)营销目标。旅游产品定价目标要服从旅游企业营销战略,如实行市场渗透战略的企业在定价时很可能会采取低价策略。旅游营销管理人员要根据不同阶段营销目标的不同来制定不同的价格。企业的营销目标主要有:以扩大市场占有率为目标,以取得最大利润为目标,以求生存为目标。

(2)营销组合策略。定价是旅游企业借以达到其营销目标组合工具之一。价格一定要与产品设计、分销及促销等手段相互协调,构成一个统一而有效的营销计划,对营销变量的决策会影响到价格决策。在制定旅游产品价格的时候,必须全面考虑各种营销组合策略。

(3)成本因素。旅游产品的成本是制定价格的基础。一般情况下,旅游产品成本越高,旅游产品的价格相应也会提高。旅游企业在制定价格时,不仅要考虑本企业旅游产品的个别成本,更重要的是要把个别成本和社会平均成本进行比较,如果个别成本比社会平均成本低,制定旅游产品价格时回旋余地就比较大。因此,适当降低成本,争取使个别成本低于社会平均成本,争取成本领先是许多旅游企业谋求价格竞争优势的利器。

 案例 4-1

预订房价超出客人预算 如何巧妙挽留

成都市某单位接待一批外地客人,客人的住宿标准为400元,先预订了高级花园双间,后因人数变动更改为高级花园单间。

> 客人预计下午入住。当天上午，由于酒店有一个大型接待活动，客户经理临时把客人预订的房型调整为行政楼层的休闲房。随后通知了该单位接待负责人，告知休闲房房价为648元。该负责人表示"先安排房间"。
>
> 下午五点客人到店，因房价过高要求换房不成，给该负责人打电话。该负责人随后责备客户经理没有提前讲清楚。
>
> 虽然客户经理已经提前通知了该负责人，但考虑到该单位是酒店的协议客户，再加上客人已经到店准备办理入住手续。为避免客人尴尬，客户经理立即请示酒店总经理，将此客房做"升级"入住，只收400元房费。
>
> （资料来源：http://www.xclyw.com/zzxc/51367.html）

2. 外部因素

（1）旅游市场需求。一般来讲，供给不变，需求上升会推动价格上涨；需求下降，价格就下调。一定时期旅游产品供给相对固定，而旅游产品需求的季节性特点很明显。如海南岛在每年春节是旅游旺季，酒店价格往往会比平时上涨100%。

（2）宏观经济状况。经济景气状况对旅游产品价格有一定的影响。在经济发展较快时，旅游产品较为旺销，价格也有上行的要求；当经济增长速度趋缓，经济萧条时，价格就有下行的趋势。

（3）汇率因素。一国的汇率因各种因素而变动，汇率变动对旅游产品价格有一定影响。通常本币升值，旅游企业要考虑提高外币定价；反之亦然。如某五星级标准客房以美元计价为每天100美元，假定美元与某国货币比价为1∶5，本币定价应为每天500元，当本币升值，如假定美元与本币比价为1∶4，该企业为保持原有收入不变，就会把标准客房房价定为每天125美元。相反，当本币贬值，如假定美元与本币比价为1∶5.5时，标准房价就应定为每天90美元。

三、旅游产品定价的目标

价格制定的目标是指企业在对其生产或经营的产品定价之前，预先设定的、有意识地要求达到的目的和标准。旅游企业在制定旅游价格时，首先要科学确定旅游价格制定的目标，因为它是旅游价格决策的依据，直接关系到价格策略和定价方法的选择。

旅游定价目标是由旅游企业生产经营目的决定的，是生产经营目标的具体化，必须与旅游企业生产经营的总目标相适应。旅游企业作为市场经济的主体，其生产经营的根本目的是价值的增值，是追求收益的最大化。因此，判断旅游定价目标制定得正确与否，取决于一个较长时期内最终是否给企业带来尽可能多的利润总量。由于影响旅游企业收益大小的因素很多，这些因素又具有不确定性和多变性，因而旅游企业生产经营的总目标在根本目的一致的基础上又呈现出多样化的特点，于是旅游定价目标也是多种多样的。通常围绕收益最大化而展开的旅游定价目标，概括起来主要有三大类。

1. 以反映和提高产品质量为目标

产品质量是产品价值的表现，是产品价格的基础。旅游产品价格反映旅游产品质量，做到质价相符，才能吸引游客，增大销量，实现收益最大化。选择这种定价目标具体又可分为以下3种类型。

(1) 反映旅游产品特色的目标。旅游产品特色是指产品的造型、质量、功能、服务、品牌、文化氛围的全部或部分，它反映了旅游产品对旅游者的吸引力。旅游产品有特色，旅游者不仅对该产品满意，而且还会期望通过消费这种旅游产品来炫耀其与众不同，显示其经济上的富有或地位上的优越，以获取精神上的满足。因此，这种旅游产品在定价时具有优势地位，其价格也相应地要比同类旅游产品高。

(2) 反映旅游产品垄断的目标。旅游资源是旅游产品形成的基础，在一定的时空环境里，旅游资源科学开发和组合而形成的旅游产品具有稀缺性，其价格也便具有垄断性。如八达岭长城、西安兵马俑等产品的稀缺性，使之与同行业竞争对手相比具有很强的竞争能力，旅游者的边际需求评价较高，因此其定价可以取较高的价位，高于其他同类旅游产品的价格。

(3) 提高旅游者满意度的目标。旅游者通过旅游获得精神上的享受，留下长久的回忆，旅游服务对旅游者的心理感受和满意度影响很大。由于旅游者的文化背景、个人素养不同，阅历各异，因此，标准化的旅游服务对不同的旅游者来说会有不同的感受，从而形成不同的评价。旅游企业针对不同旅游者的需求提供有针对性的服务，获得旅游者的较高评价，可以确定较高的旅游价格。

2. 以保持和扩大市场占有率为目标

市场占有率，又称市场份额，是指某旅游企业产品销售量或旅游收入在同类产品的市场销售总量或旅游总收入中所占的比重。市场占有率是企业发展的基础。旅游企业的市场份额越大，就代表越有发展潜力，增加利润的机会就越多。特别是旅游产品既不能贮存，又不能运输，因此，保持和扩大市场占有率尤为重要。以稳定和扩大旅游市场占有率为目标，具体分为以下3种类型。

(1) 以稳定价格为目标。旅游企业采取稳定价格的目标，实质是通过本企业产品的定价或少数几家旅游大企业产品的定价左右整个市场价格水平。选择这种定价目标的一般是实力雄厚、市场占有率较高的大企业。

(2) 以促进市场推销为目标。旅游价格与旅游产品、促进销售和分销渠道结合，共同构成旅游目的地或旅游企业营销组合，产品、价格、分销和促销四大要素彼此配合、相互依赖，形成强有力的营销矩阵，推动旅游产品的顺利销售。因此，旅游价格的制定和调整要考虑其他三个因素，要有利于其他要素作用的发挥，以保持和提高市场占有率。

(3) 以符合市场行情为目标。旅游业是一个市场导向型产业，市场占有率的形成和变化是旅游市场竞争的结果。旅游企业要保持和提高自己的市场占有率，其价格制定应当符合市场行情，脱离市场行情的旅游价格很难吸引旅游者，也就很难保持市场占有率。

3. 以稳定和增强企业竞争力为目标

稳定和增强旅游企业的市场竞争力，使其在市场竞争中不断谋求有利地位，较好地实现旅游产品的价值，取得尽可能多的收益。选择这种定价目标具体可分为以下 3 种。

（1）以增加当前利润为目标。这一目标是指旅游企业通过价格手段在短期内获取最大限度的利润。它适用于旅游产品的技术含量和质量指标在短期内居于市场领先地位，旅游者认同感明显，短期内供不应求的企业。这时旅游企业或通过薄利多销的低价，或通过厚利适销的高价较快地获取最大利润。待到其优势消失的时候，旅游企业已经拥有开发新产品的财力，又可以营造新的竞争优势。

（2）以一定的均衡收益为目标。当旅游企业在同行业中占据主导地位，能够掌握市场需求情况，并基本能控制本企业的市场份额时，旅游企业可以选择一个保持长期稳定收益的定价水平，以一个固定的收益额作为定价目标，以使本企业在市场竞争中稳步发展。

（3）以平均利润为目标。当旅游企业的经营管理水平处于同行业中的中等地位时，企业往往以获取平均利润作为定价目标。

综上所述，旅游价格制定的目标是多种多样的，不同的企业可能有不同的定价策略，同一旅游企业在不同时期也可能有不同的定价策略。在遵循收益最大化的基本目标前提下，旅游企业应当根据所处的市场竞争环境、企业本身的经济实力、旅游产品特点以及在生命周期中所处的不同阶段来确定具体的定价目标。

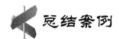
总结案例

某旅行社关于旅游产品价格的说明

旅游线路产品的价格主要受机票折扣、酒店星级、参团人数、出发日期等诸多因素的影响，机票折扣常常因为乘机日期的不同、起飞时间的不同而不同，酒店价格也会因为星级、地理位置、装修年份等不同而出现价格差异，即便是同一个酒店，也会因为淡旺季、入住时间等而发生价格变化。所以，本旅游网所有线路标题上显示"××××元起"。为便于您查询和预算您出行所需的参团价格及相关费用，敬请注意以下事项。

（1）请确定某某出发日期的匹配卖价：请仔细核对出发日期及接待等级，并找到对应该出发日期及等级的准确价格，这个才是您所选出发日期的旅游线路产品的匹配卖价。

（2）请查看不包含内容：本站部分的省内周边游及国内游线路将缆车费、小门票费等没有包含在卖价中，而出境游线路则是将签证费、小费等没有包含在卖价中，这些没有包含的费用是需要用户在报名时与团费一起支付，或需要用户在抵达旅游目的地现付，或需要用户在自行选择享用时直接现付给第三方（如自费、行李超重费、洗衣费等）。

（3）如对价格有任何疑问，可随时联系客服。

（资料来源：http://www.qhlly.com/help/82）

同步练习

一、单项选择题

1. 不属于旅游产品价格特点的是（　　）。
   A. 综合性　　　　B. 多变性　　　　C. 季节性　　　　D. 垄断性
2. 旅游产品定价的基础是（　　）。
   A. 市场竞争　　　B. 市场需求　　　C. 成本　　　　　D. 品牌

二、简答题

1. 分析旅游产品价格的作用。
2. 简述影响旅游产品定价的因素。
3. 简述旅游产品的定价目标。

实训项目

选取本地两家同类型旅游企业（旅行社、酒店、旅游景区等），分别对其产品定价进行分析，总结这两家企业产品定价的利弊。4～6位同学为一组，分组提交成果。

任务二　选择旅游产品定价方法和策略

任务目标

××旅游企业新成立，作为企业产品销售总监，请制定详细的旅游产品定价策略并对销售经理进行相关培训。

任务实施

每个小组将任务实施的步骤和结果填写到表4-2任务单中。

表4-2　任务单

小组成员：		指导教师：	
任务名称：		模拟地点：	
工作岗位分工：			
工作场景： 1. ××旅游企业新成立 2. 产品销售总监拟定产品价格定价策略 3. 培训产品销售经理			
教学辅助设施	模拟旅游企业真实工作环境，配合相关教具		
任务描述	通过对旅游产品定价策略的制定，让学生认知旅游产品的定价方法和策略		
任务资讯重点	主要考查学生对旅游产品定价方法和策略的掌握情况		

项目四 旅游产品定价策略设计

续表

任务能力分解目标	1. 掌握旅游产品的定价方法 2. 理解旅游产品的定价策略 3. 灵活应对竞争对手的旅游产品价格调整
任务实施步骤	1. 掌握相关知识点 2. 学生以小组为单位,制定旅游产品定价策略 3. 每个小组借助多媒体进行汇报,展示小组成果 4. 各小组互评,教师点评

任务评价考核点

1. 能够正确运用旅游产品定价的方法。
2. 能够正确运用旅游产品的定价策略。
3. 能够应对竞争对手进行旅游产品的价格调整。

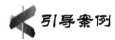
引导案例

> **市场监管总局喊话在线旅游平台:不得虚构原价**
>
> 2018年9月30日,国家市场监管总局发布《关于规范在线旅游平台价格行为的提醒告诫书》,要求在线旅游平台销售相关商品和提供服务,要按照规定实行明码标价,公开标示商品价格等有关情况。标价内容要真实明确、清晰醒目,价格变动时要及时调整,避免误导消费者。
>
> (资料来源:https://www.sohu.com/a/257144628_561670)
>
> 思考:旅游企业该如何进行旅游产品的定价?

旅游定价方法是旅游企业在特定的定价目标指导下,根据企业的生产经营成本、面临的市场需求和竞争状况,对旅游产品价格进行计算的方法。旅游定价方法选择得正确与否,直接关系着旅游定价目标能否顺利地实现,关系着旅游企业经济效益能否有效地提高。

一、旅游产品定价方法

通常,旅游定价方法有成本导向定价法、需求导向定价法和竞争导向定价法。

(一)成本导向定价法

成本导向定价法是以旅游企业的成本为基础来制定旅游产品价格的方法,成本加上企业的盈利就是旅游产品的价格。成本导向定价法有成本加成定价法、盈亏平衡定价法、千分之一定价法和边际贡献定价法。

1. 成本加成定价法

成本加成定价法是将生产经营中耗费的固定成本除以产品销量加上单位变动成本得到单位产品成本,再加上按成本计算的一定比例的利润,即成为纳税前价格。纳税前价格加上

应纳税金便形成旅游产品的售价，其计算公式为

$$P = \frac{\left(\dfrac{F}{Q}+V\right)(1+R_P)}{1-T_s}$$

式中，P 为旅游产品价格；Q 为预计销售量；F 为固定成本；V 为单位变动成本；R_P 为成本加成率（利润率）；T_s 为其他相关税率。

例 4-1　某宾馆有客房 500 间，全部客房年度固定成本总额为 400 万元，单位变动成本为 15 元/（天·间），预计客房出租率为 80%，成本利润率为 30%，其他相关税率为 5%，试确定客房的价格。

解：根据所给数据和公式，计算如下。

$$P = \frac{\left(\dfrac{4000000}{500\times 80\%\times 365}+15\right)\times(1+30\%)}{1-5\%}$$

$$= \frac{55.12}{95\%} = 58.02[元/（天·间）]$$

2. 盈亏平衡定价法

盈亏平衡定价法是指旅游企业在既定的固定成本、平均变动成本和旅游产品估计销量的条件下，实现销售收入与总成本相等时的旅游价格，也就是旅游企业不赔不赚时的产品价格。其计算公式为

$$P = \frac{\dfrac{F}{Q}+V}{1-T_s}$$

例 4-2　某饭店有餐座 200 个，餐厅每天应摊销的固定费用 1800 元，每餐座平均消耗原材料 15 元，预计餐座销售率为 60%，该饭店营业税税率为 5%，试确定餐厅每餐座的销售价格。

解：根据计算公式和所给资料计算如下。

$$P = \frac{\dfrac{1800}{200\times 60\%}+15}{1-5\%}$$

$$= \frac{30}{95\%} = 31.58（元）$$

根据盈亏平衡定价法确定的旅游价格，是旅游企业的保本价格。低于此价格，旅游企业会亏损，高于此价格旅游企业则有盈利，实际售价高出保本价格越多，旅游企业盈利越大。因此，盈亏平衡定价法常用作对旅游企业各种定价方案进行比较和选择的依据。

3. 千分之一定价法

在制定旅游饭店的房价时，不少人认为房价应占整个饭店造价的千分之一，这就是千分之一定价法。如某饭店总造价 5000 万元，有客房 200 间，故每间客房价格为 250 元（5000÷200×1/1000）。

4. 边际贡献定价法

边际贡献是指每增加单位销售量所得到的收入超过增加的成本的部分,即旅游产品的单价,减去单位变动成本的余额,这个余额部分就是对旅游企业的固定成本和利润的贡献。一种情况是,当旅游产品的销量足够大,旅游企业的当期固定成本已经收回,增加的旅游产品销量可以不考虑固定成本时,新增旅游产品的单价大于单位变动成本的余额即是对旅游企业的利润贡献,那么边际贡献大于零的定价可以接受。如旅游旺季一间双人客房按正常价格出售,增加一张床位的价格可按边际贡献方法定价。另一种情况是,旅游淡季时旅游产品供过于求,旅游企业低价销售产品没有盈利,但不销售则亏得更多。如一间客房房价成本价为100元/天,其成本构成为固定成本60元,变动成本40元,如不得已销售价降为90元/天,卖则亏10元/天,不卖则亏60元/天,故还是卖为好。当然,如果售价低于40元/天,则不卖为好。因此,可以这样概括边际贡献定价法,它指保证旅游产品的边际贡献大于零的定价方法,即旅游产品的单价大于单位变动成本的定价方法。

成本导向定价法是旅游企业生存所必需的,是商品经济发展的客观要求。因为旅游价格低于成本,旅游企业就会亏损,其生存就会面临挑战,长此以往就会被市场淘汰。成本导向定价法适合于旅游市场还处于卖方市场或市场经营环境比较稳定的情况,计算简便,利于核算,同行业之间便于比较。但这种定价法只考虑产品成本,反映了以产品定销的经营思想,没有考虑市场竞争、旅游需求及市场其他环境因素的变化,因而灵活性差,不利于旅游企业获取最佳利润。

(二)需求导向定价法

需求导向定价法就是根据旅游者的需求程度、需求特点和旅游者对旅游产品价值的认识和理解程度来制定价格,需求程度大时定高价,需求程度小时定低价。旅游者愿意支付的价格不仅取决于旅游产品本身有无效用和效用的大小,还取决于旅游者对旅游产品的主观感受和评价。因此,分析旅游者对旅游产品价值的认识和理解状况,把握旅游需求程度,据此进行旅游价格的制定,就成为旅游定价方法的一个重要类别。

需求导向定价法反映了旅游需求,有利于旅游产品流通和旅游产品价值的实现。但由于这种定价方法与成本没有必然联系,供不应求时,价高利大;供过于求时,价低利微,甚至亏损。因此,旅游企业要注意不同供求状况下利润的合理分配。

常用的需求导向定价法主要有差别需求定价法和声望定价法。

1. 差别需求定价法

差别需求定价法又称差别定价法,是指在旅游产品成本相同或差别不大的情况下,根据旅游者对同一旅游产品的效用评价差别来制定差别价格。主要有以下方法。

(1)同一旅游产品对不同旅游者的差别定价。如同一饭店对散客、团队客人、家庭客人的差别定价,同一景点对国内旅游者和国外旅游者的差别定价。

(2)同一旅游产品在不同地点的差别定价。同样的餐饮在一般餐厅与在宾馆餐厅的价格不同,在餐厅享用与送到客房用的价格不同;同样星级的宾馆饭店,接近交通线路或旅游景点或商业中心,其客房价格可定得高些。

(3) 同一旅游产品在不同时间的差别定价。如淡旺季价格的不同,旅馆在周末与平时的价格不同。

(4) 同一旅游产品在增加微小服务后的差别定价。如客房增加早餐服务后的价格要高些,每天送一束鲜花可提高价格。

实施差别定价法应当注意以下几点:①价格的平均水平不应低于运用成本加成定价法制定的价格水平;②旅游产品需求市场必须能够被细分,并且在不同的细分市场上能反映出不同的需求强度;③分割市场和控制市场的费用不能超过区分需求定价法所能增加的营业收入;④差别定价法不能引起旅游者的反感,要符合旅游者的效用价值评价。

拓展阅读 4-1

什么是起价

起价是指同一旅游线路产品下所有出发日期的众多团队中价格最低的一个卖价,同一旅游线路的卖价可能会因为出发日期及酒店航班搭配的不同而发生变化。

(资料来源:http://www.qhlly.com/help/85)

2. 声望定价法

旅游企业有意识地把某种旅游产品的价格定得高些,以此来提高旅游产品和旅游企业的档次与声望,这种定价方法叫声望定价法。这种定价方法的依据在于:旅游者经常把价格的高低看作旅游产品质量的标志,所谓"便宜无好货,好货不便宜",正是这种心理特征的表现。同时,有一部分旅游者把购买高价旅游产品作为提高自己声望的一种手段,如由公司付钱的奖励旅游者、高级商务旅游与行政管理人员的旅游需求就是这样。常见的声望定价法如下。

(1) 一些高星级宾馆常有一套或几套价格很贵的客房,如总统套房,其目的主要是以此来提高整个宾馆的档次与声望。

(2) 名胜古迹,历史上名人居住过的地方,其定价也常用声望定价法,如庐山上一些伟人、名人住过的别墅,虽然客房设施一般,但房费也很高。

(3) 一些旅游产品的最低价不低于旅游者所愿意支付的最低价,否则,旅游者会怀疑旅游产品的质量。如一瓶高级香水,定价在几百元可能有人购买,而定价在几元可能反而无人问津。

采用声望定价法,必须注意以下约束条件:①旅游企业有较好的社会声誉,其旅游产品必须优质并有不断的改进,否则就不能维护和巩固旅游者对该产品的信赖;②价格不能超过旅游者心理和经济上的承受力。

(三) 竞争导向定价法

竞争导向定价法是指旅游企业在市场竞争中为求得生存和发展,参照市场上竞争对手的价格来制定旅游价格的定价方法。市场经济是竞争经济,旅游企业不可避免地要遇到各种竞争因素，所不同的是不同的旅游企业由于主客观条件的不同，所要考虑的竞争因素不同。以竞争导向定价就是为了竞争或避免竞争的直接冲突，其着眼点在于竞争对手的价格上，而不管本身价格与成本及需求的变化。

竞争导向定价法一般可以分为同行比较定价法、排他性定价法和率先定价法。

1. 同行比较定价法

同行比较定价法以同行业的平均价格水平或领导企业的价格为标准来制定价格，既可使本企业价格与同行业的价格保持一致，在和谐的气氛中促进企业和行业的发展，同时企业也可得到平均的报酬。这种定价方法还可使企业之间的竞争避开了价格之争，而集中在企业信誉、销售服务水平的竞争上。当本企业旅游产品的质量、销售服务水平及企业信誉与其他同行企业相比有较大差异时，其定价可在比照价格基础上加减一个差异额。

2. 排他性定价法

排他性定价法以较低的旅游价格排挤竞争对手、争夺市场份额。如果说同行业比较定价法是防御性的，那么排他性定价法则是进攻性的。排他性定价法具体有以下两类。

（1）绝对低价法。本企业旅游产品价格绝对低于同种旅游产品的价格，争取更广泛的顾客，排挤竞争对手；还可以使一些参与竞争的企业望而生畏，放弃参与竞争的念头。

（2）相对低价法。对某些质量好的名牌旅游产品，适当降低价格，缩小与一般旅游产品的价格差异，以促使某些低质的同类旅游产品降低价格，直至这些企业因无利可图而退出市场。

3. 率先定价法

旅游企业根据市场竞争环境，率先制定出符合市场行情的旅游价格，以吸引游客而争取主动权。在激烈的市场竞争中，特别是在市场需求表面停滞而潜在增长的情况下，旅游企业谁率先制定出符合市场行情的旅游价格，谁就拥有了占领市场的有利武器，也就拥有了竞争取胜的基础。

二、旅游产品的定价策略

（一）心理定价策略

旅游企业在定价时可以利用消费者心理因素，有意识地将产品价格定得高些或低些，以满足消费者生理和心理的、物质和精神的多方面需求，通过消费者对企业产品的偏爱或忠诚，扩大市场销售，获得最大效益。心理定价策略的形式有以下几种。

1. 尾数定价策略

尾数定价也称零头定价，即给产品定一个零头数结尾的非整数价格。大多数消费者在购买产品时，乐于接受尾数价格，如旅游线路价格中常见的 1999 元、2998 元等。消费者会认为这种价格经过精确计算，购买不会吃亏，从而产生信任感。同时，价格虽与整数相差不多，但给人一种低一位数的感觉，符合消费者求廉的心理愿望。

2. 整数定价策略

整数定价与尾数定价正好相反，旅游企业有意将产品价格定为整数，以显示产品具有质量保证。对于价格较贵的高档产品，顾客对质量较为重视，往往把价格高低作为衡量产品质量的标准之一，容易产生"一分价钱一分货"的感觉，从而有利于销售。

3. 习惯定价策略

有些产品在长期的市场交换过程中已经形成了为消费者所适应的价格，称为习惯价格。旅游企业对这类产品定价时要充分考虑消费者的习惯倾向，采用"习惯成自然"的定价策略。对消费者已经习惯了的价格，不宜轻易变动。降低价格，会使消费者怀疑产品质量是否有问题。提高价格，会使消费者产生不满情绪，导致购买的转移。在不得不需要提价时，应采取改换包装或品牌等措施，减少抵触心理，并引导消费者逐步形成新的习惯价格。

4. 招徕定价策略

招徕定价策略顺应消费者求廉的心理，将产品价格定得低于一般市价，个别的甚至低于成本，以吸引顾客、扩大销售。采用这种策略，虽然几种低价产品不赚钱，甚至亏本，但从总效益来看，如果低价产品带动其他产品的销售，企业还是有利可图的。

5. 分级定价策略

分级定价策略把同类旅游产品分成几个消费级别，每个级别制定一个价格。例如，广州—北京双飞五日游产品，分为标准团、高级团、豪华团、贵宾团等多个消费级别，每个级别制定一个价格。

（二）折扣定价策略

旅游企业为了鼓励顾客及早付清货款、大量购买、淡季购买等，可以酌情降低商品的价格，这种价格调整即为折扣定价策略。

1. 数量折扣

数量折扣是指旅游企业根据消费者购买的总数量给予一定的折扣，目的是鼓励购买者大量购买。数量折扣分为以下两种。

（1）累计数量折扣。累计数量折扣是指在一定时间内，旅游产品购买者的购买总数超过一定数额，给予相应折扣。这种策略可以通过鼓励消费者多次重复购买，稳定市场客源。

（2）非累计数量折扣。非累计数量折扣是指消费者一次购买达到一定数量或购买多种产品达到一定的金额时，旅游企业给予的折扣。这种定价策略能有效刺激消费者大量购买，减少交易次数，降低旅行社成本。

2. 现金折扣

现金折扣是指对在规定的时间内提前付款或用现金付款者所给予的一种价格折扣，其目的是鼓励顾客尽早付款，加速资金周转，降低销售费用，减少财务风险。采用现金折扣，一般要考虑3个因素：折扣比例、给予折扣的时间限制、付清全部货款的期限。

3. 季节折扣

旅游企业在经营过程中，在产品销售淡季给予旅游者一定的价格折扣。旅游产品的季节性很强，采用季节性折扣策略可以刺激旅游者的消费欲望。例如，很多饭店不仅在旅游淡季采用打折的降价策略，而且在平日客房空房数量增多时也采用折扣降价策略，以充分吸引旅游者。

旅游淡季,出游价格"跳水"

2019年3月,刚办完退休手续的老李,立马张罗着与老伴出去旅游。他在旅行社报名到西安旅游,价格只有2580元,如果春节期间出游,价格可是高达4480元。据了解,随着春节假期的结束,国内外众多旅游目的地进入淡季,价格相当划算。许多市民纷纷选择错峰出游,拉动淡季旅游市场渐渐热了起来。

每年3—4月,不少国内外旅游目的地进入相对的淡季,往返机票、当地酒店和旅游产品费用等大幅下降,与春节黄金周相比,节后出游成本可节约30%~50%。旅行社推出线路的价格比旅游高峰也均有大幅下降。

(资料来源:https://m.sohu.com/a/302964386_100194659)

(三)新产品定价策略

1. 撇脂定价策略

撇脂定价策略即在产品刚刚进入市场时将价格定位在较高水平,在竞争者研制出相似产品以前,尽快地收回投资并取得相当的利润。随着时间的推移,再逐步降低价格使新产品进入弹性大的市场。一般而言,对于全新产品、受专利保护的产品、需求价格弹性小的产品、流行产品、未来市场形势难以测定的产品等,可以采用撇脂定价策略。

撇脂定价的条件:①市场有足够的购买者,需求缺乏弹性,即使把价格定得很高,市场需求也不会大量减少。②高价使需求减少,但不致抵消高价所带来的利益。③在高价情况下,仍然独家经营,别无竞争者。高价使人产生这种产品是高档产品的印象。

 案例 4-3

138万"环游世界80天"产品当日售罄

近几年,旅游业因价格激战,团购和爆款线路爆满的情况已经屡见不鲜。而多年坚持个性化、高品质旅游产品的携程顶级游品牌鸿鹄逸游却打破了这一定律:2016年4月25日,被称为华人史上"最贵""最顶级"的旅行产品,每年仅有10个珍贵席位的138万元环游世界80天,再次在开售当日售罄。

自2006年"环游世界"产品推出以来,一直延续限时限量抢购模式,虽然今年未能打破往年秒杀记录,但是一条天价旅行产品,在推出多年后依然能受到高端客如此追捧,在业界实属难得。鸿鹄逸游表示:环游世界80天连续多年热卖,证明了中国富人肯花费百万环游世界,是他们希望有更多高端深度体验、更多尊贵享受;也正因为这个原因,无论价格高低,只要能够提供个性化、高品质旅游产品,就会被高端消费者认可。环游世界80天是一条真正契合高端客群需求,圆其巅峰旅行之梦的旅游线路。

(资料来源:https://www.sohu.com/a/71493050_395951)

2. 渗透定价策略

渗透定价是指企业以一个较低的产品价格打入市场，目的是在短期内加速市场成长，牺牲高毛利以期获得较高的销售量及市场占有率，进而产生显著的成本经济效益，使成本和价格得以不断降低。渗透价格并不意味着绝对的便宜，而是相对于价值来讲比较低。

渗透定价的条件：①市场需求对价格极为敏感，低价会刺激市场需求迅速增长；②企业的生产成本和经营费用会随着生产经营经验的增加而下降；③低价不会引起实际和潜在的竞争。

新产品撇脂与渗透定价策略的选择标准如表 4-3 所示。

表 4-3 新产品撇脂与渗透定价策略的选择标准

考虑因素	撇脂定价	渗透定价
价格弹性	小	大
与竞争产品的差异	大	小
投资回收目标	快	慢
市场潜力	小	大
市场需求水平	高	低
扩大接待能力的可能性	小	大
仿制的难易程度	难	易

3. 满意定价策略

满意定价策略是一种介于撇脂定价策略和渗透定价策略之间的价格策略。其所定的价格比撇脂价格低，而比渗透价格要高，是一种中间价格。这种定价策略由于能使生产者和顾客都比较满意而得名，又被称为"君子价格"或"温和价格"。

三、如何应对竞争对手的价格调整

（一）应对竞争对手的价格调整应考虑的问题

在旅游市场上，企业往往要应对同行竞争对手的价格调整。经营者在审时度势后，通常有 3 种选择：提价、降价或维持原价，而以非价格竞争应对。不论做何种选择，首先要研究竞争对手的实力，此外还要关注以下几个问题。

1. 竞争者调价的目的与原因

(1) 调价的目的。要透过调价现象看清竞争对手尤其是主要竞争对手调价的目的，通常竞争对手为达到如下目的而调价：争夺市场份额；树立品牌形象；增加利润；提高现金流量、缓解资金困难。

(2) 调价的原因。资源闲置或短缺，销售困难或旺销，通货膨胀或紧缩，汇率变化，成本变化。

2. 竞争者调价对各方的影响

要注意竞争者调价对以下各方的影响：对旅游者的影响；对旅游中间商的影响；对本企

业的影响；对同行其他企业的影响；对社会有关方面的影响。

3. 本企业调价后各方可能的反应

要判断自己的应对是否恰当，应密切关注市场的反应、目标市场旅游者的反应、旅游中间商的反应、社会有关方面的反应。

拓展阅读 4-2

在线旅游平台不得实施的价格违法行为

国家市场监管总局规定在线旅游平台不得实施下列价格违法行为。

（1）对实行政府定价、政府指导价的商品或服务，未执行政府定价或超出政府指导价规定的标准和幅度制定商品或服务价格。

（2）虚构原价，标示的原价属于虚假、捏造，不是本次促销活动前七日内最低交易价格，或者从未有过交易记录；在对未销售过的商品开展促销活动时，使用"原价""原售价""成交价"等类似概念。

（3）在标价之外加价出售商品，收取任何未予标明的费用。

（4）不履行或者不完全履行价格承诺。

（5）虚假优惠折扣，如标示的打折前价格或者通过实际成交及折扣幅度计算出的打折前价格高于原价。

（6）使用不实或带有欺骗性、误导性语言、文字、图片等标价，诱导顾客购买。

（7）声称"特价""全网最低价""市场最低价"等，但价格标示不真实、不准确，没有依据或者无从比较。

（8）销售商品或提供服务，以低价招徕客户，以高价进行结算。

（9）销售商品或提供服务有附加条件时，不标示或者模糊标示价格附加条件。

（10）强制或者变相强制服务并收费。

（11）相互串通，操纵市场价格，损害其他经营者或者消费者合法权益。

（12）捏造、散布涨价信息，哄抬价格。

（13）其他价格违法行为。

（资料来源：https://www.sohu.com/a/257144628_561670）

（二）竞争对手价格调整时的应对措施

旅游企业在权衡市场情况后，可以采取多种应对竞争对手价格调整的措施，主动适应市场竞争。

1. 同向跟进

当竞争对手率先调价后，可以同方向跟进，即随竞争者降价而降价，随其提价而提价。同向跟进又分为两种形式。

（1）同步跟进。提价或降价幅度与其同幅度，或把价格定在竞争者的价格水平上。

(2) 不同步跟进。可调整价格，但调价幅度、售价水平与竞争者保持一定距离。

2. 逆向调整

当竞争对手率先调价后，经营者对价格也做相应调整，只不过调整方向与竞争对手恰恰相反。其目的是拉开差距，映衬与众不同的产品形象和企业形象。此策略最难，因为至少是在一段时间内，价格变动会冒逆旅游市场大势而行的风险。采用这一策略一般是处于转变关口的前夕，市场即将发生趋势性转变之际。

3. 维持现价

旅游企业对竞争者调价以"不作为"的方式应对，在价格上不做调整。经营者调高价格会导致销售下降，市场份额减少，或反之，往往采取观望态度。

4. 实施非价格竞争策略

提高旅游产品和服务质量，形成特色，塑造品牌，拓宽渠道，建立营销网络，针对性开展广告、公共等沟通与促销方式争取客源，这就是非价格竞争策略。该策略既可单独运用，也可与上述三种方式协调使用，如在经营者决定同向跟进率先提价的竞争对手，准备提价时，还可通过提高产品质量和服务质量，使旅游者感到物有所值。

在实际的市场环境中，绝不仅仅只有以上所提到的价格策略，企业为了更好地完成营销目标，还会制定很多特殊的定价策略。在实践中面对复杂多变的市场环境，单纯的一种价格策略也难以应付多变的情况，需要综合考虑多方因素制定出更适合本企业产品的价格。

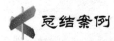

总结案例

放心的服务，放心的价格

旅游产品的价格高低一直都是大多数游客在准备出游前最关注的问题之一，同时也是影响旅游产品市场竞争力的要素之一。作为国内领先的在线旅游服务商，携程始终关注着酒店、机票、团队游、自由行等全部旅游产品的价格走势及周边产品的价格变化趋势，坚持给出最优惠、最具有市场竞争力的价格供用户选择。放心的价格让用户将钱花在刀刃上。

作为国内领先的酒店预订服务中心，携程在全球200个国家和地区拥有约68万家国内和国际会员酒店，携程大住宿事业部一如既往地坚持为用户提供行业内最优惠的酒店房价，在收取房费时，携程承诺不会有任何的隐性服务费用存在，让所有用户能够住得安心。

携程机票产品覆盖了全球六大洲5000多个大中城市，囊括了近200万条全球航线，是中国领先的机票预订服务平台，配合全球领先的机票优价智能搜索引擎，能够保证每一位通过携程平台预订机票的用户享受到极具市场竞争力的价格。同时，携程保证每一位用户在支付成功后，机票价格不会再有变动，并且能够成功出票。

携程能够为用户提供超过1000条旅游度假线路，线路产品覆盖的国家和地区超过100个，目的地城市近1000个，景点数量近8000个，作为国内领先的旅游度假旅行服务网络，携程拥有国内最庞大的旅游尾货特卖汇,实时的动态智能打包技术确保用户预订产品价格的准确性,保证每一位下单用户顺利出行。

(资料来源: https://www.jfdaily.com/journal/2017-07-26/getArticle.htm?id=24175,略改动)

同步练习

一、单项选择题

1. 不同旅游产品在不同的季节销售所形成的价格差额是( )。
   A. 批零差价   B. 地区差价   C. 季节差价   D. 质量差价
2. 某旅游产品定价为1999元,它采用的定价策略是( )。
   A. 整数定价策略   B. 尾数定价策略   C. 声望定价策略   D. 习惯定价策略

二、简答题

1. 简述旅游产品定价的方法。
2. 如果美元贬值,某旅行社的出境游线路价格应如何变化?
3. 分析为什么同样的产品或服务,价格标为9.9元的一般比价格标为10元的销路好?
4. 快捷连锁酒店除价格实惠外,还注重一些额外的服务,例如加送安睡牛奶等,这说明了什么问题?

实训项目

选取本地一家旅游企业(旅行社、酒店、旅游景区等),收集其不同类型产品的价格信息,分析其定价策略。4~6位同学为一组,分组提交成果。

 前沿视角

让"品质旅游"成为市场赢家

旅游业的供给侧改革,实际是要建设一个品质有保障、服务有差别的体系,从而走出价格低水平竞争、旅游体验糟糕的发展陷阱。要想让"品质旅游、理想消费"变成实际的旅游红利,要在供给侧方面想更多的办法。治理"不合理低价游",是为了让消费者花明白钱,享受质价相等的旅游服务,防止那些诱骗消费者的歪门邪道抢夺市场资源,而不是把低价旅游产品消灭掉。事实上,以更低的价格获得更好的服务,是每个消费者都有的心理。倘若不能在保障消费者基本消费体验的前提下,形成分层次的旅游产品体系,而是以提升旅游品质的名义直接把价格抬上去,那些已经形成产业链和利益同盟的"不合理低价游",就有可能在消费者的"合作"下死灰复燃。

在我国,旅游已成为一种流行的生活方式,旅游市场的未来值得期待,但不要忘了,品质才是旅游业的灵魂。伴随旅游业的转型升级,谁能赢得游客信赖,就能在未来的市场竞争中占得先机。当高品质者成为市场赢家,旅游业才能成为一个地方立得住、可持续的产业。

(资料来源: http://opinion.people.com.cn/GB/n1/2016/1101/c1003-28823063.html)

项目小结

　　旅游产品定价策略是旅游市场营销的重要内容，旅游定价方法的选择正确与否，直接关系着旅游定价目标能否顺利实现，关系着旅游业的经济效益能否有效提高。本项目明确了旅游产品的价格构成和作用，介绍了目前实践中应用比较广泛的旅游产品的定价方法和策略，以及对竞争对手价格调整的应对问题。

综合训练

　　1. 实训项目

　　基于人口统计变量，对旅游市场进行细分，针对不同的细分市场制定旅游产品价格策略。

　　2. 实训目标

　　培养学生资料收集以及运用所学知识分析实际问题的能力，通过项目让学生更好地掌握旅游产品定价方面的知识。

　　3. 实训指导

　　(1) 指导学生掌握资料收集方法并掌握旅游产品定价方面的知识。

　　(2) 给学生提供必要参考资料。

　　4. 实训组织

　　(1) 把所在班级学生分成小组，每组4~6人，确定组长，实行组长负责制。

　　(2) 完成不同细分市场的旅游产品价格策略对比PPT汇报及旅游产品价格策略报告书，在课堂上进行汇报交流。

　　5. 实训考核

　　(1) 根据每组的旅游产品价格策略对比PPT汇报，由主讲教师进行评分和点评，占50%。

　　(2) 课堂讲解完后，每个小组互评，各给出一个成绩，取其平均分，占50%。

项目五
旅游产品渠道策略设计

【学习目标】

知识目标

1. 了解旅游产品销售渠道的概念、类型、作用和模式。

2. 了解旅游产品销售渠道策略、特征,熟悉旅游产品销售渠道的管理。

3. 了解旅游电子商务的手段运用。

能力目标

1. 掌握旅游产品渠道的策略和特点,具体分析旅游产品销售。学习编制旅游渠道企划书。

2. 识别旅游中间商的优劣,更好地进行旅游销售渠道的选择。

素质目标

1. 培养学生掌握旅游产品分销渠道策略的概念及其影响因素,具有正确选择中间商、运用旅游营销渠道策略的能力,具有较强的责任心。

2. 培养学生前瞻性思维,熟知旅游电子商务渠道,提高旅游电商电子渠道的运作能力。

思政目标

1. 培养学生具有良好的职业道德和素养。

2. 培养学生具有正确的职业观和价值观。

【学习指南】

学习方法

1. 讲授学习法。通过聆听教师讲授,理解、掌握知识。

2. 案例学习法。通过案例分析,总结经验,运用理论知识分析实际问题。

3. 项目学习法。以具体项目为导向,提升实践能力。

学习资源

1. 章节配套 PPT。

2. 参考书目。操阳,纪文静. 旅游市场营销［M］. 2 版. 大连:东北财经大学出版社,2019.

3. 网络资源。

(1) 网易:https://www.163.com。

(2) 百度:http://www.baidu.com。

(3) 搜狐网:https://www.sohu.com。

(4) 中国经济网:http://www.ce.cn。

(5) 腾讯网:http://www.tencent.com。

(6) 东方财富网:http://finance.eastmoney.com。

(7) 社交媒体和数字营销内容网:https://socialbeta.com。

(8) 中国旅游网:http://www.cntour.cn。

任务一　认知旅游产品销售渠道

任务目标

凯撒旅游是一家上市旅游公司，现已成为旅行社行业中的全产业链企业。旗下拥有覆盖全球 120 多个国家和地区、超过 20000 种服务于不同人群的高端旅游产品。它注重文化与旅游的融合，将艺术、音乐、体育等文化内涵引入产品研发，对旅游产品进行品牌化包装，为公众奉献以旅游文化为核心的大型主题活动。2016 年 11 月 30 日，凯撒旅游全新打造"46 天环南太平洋寻梦之旅"，成为首个由旅行社独家包船、中国母港出发的环南太平洋航线，覆盖海上丝绸之路多个重要节点，成为"一带一路"发展战略在旅游领域的有力实践。由此，2000 多位中国游客成功实现环游南太平洋的壮举。创新推出的"环游世界 53 天——南太平洋寻梦之旅"于 2019 年 11 月启航，助力中国与南太平洋岛国旅游交流常态化，推进中国与南太平洋岛国文化互通。

请以小组为单位，完成以下任务。

(1) 凯撒旅游的"环球世界 53 天——南太平洋寻梦之旅"采用的是什么销售渠道？其特点是什么？

(2) 凯撒旅游的"环球世界 53 天——南太平洋寻梦之旅"对助力中国与南太平洋岛国旅游交流起到什么作用？

任务实施

每个小组将任务实施的步骤和结果填写到表 5-1 任务单中。

表 5-1　任务单

小组成员：	指导教师：
任务名称：	模拟地点：
工作岗位分工：	
工作场景： 1. 了解旅游市场销售渠道 2. 收集整理"环球世界 53 天——南太平洋寻梦之旅"相关资料 3. 编制"环球世界 53 天——南太平洋寻梦之旅"销售方案	
教学辅助设施	模拟旅行社真实工作环境，配合相关教具
任务描述	通过对旅游产品分销渠道构建，了解旅游销售渠道概念、作用和分类
任务资讯重点	主要考查学生对旅游产品销售渠道的认识
任务能力分解目标	1. 了解旅游产品销售渠道的概念 2. 知晓旅游产品销售渠道的作用 3. 掌握旅游产品销售渠道的类型

续表

任务实施步骤	1. 学生以小组为单位,学习相关知识点 2. 分析顾客群体和旅游产品销售渠道 3. 每个小组确定销售方案内容,要求合理可行 4. 各小组汇报,小组互评,教师点评

任务评价考核点

1. 了解旅游产品销售渠道的基本概念。
2. 知晓旅游产品销售渠道的作用。
3. 掌握旅游产品销售渠道的类型。

 引导案例

同一旅行团出游价格相差上千元,"同团不同价"合理吗

王先生一家在某知名OTA平台上报名出游菲律宾长滩岛。出游期间,询问其他团友的团费,发现同一旅行团同一时间出行,但是价格存在差别。于是去询问领队,了解其中缘由。王先生发现本次出游属于拼团出游,既有在传统旅游社报团出游的,也有线上报名参团的。

其实,同团不同价这种事在跟团旅行中属于再常见不过的了,其中的原因存在着合理的状况,同样也存在着不合理的因素。开团这件事真的没有想象中这么简单。即便有这么多人乐意出游,但旅行社这种东西更像雨后春笋一样天天冒出来,跟团游市场总是供大于求的。于是先出现一些优惠价格:第一个现象是早鸟价,为了确保成团的成本,很多团都会有早鸟价,即第一批预订的优惠。预订得越早优惠越多,在跟团游中这件事是一定的。而在确保成团之后,后来者要比先到的付出更多,这是一件很正常的事,毕竟前者虽然能退款,但也承担着不一定成团的风险,而后者则属于无忧的。而在确定成团之后,还会有不同出发地的问题,就像前面说的,开团并不容易。有时候需要全国散着去组团,每个地方到达目的地的成本不一样,那么价格会有差别也是很正常的一件事了。

而第二种造成不同价的原因就是尾单了。尾单这种东西很神奇,好的尾单外面基本不会有,而它们的价格基本也不会公布,因为都是旅行社自己拿走内部消化的,造就尾单的原因就是临期的突然取消。的确会很便宜,甚至比同团便宜上千元都有可能,因为临期取消在合同上也是很少退款的,多一份订单何乐而不为呢!

而最后一条同团不同价的理由,也就是我说乍一看不合理的理由,那就是销售。跟团游本质上就是一件商品,有直销也有分销。很多团都存在着分销的情况,而旅游产品的销售哪怕加上几千元能卖掉产品,那也是他的本事。其实很正常,虽然听起来很不合理。销售本就是这样,只要他开价,然后有人买,那么都是他赚的。跟团游往往都会存在分销的情况,可能在一手那边是低价,但到了第二手就会出现许多种价格,作为客户,其实可以直接去找一手,毕竟合同会指明开团方,但相信很多人不会这么做,那么花钱多就是很正

常的事了。

（资料来源：http://3g.163.com，略改动）

思考：为什么会出现同一旅游团不同价格？在旅游产品推广过程中，销售的作用是什么？

一、旅游产品销售渠道的概念及作用

1. 旅游产品销售渠道的概念

美国市场营销学权威菲利普·科特勒认为"销售渠道是指某种货物或劳务从生产者向消费者移动时，取得这种货物或劳务所有权或帮助转移其所有权的所有企业或个人"。

旅游产品销售渠道是指旅游产品从旅游生产企业向旅游者转移过程中所经过的一切取得使用权或协助使用权转移的中介组织和个人。旅游产品销售渠道的起点是旅游生产企业，终点是旅游消费者，而中介组织或个人形成的中间环节则包括各类旅游批发商、零售商、代理商等。

这种旅游产品销售渠道不是一成不变的，是随着社会时代发展而动态变化的。随着信息科技发展，当前在线旅游（OTA）已经成为旅游产品销售的主要渠道之一。

旅游产品分销渠道在销售转移的过程中，与其他实体产品转移不同，消费者只有有限的使用权而不发生所有权的转移。无论是旅游景点、旅游线路还是旅游饭店，旅游者都必须在规定的时间到指定的地方去消费，旅游者与旅游企业的关系是一种契约关系。

2. 旅游产品销售渠道的作用

（1）旅游产品销售渠道是旅游企业再生产过程顺利进行的前提条件。旅游企业是旅游产品生产、经营的基本单位。旅游企业生产的产品不仅要符合社会需要，而且由于多数旅游产品的不可储存和不可转移性，必须及时地销售出去，这样旅游企业的再生产过程才能顺利进行。如果旅游销售渠道流通不畅，即使企业生产出优质对路的产品，也不能顺利到达顾客手中，这必然使旅游企业再生产过程受阻。

（2）通畅的旅游产品销售渠道是提高旅游经营效益的重要手段。旅游产品销售渠道的数量、环节以及成本费用，对旅游产品的销售有着直接的影响。合理选择销售渠道、加强渠道的管理以及适时营造新的销售渠道，就能加快旅游产品的流通速度，加速资金周转，提高旅游企业的经济效益。

（3）旅游产品销售渠道策略直接影响旅游企业其他市场营销策略的实施效果。旅游产品销售渠道策略与产品其他营销策略密切相关，而且建立销售渠道需要较长的时间和资金，需要旅游产品销售渠道的确定，旅游企业的定价、促销等策略也就相对固定下来。例如，旅游产品的广告宣传活动主要由旅游企业还是由中间商进行，或是双方联合进行；旅游企业的价格策略与中间商的价格策略如何相互配合等。

（4）旅游产品销售渠道是旅游企业获取重要信息反馈、有效接近顾客的关键途径。由于旅游产品销售渠道的成员直接与旅游者接触，因而能及时地了解旅游者的消费需要，把握消费者需求变化的趋势。旅游企业可以根据渠道成员反馈的信息,及时地调整产品结构,提供符合旅游者需要的产品,从而提高旅游企业的经营效益,促进旅游经济健康、有序地发展。

(5)旅游产品销售渠道也是各旅游企业的促销伙伴与风险分担者。旅游企业的销售渠道不仅承担着旅游产品的销售,由于利益关联,各销售渠道也会积极投入各种促销宣传,努力说服消费者购买该旅游产品。而且各中间商在进行促销时,可以充分利用其网络优势。这是不使用销售渠道的销售策略所不可比拟的。

此外,利用渠道进行销售时,意味着旅游产品的所有权提前转移,旅游企业与渠道之间建立起连带的损益关系。在这种情况下,企业的经营风险得到了一定程度的分担。

拓展阅读 5-1

今天你打卡了吗?——网红经济中的旅游产品销售渠道

以自拍美图、短视频为内容基础的"网红游"制造出了一批网红城市。这种模仿式娱乐、网红打卡式旅游,也确实为人们增加了旅行的快乐。但不可忽视的是,它也谋杀了人们的想象力和本应丰富多元的旅游体验。当多元的情感体验通过自拍或短视频这种相对单薄的形式呈现,受众最容易接收和模仿的就是视觉冲击,而非情感和文化了。

这几年来,随着互联网技术的飞速进步,在各个平台崛起了无数的"网红",他们在各种社交媒体上有着动辄几十万乃至上百万、上千万的粉丝数。而"网红经济"正是基于海量粉丝,以"网红"们时尚的品位和眼光为主导,对产品进行视觉推广,以达到定向营销、实现超常超速盈利的目的。

放眼网红经济的各个领域,可以发现,"网红"与旅游的跨界组合,是其中最为成功的代表之一。网红及其所在的社交媒体的引流作用并不只局限于旅游景点,甚至对交通、游览、住宿、餐饮、购物、文娱旅游业的6个方面都有着强劲的带动效应。

《2019年国庆假期文化和旅游市场情况》显示,城市地标、重量级交通和水利工程、高科技成果,都成为最新的旅游兴趣点和网红打卡圣地。杭州良渚古城(2019年夏天正式成为世界文化遗产)、重庆解放碑、广州小蛮腰,以及新近投入运营的北京大兴机场,在海内外众多知名网红的协力推广下,都迅速成为旅游界的新胜地。

那么如何把一个景区经营成广受欢迎的"网红打卡地"呢?通过市场调研,我们可以发现,优良的网红打卡地往往有以下突出的亮点:高颜值;有独特内涵;极具趣味性;重视各种新潮传播渠道的推介;优质的全程服务。

例如每年樱花季节来临的时候,都会在全国各地掀起一波波的樱花热,其中尤以武汉大学樱花、杭州樱花、上海樱花、南京樱花、贵州樱花等地的樱花观赏地最为知名。正是因为这些赏樱胜地具备了网红打卡地的几大亮点,所以它们才能红遍各大社交媒体,源源不断地吸引各地的游客。

"网红+旅游"的新潮模式,还可以给乡村经济注入强劲的力量。通过对乡村品牌进行重新定位,在品牌策划、网红代言人、美丽乡村宣传片、爆款话题等各方面为相关村镇进行全面造势,以及设计具有当地特色的旅游经典线路(如春赏花、夏纳凉、秋采摘、冬农趣等),可以为当地带来前所未有的客流量,乃至为当地吸引来其他领域的投资商。

旅游是人类社会文明进步的产物,日益成为一种生命体验和生活方式。旅游业是经济效益、社会效益、生态效益俱佳的阳光产业,也是创造美丽、传播美丽、分享美丽的美好事业。当前,"网红+旅游"的新潮模式渐入佳境、方兴未艾,并且在助力实体经济成长、推动产业升级、实现脱贫奔小康这些领域也有着非凡的潜力。

(资料来源:wenku.baidu.com2219e8691eb91a37f1115c64.html)

二、旅游产品销售渠道的类型

(一)旅游产品销售渠道的特点

(1)旅游产品销售渠道的长度。分销渠道的长度,通常是指旅游产品从生产者(或供应者)向最终消费者转移过程中所经中间环节的多少。

(2)旅游产品销售渠道的宽度。分销渠道的宽度通常是指一个旅游企业的销售渠道及产品销售网点的数目和分布格局。

(二)扩充旅游产品分销渠道的必要性

无论是传统旅行社还是在线旅游企业在具有足够的生产能力时,都希望能尽量扩展销售渠道。

(1)扩充旅游产品分销渠道能扩大企业的经营规模或生产能力。使传统旅行社接触到更多的消费者,扩大产品的销售量,增加旅行社的市场份额,实现传统旅行社的发展壮大,具有强大的竞争优势。

(2)企业所在地区内同类企业数量增多,生产和供应能力过剩,从而使市场份额的竞争加剧。

(3)企业要实现扩大发展,就需要增加其产品销量。实现产品销量的扩大不可能只靠回头客的购买,更为重要的是要使更多的人成为自己产品的购买者。

(4)由于旅游目标市场与本企业空间距离较远,像很多以经营入境旅游业务为主的旅行社或在线旅游企业,其目标市场甚至遍布世界很多地方,必须借助销售渠道中各中间商的力量,才能接触到目标市场,实现产品的销售。

(三)旅游产品分销渠道的类型

市场营销学按照分销渠道中间层次的多少,将分销渠道分为零层次渠道、单层次渠道、双层次渠道和多层次渠道4种基本类型。旅游分销渠道的主要类型有直接营销渠道与间接营销渠道、长渠道与短渠道、宽渠道与窄渠道、单渠道与多渠道、网络销售渠道等。

1. 直接营销渠道与间接营销渠道

(1)直接营销渠道。这是将其产品直接销售给旅游者的一种销售方式,又称为零层次渠道,即在旅行社和消费者之间不存在任何中间环节。直接销售渠道是一种产销结合的销售方式，其优点主要表现在简便、及时、灵活、附加值高和利润较高等方面；不足之处主要表现在覆盖面窄，只适合在本地或其他主要客源地使用，影响力相对较小。

直接销售渠道一般有两种形式：采用直接销售渠道进行产品销售的旅行社，通常在其所在地直接向当地的潜在旅游者销售其产品；旅行社在主要客源地建立分支机构或销售点，通过这些机构或销售点向当地居民销售该旅行社的旅游产品。

①"旅游企业—旅游消费者"模式。这一模式有两种情况：一种情况发生在旅游目的地旅游产品的生产现场，旅游者自己前往生产现场购买。此时，旅游产品生产者在其生产现场扮演了零售商的角色。如消费者自己到旅游景点游玩、到餐馆吃饭等。这一销售模式常见于旅游景点、餐馆、饭店、汽车租赁等旅游接待企业。另一种情况发生在旅游客源地甚至旅游者家中，消费者利用电话、网络、手机等通信工具直接向旅游企业预订产品。近年来随着科技的发展和广泛应用，很多企业利用互联网直接向消费者出售产品，对一些旅游中间商构成了极大的挑战。这一销售模式常见于饭店集团、航空公司和经营包价旅游的大型旅游公司。

②"旅游企业—自营网点—旅游消费者"模式。这一模式是指旅游产品生产者在目标市场设立自己的销售网点。包括饭店连锁集团通过其成员饭店之间相互代理预订来方便消费者购买；航空公司和铁路公司在客流量大的地区自设售票处或订票处；汽车租赁公司在其经营区域内设立租车服务处；一些大型旅游公司在目标区域内自设零售网络等。

直接销售渠道可以省去支付给中间商的费用，降低产品成本，获得价格竞争优势。同时，直接销售渠道使得旅游企业有机会直接和顾客打交道，能够及时获取消费者的第一手需求信息，有助于企业及时调整或改进营销策略。但是，采用直接销售渠道，企业可能因为缺乏销售经验或其他原因，销售成本反而增加。此外，由于任何一个企业的资源都是有限的，直接销售渠道意味着有限的销售网点，也就很难较大程度地满足更大的市场需求。

（2）间接销售渠道。间接分销渠道至少含有一个中介机构，是旅游产品的生产者或供应者借助于中间商的力量将产品转移到消费者手中的途径。旅游产品生产者借助中间商销售其产品，由中间商负责旅游产品使用权的转移，一般是通过组团旅游中间商将旅行社产品销售给旅游者的途径。间接销售渠道的优势表现为针对性强、覆盖面广和销售量大等，不足之处主要是销售成本高，它是当前旅游市场上占主导地位的渠道类型。

间接销售渠道按中间环节的多少可以划分为以下 3 种模式。

①"旅游企业—旅游零售商—旅游消费者"模式。这种模式被称作单层次或一级销售渠道，即旅游产品生产者向旅游零售商支付佣金，由旅游零售商把旅游产品销售给旅游者。除旅游批发商完全是通过这一渠道组织客源外，其他众多的旅游企业如饭店、航空公司、游船公司等也将这种方式作为自己销售旅游产品的主渠道。这一模式目前主要体现在旅行社代客订购交通票、代订饭店客房等。这种销售渠道具有降低成本、减少开支而提高旅游企业经济效益的优点，但仅适宜于营销批量不大、地区狭窄或单一的旅游产品。

案例 5-1

称价格"录入错误",旅游网站强行退订顾客低价机票

现在人们出行时,越来越倾向于通过网站、手机客户端订票。这种方式虽然优惠、便捷,但也引发了不少纠纷。例如,武汉市民刘先生在网上以较低的价格预订到了几张机票,当时他还为此欣喜不已,可过了两天他就高兴不起来了,因为在没经过他同意的情况下,机票被退订了!

刘先生说,2017 年 9 月 20 日,他在 A 旅游网站上,以每张 1787 元的价格预订了三张从中国香港到纽约的往返机票。当时这张机票的价格要比其他时段的机票便宜 2000 元左右,看到如此大的优惠,刘先生以为是航空公司或者网站做的活动,然后就买了票,当晚 7 点多显示出票成功。

可第二天中午,刘先生却突然接到了 A 旅游网站客服的电话,"客服给我电话说票卖便宜了,代理商觉得不划算,希望我能把票退掉,当即我就拒绝了"。

原以为事情到此为止,可到了 9 月 22 日,刘先生却发现自己的机票已经退款成功了。

刘先生查询发现,A 旅游网站私自从后台把他的票退订了,同时还打电话给他,也承认是他们的问题。这让刘先生难以接受:"既然你承认了是你的问题,那为什么要把损失加到我头上?"

那么,A 旅游网站为什么要这么做呢?

记者拨打了 A 旅游网站的客服电话,工作人员表示,刘先生买到的机票是由机票代理商提供的,代理商在机票上架时标错了价格。而对于为什么在刘先生不同意的情况下,机票仍然被退订了,工作人员并没有正面回复。

A 旅游网站客服说:因为是出票方系统录入错误,录入的机票价格有问题,导致您的这张机票是没有办法使用的,为了保障您利益,这张机票做了退款,另外可以申请为您赔偿 500 元。

对此,刘先生并不接受,而且他已经向工商部门反映了这个问题。

(资料来源:http://dy.163.com/v2/article/detail/CVUEMQB30528BVLM.html,略改动)

② "旅游企业—旅游批发商—旅游零售商—旅游消费者"模式。这种模式被称作双层次或两层次销售渠道,即旅游批发商以批发价大量采购单项旅游产品生产者的产品,并根据各自目标顾客群的不同需求将其组合成整体旅游产品,然后通过旅游零售商出售给旅游者。这种销售模式是西方国家旅游业中较为流行的销售方式之一,常为度假饭店、假日营地、包机公司等旅游企业所采用。

③ "旅游企业—本国旅游批发商—外国旅游零售商—外国旅游者"模式。这种模式被称作三层次或多层次销售渠道,是目前我国国际旅游业中应用最广的渠道模式。我国具有涉外旅游接待职能的旅游生产企业在价格谈判的基础上将各单项旅游产品批量发售或预订给我

国的国际旅行社,然后国际旅行社将这些单项旅游产品组合成包价旅游产品,销售给外国旅游批发商或旅游经营商。这些旅游批发商在对这些包价旅游产品重新定价后,作为自己的产品,委托客源市场的旅行代理商或其他零售代理机构向旅游消费者出售。

间接销售渠道通过庞大的销售网络占领市场,有助于提高企业的营业额,同时也可以凭借该网络系统向旅游消费者传播企业的品牌形象、企业文化及其他各种信息,有利于树立企业形象。但是,由于中间环节增加,间接销售渠道也增加了旅游产品的成本,导致企业利润降低或旅游产品价格上涨,在一定程度上影响了企业的市场竞争力。此外,间接渠道增加了企业与最终消费者之间的距离,旅游企业对目标市场的控制权下降,并需要与中间商协作,如果管理不当,企业有可能损失目标市场。

 案例 5-2

旅游过程出现问题应该找谁来协调

小王在北京 A 旅行社预订了"云南 7 日游"产品,双方签订了合同并成团出行。到达云南后,由昆明 B 旅行社作为地接社负责全程地陪服务。在旅游过程中,出现一些旅游服务产品内容确认问题,双方产生了分歧,昆明 B 旅行社无法解决问题,要求其联系北京 A 旅行社协调,而北京 A 旅行社则需要与除昆明 B 旅行社之外,再询问组团社北京 C 旅行社的意见。

你觉得小王应该找谁来协调?

其实要解决这一问题,就要搞清楚旅游行业中的组团社和地接社的关系,搞清楚旅游渠道与旅游产品的关系。北京 C 旅行社作为组团社,采购北京赴昆明往返机票,并与昆明 B 旅行社签署合同,委托昆明 B 旅行社提供当地接待服务。北京 A 旅行社售卖北京 C 旅行社的旅游产品,旅游者与北京 A 旅行社签署了国内组团旅游合同,购买"云南 7 日游"产品。

大多数旅行社从业人员认为北京 C 旅行社是组团社,因为实际操作、安排线路的旅行社才是"组团社",而这条线路是北京 C 旅行社"组团"的。但《旅游法》第一百一十一条中规定了"组团社"的定义:"组团社是指与旅游者订立包价旅游合同的旅行社。"案例中与旅游者订立包价旅游合同的是北京 A 旅行社,所以北京 A 旅行社是组团社。因此,小王在旅游过程中遇到问题,应该直接找北京 A 旅行社解决。

(资料来源:http://paper.people.com.cn,略改动)

2. 长渠道与短渠道

旅游产品从生产者到最终消费者所经过的中间机构的环节数即为旅游销售渠道的长度。根据销售渠道中间商层次数的多少可将其分为长渠道和短渠道。中间商层次越多,销售渠道越长;反之则越短。直接销售渠道是最短的一种渠道。例如,一位游客直接前往某景区旅游,中间不经过任何旅行社或其他旅游公司,这样的销售渠道最短。再如,一位游客在某旅游景区的旅游商店购买了某旅游纪念品,而该旅游纪念品是由当地某旅游公司从另一代理商处购进，而该代理商又从旅游纪念品的生产企业买入，这样的销售渠道就相对较长。

旅游销售渠道越长，表明销售网点越多，企业可以有效地覆盖目标市场，扩大产品的销量。但是，由于环节增多，销售费用也会随之上涨，不利于生产者及时获得市场情报，迅速占领市场。

一般情况下，短渠道由于中间环节少，减少中间环节所发生的营销费用，旅游消费者购买的旅游产品的价格就有可能较为便宜；同时可能减少或避免过多的中间环节导致的信息失真，加快了商品流通的速度，提高了产品竞争力。但是短渠道销售需要生产商投入大量的人力和财力到直销中去，同样可能增加费用，不利于生产企业大批量组织生产。

拓展阅读 5-2

旅游行业如何做好互联网营销

1. 以消费者为本

引爆旅游行业营销导火索的网络营销与传统营销的根本区别在于网络的互动和跨时空特性，以及消费者需求的个性回归。其核心是将原本以产品为中心的营销策略，改变为以消费者为中心，从传播学的角度讲，互联网络只能算是一种新兴的媒介，虽然这种媒介覆盖了传统媒介（包括报纸、杂志、电话、传真、电视、广播等）的大部分特点，然而网络的影响力却不止这些。

接触过网络的人都明白，它所触及的不是技术也不是媒介，而是一种以信息为标志的生活方式，而消费者生活方式的变化必然导致市场营销手段的变化。对于旅游业来说，互联网的出现无疑是一大福音，网络为旅游者提供了丰富方便的资讯，更为旅游业提供了丰富多样的展示方法与渠道。

2. 个性化服务成为网络营销亮点

美国航空公司目前采用 BrodaVison 公司的一对一销售软件，加强其为经常坐飞机的人服务站点。通过编制出发机场、航线、座舱和餐饮喜好以及他们自己和家人爱好的简介表，这些人员可以提高订票过程的效率。

借助这些简介表和快速联系乘机人员的某种方式，在学校放假的几周时间里，美国航空公司为孩子的父母提供坐飞机到迪士尼乐园的打折优惠机票，这是一种全新的销售方法。旅游行业网络营销具有以个性化迅速赢得数以百万计的用户的能力，这种能力正在创造出以前不能以快捷方式销售的产品以及巨大的商机。

3. 小米加步枪，线上线下整合营销

从发展趋势来看，网络营销的实施是必然的，但不可否认的是，目前我国网络营销仍处于较低阶段，由于人才、认识等各个方面的问题，旅游行业网络营销发展起来尚需一个较长的过程，传统营销渠道以及策略仍然会在一个时期内占主导地位。

对于传统行业进入网络，一步跨越显然是不现实的，正确的做法是把网络营销和传统营销紧密结合，两条腿走路，才能更好、更快、更有效率地满足顾客需要，更好地发展旅游市场营销，从而促进旅游市场的繁荣兴旺。

4. 网络营销口碑虚拟化

旅行社发展电子商务应认真研究网络的传播特性，对于企业的品牌形象来说，口碑的作用是很大的。在我们过去的认知中，口碑的形成，主要是在相互熟悉的人们之间口口相传。但是在网络世界里，口碑却是通过素不相识的陌生人进行传播的。它无影无形，来去无踪，具有明显的虚拟化特征，因此很容易被我们所忽视。

由于网络所特有的无限延展性，信息传播可以有效突破时空限制，瞬间到达社会生活的各个层面和角落。对于有意涉足旅游电子商务的旅行社来说，如何通过不断努力，在网络世界中形成良好的"虚拟口碑"是一个值得研究的问题。

从目前来看，不少旅行社对于如何在网上宣传自己，似乎还比较懵懂，企业的品牌传播方式也有欠妥当。例如，有些旅游经理人求成心切，往往不分场合和对象，急于表现自己；也有些人不顾别人的感受，在各种论坛、BBS和群组里面大量发布自己旅行社的广告信息；还有极少数人在网上交流过程中，表现轻浮，盲目自大。如此种种，不但不会取得良好的宣传效果，相反只会引起别人的反感。

5. 资源与市场之间的横向整合

这种模式会以某种关联关系为纽带，例如一些发展成熟的旅游目的地，依托于目的地营销系统平台，整合本地化的各种星级酒店和旅馆资源；以同星级酒店跨区域网络营销联盟，满足该星级顾客特别是固定会员群体的需求；以经典旅游线路为核心整合线路中不同酒店资源，成立旅游行业网络营销联盟平台；以其他的某种关联属性为基础，成立旅游业网络联盟及其网上营销中心，在原有资源和能力的基础上的深度推广和系统提升，资源积累到一定程度对上下游产业链形成深刻变革。

网络营销对于旅游行业来说，已不是选择与不选的问题，而是如何根据自己旅游品牌的特点，进行系统化操作的问题。面对中国互联网人数的暴增，3.84亿多网络用户，旅游市场前景变得清晰可见，旅游网站以及各大景区的营销理念和营销方法也日趋成熟，新阵地转变为充满营销机会的平台。

（资料来源：http://www.sohu.com/a/323919147_120067100，略改动）

3. 宽渠道与窄渠道

旅游产品销售渠道的宽度，取决于销售渠道内每个层次上使用同种类型中间商数目的多少。使用同种类型中间商数目越多，销售渠道越宽；反之渠道就比较窄。通常所说的要多设营业网点，就是指要加宽销售渠道的宽度，因一般化、大众化的景区旅游产品主要是通过宽渠道进行销售，通过多家旅游批发商或代理商批发给更多的零售商去进行销售，从而能大量地接触旅游消费者，大批销售旅游产品。一些国际大型旅行社，如中国中旅在东部、西部、中西部各省都有分公司，还有上千个零售代理商。

所谓窄渠道，就是同类中间商较少、旅游产品在市场上的销售面较窄的景区销售渠道。窄渠道对旅游企业而言，比较容易控制，但市场销售面会受到限制。因此，窄渠道一般只适

项目五 旅游产品渠道策略设计

用于专业性较强的或费用较高的旅游产品的销售,如探险旅游、环球旅游。

4. 单渠道与多渠道

根据旅游企业采用销售渠道类型的多少,旅游销售渠道又可分为单渠道和多渠道。有些旅游企业采用的渠道类型比较单一,如所有产品全部由自己直接销售或全部交给批发商经销,这就是单渠道。有的旅游企业则根据不同层次或地区消费者的不同情况而采用不同的销售渠道。若在本地区采用直接渠道,对外地采用间接渠道,或同时采用长渠道和短渠道,这就称为多渠道。一般情况下,旅游企业生产规模较小或经营能力较强,可采用单渠道销售旅游产品;反之,则采用多渠道,以便扩大产品的覆盖面,灵活地大量销售自己的旅游产品。

拓展阅读 5-3

旅游产品销售渠道变化及发展趋势——线下转为线上

前几年的旅游行业为什么有很多的诟病,因为旅游产品从资源商到用户的手中,经历了很多环节的加价。但其实这些环节是没有给用户和产品真正创造价值的,只是单纯的加价,互联网打破了信息不对称,不断消除了中间环节,很多用户以前接触不到的信息,现在很容易获取了。

从旅游行业的产业链条来看,一个产品从资源到用户,中间经历了两个环节:一个是创造价值的关节,另一个是传递价值的环节。旅游供应商、资源商其实是在创造价值环节,而 OTA、线下门店、旅游分销商、对产品的推广、宣传都是在传递价值环节。

以往的旅游需求已经被满足,但新的需求正在产生和被满足,甚至很多需求还没有被满足,流量渠道变得多元、产品链条不断缩短、货架电商渐渐乏力……

1. 从线上游客数量来说

随着移动互联网红利期的结束,在线旅游依靠投资输血抢用户的时代已经过去,线上游客的增量时代结束,在线旅游用户数量进入存量时代,需要对存量用户进行精耕细作,挖掘单客价值,提高复购和二次传播。

用户的选择越来越多,只有真正能做好服务且做好产品的公司,才能留住游客,获得口碑和传播。

2. 从旅游需求来说

从观光旅游到休闲度假再到 local 体验,从美景时代进入美宿时代,跟着酒店去旅行、跟着美食去旅行的越来越多,人们的出行将更多地围绕酒店、休闲、放松、美食来展开,激发旅游动机的外因变得多元甚至有些不可控。

美食、民宿、综艺节目、抖音小视频的流行都有可能激发人们去旅行,群众注意力所到之处,会快速带火一个目的地。

其实近些年发现去千岛湖的人比以前多了,但是去千岛湖景区的人却少了,很多人不再去景区了。

美景是独一无二的旅游资源,但是在休闲度假时代,如果没有立体的消费层次,单独的美景构建不了完整美妙的消费体验。

落实到休闲度假，如果能够挖掘某个特色的主题旅行或主题玩法，无论是美食、民宿，还是摄影、潜水，如果能构建完整的消费体验，都能收获用户的认可。

3. 从产品供给来说

产品越来越同质化，用户的选择是疲劳，某种程度上也是徒劳。OTA 的竞争不是单一的靠产品本身来获胜，还有大规模的营销和规模化的产品覆盖，多投广告、多做补贴、多铺产品，企业的经营更侧重渠道营销导向。

而营销补贴和渠道推广严格来说对用户是没有价值的，反而因为多出的营销成本还要增加产品的售价，在 OTA 货架堆叠产品模式下，产品本身的差别不大，用户的决策和挑选更加有难度，不知道怎么玩、怎么选。

游客迫切需要特色、有温度、有主题的产品和服务，并且提供给用户最佳的旅游解决方案，不需要反复挑选，相信你提供的就是最适合的出行方案，从而降低用户的决策难度。

4. 从交易入口来说

传统的以资源生产商和旅行社渠道商为中心的模式，正在转变为以游客为中心的模式，从渠道为王变成产品为王，服务至上。

旅游的交易入口也不断地发生变化：旅游产品—流量为王—价格战抢客—品牌争夺—内容和价值观吸引，在现在及不久的将来一定是内容和价值观可以更高效地连接用户，成为吸引关注和激发付费的入口，并且价值观带来的吸引最为持久。

流量渠道越来越多元细分，OTA 流量收集器的角色并不持久且只能获取蛋糕的一部分，而一定程度上在休闲度假市场，OTA 的工业化思维是缺少价值观和温度的。

如果有在内容和价值观上真正能够获得用户认同的公司，不仅可以成为关注的入口，用户黏性和付费意向也一定很高。

5. 从产业链条来说

旅游行业多年的产业链条划分明显，做分销代理的负责卖货，做资源的负责生产，OTA 一直扮演流量收集器的角色，一直以来都是手握需求流量找资源。

互联网时代的去中间化一定是一个不可逆的过程，短路经济是正在发生的商业主流。过去的旅游链条长，各个环节层层加价，导致到达游客的旅游产品售价很高，如果通过从资源地接到渠道终端的产销模式，节省了中间成本，毛利空间也会大大提高。

针对不同的用户群体和受众，未来一定可以容纳一个既做资源、渠道又做营销的旅游公司。

6. 从细分人群上来说

中国的消费圈层化十分明显，不同的兴趣爱好者都能聚集到相当规模的受众群体，社群流量也是继搜索流量和内容流量之外，转化率很高的流量渠道之一。

如果能有定位不同社群，聚集相同爱好相似人群的玩法线路，一定可以达到不错的转化，如摄影、潜水等主题旅行。

> 7. 从市场规模和业务类型来说
>
> 在休闲度假市场，中国的规模空间足够大，并且是区别于机票、火车票等标品的分散竞争市场，这个市场可以有鲸鲨，也可以有游鱼，巨大的市场规模是可以允许有不用的小而美的公司存在的。
>
> 而机票火车票是标品市场，标准化意味着容易规模化，流量型业务很适合 OTA 的工业化生产和标准流程，但非标品包含着太多分散需求，并不适合千人一面的服务。
>
> 8. 从经营角色来说
>
> 在线旅游已经形成 OTA（代理）—OTP（平台）—OTC（内容）—OTS（服务）多种模式并存和角色的迁移，只做卖货渠道的公司，已经没有持续生存的空间。
>
> 现今仍然没有一家公司能够融合不同的角色，携程、马蜂窝也只是在不同的领域做得比较擅长。
>
> 基于这些变化，不难发现：如果能有一家真正能做好服务，做好产品的公司、定位好不同社群，挖掘某个特色的主题旅行，去做有特色、有温度、有主题的产品和服务，在内容和价值观上引导用户，实现从资源地接到渠道终端，缩短链条、提高毛利，那么在休闲度假非标品市场，一定还蕴含着小而美的创业机会。
>
> （资料来源：http://www.sohu.com/a/323919147_120067100，略改动）

5. 网络销售渠道

旅游网络销售渠道是指借助互联网络、电脑通信和手机等现代信息技术将旅游产品从旅游生产者转移到旅游者的新型销售渠道。旅游消费者通过网络向旅游服务提供商预订旅游产品或服务，并通过网上支付或者线下付费，即各旅游主体可以通过网络进行产品营销或产品销售，也称在线旅游。现代旅游业采用的信息技术种类繁多，主要包括计算机预订系统、电视会议、可视图文、电子小册子、淘宝平台、航空电子信息系统、电子货币交易系统、数字化电子网络、移动通信等。涉及的业务范围包括网上的广告、订货、付款、客户服务和实物递交等售前、售中、售后服务，以及市场调查分析、财务核算及日程安排等利用互联网开发的商务。

网络销售渠道突破时空限制，成本低廉，变单一的信息传播为多向传播，使旅游产品生产者和消费者在网上直接沟通和交易成为可能，有助于促成交易的实现。因此，旅游企业要积极迎合信息时代的发展，对传统营销模式进行重组和创新，建立自己的网络销售渠道。

 总结案例

> **传统旅行社如何做营销**
>
> 广之旅每年为逾百万家庭提供优质旅游产品与服务，每逢暑期，是家庭旅游出行旺季。2018 年 5 月下旬，广之旅针对家庭旅游，包括亲子游、陪父母以及携伴侣三类客群，正式开启以"收获满途"为主题的家庭旅游季整合营销传播，持续宣传暑期优质家庭旅游产

品，加强与家庭用户的沟通与连接，真正倡导家庭旅游的价值。

广之旅"收获满途"的整合传播分为五步。首个《中国家庭旅游市场需求报告》—暖心品牌故事视频—线上H5手账游戏联动，落地沉浸式体验"旅行时光馆"—优质家庭旅游清单—全渠道渗透。各环节层层相扣，将传播效果最大化。

同时，把每年的5月26日广之旅品牌日定义为优质家庭旅游日，发布旅游清单，提供家庭旅游基金，提倡每年至少与家人旅游2次。

第一步：中国旅游研究院背书，联合发布报告

站在行业高度，联合中国旅游研究院，依托广之旅大数据平台及团队旅游全维度服务评价体系，开展市场专项研究。5月18日，于中国旅游研究院官方微信平台，权威向业界发布首个《中国家庭旅游市场需求报告》，指出中国已进入优质家庭旅游"强需求"时期，推动整个行业升级提供适合家庭的优质旅游产品。该报告被人民日报社、凤凰网、南方网等媒体纷纷转载与评论，其中，凤凰网评论文章《"优质旅游时代"的家庭旅游：经济效益与社会效益的和音》，站在社会角度，从家庭幸福、家国情怀到传统文化复兴，深入解读报告，阅读量接近10万。超过百家新闻媒体发稿，同时，东方卫视、广州电视台等一线城市主流电视媒体主动报道，迅速成为北上广热门话题，总覆盖人群超过5000万。报告成功引起社会广泛关注，为后续传播奠定了基础。

第二步：暖心品牌故事视频，唤起家庭旅行亲和之爱

生命本身就是一场旅行，和家人在一起，才是一场旅行的目的地，那些久久不能忘怀的美好旅行故事，总会触动人们重新与家人再次出发。视频改编自用户的真实故事，由三个温馨的家庭旅游故事组成，"父亲的美人鱼""小王子的玫瑰""儿子的睡美人"，既独立成篇，又相互关联，是特定阶段的不同情感表达和旅游诉求，共同探讨旅游对每个家庭，关于爱、亲密、成长的作用。

5月22日，品牌故事视频于广之旅微信头条首发，文章《为什么要和家人一起旅行？这是我见过最美的答案》，唤醒用户在旅途中承载的美好时光，网友纷纷后台上传家庭旅行故事及照片，并写下对家庭旅游的期许。该视频加强了广之旅与用户之间的联系，发布不到3小时，文章阅读超过10万。

次日，于南方媒体大号《南方都市报》持续扩散，文章《今天，有个问题想问你》，"你有多久没陪家人旅行了"，"陪伴，才是旅行的目的"，又一篇阅读量超过10万的爆文，勾起很多家庭真正思考什么样的家庭旅行才是美好的，陪伴孩子成长，陪伴爱人生活，陪伴父母变老，众多网友纷纷留言表示要马上开启暑假家庭旅行。后续精准投放微信朋友圈，根据三类人群设置标签，总互动率超过6.5%。

第三步：线上H5手账游戏联动，落地沉浸式体验"旅行时光馆"

与家人旅行那些念念不忘的回忆，除了印刻在脑海中，还有什么形式珍藏？广之旅"旅行时光馆"快闪店，让用户真实体验与记录出发的美好，画一本手账、计划下一场旅行，真正实现收获满途。开馆前三天，活动海报于广之旅微信、微博及各大KOL平台上发布

作预热。

线上同步打造 H5 手账游戏"我 de 旅行时光手账",简单、有趣地记录着属于我与家人的旅行故事,制作专属的旅行手账。H5 生成页面展示线下时光馆信息,实现双向引流,形成线上与线下传播闭环。

5 月 26 日,优质家庭旅游日当天时光馆正式开馆,该馆以"旅行手账"为核心内容、"沙漏"为元素,将广之旅门店进行改造,持续开馆四周。希望客人能在沉浸式的体验中,勾起每次家庭旅行中的美好回忆,对下一个旅游目的地的憧憬。

第四步:优质家庭旅游清单,全面升级产品与服务

5 月 26 日开馆当天,同步发布 2018 年暑假家庭旅游出游清单,根据亲子游、陪父母、携伴侣三类客群十大出游痛点,匹配三类产品系列"亲子探索成长家""经典侣程保鲜爱""带上父母一起玩",以及十个产品方向,全面升级优质家庭旅游产品与服务。

线上宣传通过漫画的形式,生动呈现旅行清单内容。旅行,将心灵感冒悄悄治愈,这场化学反应,最重要的是和爱的人一起去经历,和爸妈重温旧时光、和他重拾热恋的小甜蜜、和小家伙一同成长,收获满途。

第五步:全渠道渗透,沙漏符号留住旅行美好

全渠道渗透,精准覆盖线上朋友圈,线下户外地铁 10 组 5 连封灯箱,1000 块高档社区电梯内梯牌、电台轮播、电影院映前广告等渠道,主画面以"沙漏"为核心创意元素,把美好旅行回忆收进沙漏瓶中。全渠道有效覆盖人群超过 5000 万。

对广之旅两大销售渠道(门店及官网)进行"收获满途"主题包装,包括各大门店设计立体户外橱窗、官网产品页面落地,两者均对接家庭旅游产品,有效实现产品转化。

突破传统旅行社瓶颈

在旅行消费升级的今天,一些 OTA 与线下旅行社开始采用更加有价值、有内容、有创意、有产品、有节奏的整合传播战略。广之旅"收获满途"家庭旅游季的营销,从《中国家庭旅游市场需求报告》,暖心品牌故事视频,到"旅行时光馆"的打造等一系列动作,正式开启暑期传播,倡导正能量"家庭美好旅行时光",是传统旅行社首次整合营销传播,推进品牌与产品的双升级,助力推动优质家庭旅游时代的到来。

广之旅凭借自身优质旅游产品优势以及对品牌客户群需求的洞察,整合资源,联动线上与线下渠道,配合公关宣传,话题在北京、上海、广州三地同时发酵,总曝光量超过一亿人次。引起大众对家庭旅游的关注,形成持续性口碑传播,进而驱动家庭旅游产品购买,帮助万千家庭解决暑期出游难题,突破传统旅行社价格竞争的瓶颈。未来,广之旅将持续推出一系列更加精准的产品与服务,为推动我国家庭出游水平注入新动力。

(资料来源:http://www.sohu.com/a/238710481_117194,略改动)

同步练习

一、单项选择题

1. 旅游产品销售渠道的起点是（　　）。
   A. 旅行社　　　　　　　　　　B. 旅游生产企业
   C. 旅游消费者　　　　　　　　D. 各类旅游批发商、零售商、代理商等

2. 直接营销渠道，这是将其产品直接销售给旅游者的一种销售方式，又称为（　　）。
   A. 零层次渠道　　B. 多层次渠道　　C. 双层次渠道　　D. 无层次渠道

3. 旅游消费者通过网络向旅游服务提供商预订旅游产品或服务，并通过网上支付或者线下付费，即各旅游主体可以通过网络进行产品营销或产品销售，也称（　　）。
   A. 传统销售　　　B. OTA　　　　C. 多渠道销售　　D. 预销售

4. 旅游间接销售渠道按中间环节多少可划分为三种模式，不包括以下（　　）。
   A. "旅游企业—旅游零售商—旅游消费者"模式
   B. "旅游企业—旅游批发商—旅游零售商—旅游消费者"模式
   C. "旅游企业—本国旅游批发商—外国旅游零售商—外国旅游者"模式
   D. "旅游企业—批发商—外国旅游批发商"模式

5. 旅游产品销售渠道的终点是（　　）。
   A. 旅行社　　　　　　　　　　B. 旅游生产企业
   C. 旅游消费者　　　　　　　　D. 各类旅游批发商、零售商、代理商等

二、简答题

1. 简述旅游产品销售渠道的作用。
2. 简述旅游产品分销渠道的类型。
3. 简述现阶段扩充旅游产品分销渠道的必要性。

三、案例题

1. 广州第一大旅行社岭南控股广之旅发布业绩快报，2017 年前三季度该社全市门店营收已达 2016 年全年的 100%。广之旅总裁朱少东表示，目前该社销售服务网络覆盖"线上+线下"全渠道，其中，在实体门店经营方面，广之旅作为华南龙头企业，一直走在行业前列。

业内人士分析，近年来 OTA 纷纷开展线下门店业务，恰恰说明了线下门店服务的必要性，旅游产品最终都要回归服务、体验，单纯的在线预订和交流难以满足消费者的多元化需求。广之旅表示，有别于 OTA 开设传统门店为起跑线，该社基于庞大的线下销售网络和成熟的线下服务优势，已经拉开门店"迭代升级"序幕。今年广之旅全面启动"全网服务升级计划"，通过"一店一主题"对旅目的地深度展示，将旅游过程中最吸引游客的要素提取出来，通过传统实体渠道的 POP 营造沉浸式旅游氛围，引入 AR、VR 等技术提供所见即所感的行前旅游体验。以近期新开业的广之旅首家 AR 沉浸式体验店——凯恩斯大堡礁主题店为例，游客带上 AR 潜水头盔，便可通过大屏幕见到自己犹如置身于凯恩斯大堡礁奇妙的海底

世界，身边被各类色彩斑斓的海底生物围绕着，这种将现实场景和虚拟场景结合在一起的体验，更加有助于吸引游客的视点、唤起旅游欲望。

广之旅总裁朱少东表示，随着广之旅"全网服务升级计划"开启，目前该社已相继推出了欧洲主题形象店、华南首家邮轮 VR 沉浸式体验店、迪拜主题形象店、ClubMed 行前体验店、首家凯恩斯大堡礁 VR 沉浸式体验店等，未来该社将继续探索"内容+销售"为主体功能的线下门店模式，开设更多不同主题的旅游行前体验店，辐射华南市场，乃至全国各地。

2. 新浪科技讯 2016 年 7 月 26 日消息，同程旅游上午在同程旅游朝阳门旗舰店举办发布会，宣布同程旅游 10 家线下旅游体验店在北京开业，并计划在 8 月底前在北京设立近 30 家线下旅游体验门店。

此举可视为同程旅游"落地战略"布局下的重要举措。至于这背后的逻辑，CEO 吴志祥在此前的采访中曾表示："关注线下旅行社的原因是，第一，在北京这样的城市还是有大量的中老年客户的，他们熟练使用网络是有一定困难的。第二，在中西部地区，对于出境游这样的非标品，用户在网络上预订的意识还没有完全形成。"

新浪科技了解到，同程旅游于 2015 年开始布局"落地战略"。同程旅游发布的数据显示，同程旅游目前在国内成立了华南、华北、华东、华西、华中、东北六大区域运营中心，近 30 个城市运营中心，近 300 家线下体验店。

从去年以来，同程频繁布局线下旅行社，覆盖境内境外。此前与日本 HIS 联手成立合资公司、与泰国"玩美假期"宣布成立合资公司，2015 年年底与韩国乐天成立合资公司。

除此之外，同程还宣布设立 10 亿元的旅行社专项投资资金，来帮助线下企业快速发展。

各大 OTA 竞争愈加激烈，OTA 已经无法在酒店、机票等标准化产品中获取更多利益，争夺战从酒店机票单品转向旅游度假市场。"同程在进入非标品领域时，我们认为不应该完全用所谓流量的思维方式去做"，吴志祥表示。

思考：比较传统旅行社的线下门店与旅游互联网线上旅游的优劣势？为什么传统旅行社广之旅要发展网络销售，而互联网旅游公司同程旅游却要发展体验门店？

实训项目

找出国内的广之旅、国旅、中旅等大型旅行社以及电商携程旅游的销售渠道，对传统旅行社与线上旅游的销售渠道进行对比分析，并分析其用这种渠道的原因。

任务二 旅游产品销售渠道策略设计

任务目标

2020 年受新冠肺炎疫情影响，旅游行业深受重创。日前，随着国内疫情好转，各地旅游市场需求中心开始销售旅游产品。××假日国际旅行社是一家传统旅行社，主打广东省内旅游，假设你是旅行社销售总监，请你评估旅游市场需求，调整旅游产品销售渠道，编制一份能尽快恢复旅游产品销售渠道的方案。

任务实施

每个小组将任务实施的步骤和结果填写到表 5-2 任务单中。

表 5-2　任务单

小组成员：	指导教师：
任务名称：	模拟地点：
工作岗位分工：	
工作场景： 1. 疫情得到有效控制，旅游市场逐步回温 2. 旅游市场需求不清楚 3. 旅游产品及销售渠道重新建立	
教学辅助设施	模拟旅行社真实工作环境，配合相关教具
任务描述	通过对旅行社销售渠道设计，让学生认知旅游销售岗位
任务资讯重点	主要考查学生对旅游销售产品市场和旅游产品销售渠道的认识
任务能力分解目标	1. 理解旅游产品销售渠道策略 2. 掌握旅游产品销售渠道策略管理方法
任务实施步骤	1. 学生以小组为单位，学习相关知识点 2. 分析旅游产品销售渠道建立的关键点 3. 每个小组确定销售渠道建设方案，要有可行性 4. 各小组汇报，小组互评，教师点评

任务评价考核点

1. 能够正确运用不同旅游产品销售渠道。
2. 能够进行中间商的选择，处理渠道冲突。

引导案例

世界上第一家旅行社破产　传统旅行社这门生意要消失了

1. 世界上第一家旅行社破产的启示

2019 年 9 月 23 日，全球首家也是世界上最古老的旅行社——英国托马斯·库克集团（Thomas Cook Group，TCG）宣告破产。托马斯·库克集团的轰然倒地让英国国内民众哗然，从表面上看，英政府拒绝纾困和债权人追讨债务是托马斯·库克集团资金链断裂的导火索，而实际上，公司在面临互联网时代的新型竞争时转型不力，优势逐渐丧失，才是其失去立足之地的根本原因。

托马斯·库克集团由创始人托马斯·库克在 1841 年创建，是现代旅行社的鼻祖。托马斯·库克是一名浸信会牧师，希望为维多利亚时代的工薪阶层提供一种具有教育意义的娱乐形式，他利用英国新建成的铁路线，为 500 名游客提供了一段 12 英里的出行服务。这项创举在当时具有划时代意义，奠定了现代式旅行社的雏形。此后，托马斯·库克将眼光投向了海外市场。他试水巴黎取得成功，之后便发展了其他欧洲国家的旅游线路，并且向美洲、亚洲和中东等地扩展自己的营业版图。至2019年破产之时，旅行社共走过了178个年头，公司已经成为英国人的国民记忆，旅游评论家艾玛·考瑟斯特评论称"英国人是与托马斯·库克一起成长的"。

随着21世纪的到来，信息技术的发展给旅游行业带来了深刻变化。这家曾经在历史中无数次引领时代的旅游业龙头企业应对乏力，继而在竞争中渐渐失去优势。总体而言，托马斯·库克集团施行的是将分销、酒店和飞机的代理机构联系在一起，集中介绍给顾客的综合型旅游服务模式。在工业化时代，这样的模式大大提高了人们的旅行效率，因此大受欢迎。

随着信息技术的进步，信息鸿沟缩短，新兴的旅行社们提供网上预订等服务也随之更为便利，这使得旅游行业比以往任何时候都更接近大众。尽管人们对于出行仍然热衷，但随着信息的普及，大众对价格比任何时候都更为敏感。线上旅行社和廉价航空的兴起使托马斯·库克集团的市场份额和利润空间均受到挤压。在服务没有本质化差异的情况下，托马斯·库克集团作为包机包食宿的一站式公司的重要性被磨灭。

2. 旅行社和旅行社的商业模式已经消亡

作为传统旅行社的鼻祖，托马斯·库克集团的破产对中国国内旅行社影响较大。当前国内传统旅行社面临互联网的巨大冲击，同时转型上的困难也很明显。现在购买旅游产品的渠道多元、便捷，但传统旅行社的销售模式没有太大变化。这就导致了很多体量较小的旅行社在线上平台兴起后大量消失，规模更大、更成熟的旅行社的生存空间也在压缩。尤其是携程、去哪儿、飞猪等线上平台兴起，带来了互联网的新玩法，前期有资本支撑，通常不盈利，以高性价比的产品吸引大量用户。同样的模式，传统旅行社无法支撑，而走向线上，又面临着大部分利润被电商抽成和管理费等瓜分，盈利空间越来越窄。在线上线下融合的背景下，线下旅行社应该瞄准线上服务可能存在的不足，对业务进行深化和拓展。

传统旅行社要想发展，就应该回归旅游本质，为消费者提供更好的服务。未来传统旅行社有几个发展方向：第一个是线上与线下融合，线上平台与线下旅行社达成合作；第二个是线下旅行社在网上开店；第三个是拓展旅游相关的其他业务。

（资料来源：https://baijiahao.baidu.com/s，有删减）

思考：传统旅行社会消失吗？传统旅行社应该如何转型？如何调整自己的销售策略来适应信息时代的发展？

一、旅游产品销售渠道策略

旅游销售渠道模式是受多种因素的影响形成的。在制定旅游销售渠道选择策略时，首先必须认真分析、研究对销售渠道产生影响的因素，然后根据分析和研究的情况，结合选择销售渠道的基本原则，进行渠道选择的决策，主要包括直接销售渠道或间接销售渠道，销售渠道的长度、宽度的决策，以及渠道的联合决策。

1. 理想销售渠道的特征

（1）连续性明显。旅游企业所选择的销售渠道应能保证其产品连续不断地从生产领域、流通领域转移至消费领域，旅游中间商应尽可能不发生脱节、阻塞和不必要的停滞现象。这就要求旅游企业在选择和营造自己的销售渠道时，应注意所选的渠道是否环环相扣，与最终的旅游消费者紧密联系。

（2）辐射性突出。旅游企业的销售渠道实际上是以企业为起始点向旅游中间商进行辐射，然后再由各旅游中间商为始点进一步向外辐射，从而形成多层次的扇面网络。销售渠道的辐射性直接影响着旅游企业产品的市场覆盖面和渗透程度。渠道的扇面越大，旅游企业产品的市场覆盖面就越广，市场渗透力也就越强，而且所形成的市场营销机会明显增多，旅游企业的市场风险也就相应下降。当然，在旅游实践中，由于旅游企业的性质不同、规模不一、营销目标不等，即便是同一种旅游产品，对市场的覆盖也不可能完全一样。

（3）配套性全面。旅游产品的营销活动，不仅是物质产品的转移过程，也是相关信息等方面的流动过程，因而旅游销售渠道若能同时兼有营销活动所需要的各种配套功能，就能更有效地保证旅游企业的产品顺利地完成由生产领域、流通领域向消费领域的转移。旅游企业所选择的旅游中间商，除具有买卖交易的能力外，最好还同时具有促销、运输、开发市场等配套功能。这样，旅游中间商在交易活动中，不仅能保证实体性的旅游产品顺利地进行流转，而且所具备的市场调研、信息收集反馈、运输等辅助功能，也将会更有效地促使旅游企业的产品在目标市场中营销，更有针对性地满足多种旅游消费者的需要。

（4）良好的经济效益。旅游产品销售渠道的选择必须考虑其交易成本，交易成本的降低主要取决于交易环节的减少、交易成功率的提高和旅游产品生产者与中间商之间利益划分的合理性。理想的销售渠道能够为企业带来良好的经济效益。

2. 销售渠道长度策略

销售渠道长度选择分为两个层次：一是决定采用直接销售渠道还是间接销售渠道进行销售，直接销售渠道可以直接了解旅游者的有关需求和意见，方便供求双方信息沟通等，间接营销可以加快旅游产品的流通。二是选择间接营销中间环节或层次的多少。一般来说，在实际营销活动中，旅游企业会同时采用这两种销售渠道。对于近距离市场，企业自身营销能力可以达到的，多采用直接渠道；对于比较庞杂、分散，且有生产与消费异地特点目标市场的，可借助各种类型中间商的力量，使营销活动的辐射空间更为广阔。

旅游销售渠道越长，表明销售网点越多，企业可以有效地覆盖目标市场，扩大产品的销量。但是，由于环节增多，销售费用也会随之上涨，不利于生产者及时获得市场情报，迅速占领市场。

一般情况下，短渠道由于中间环节少，自然就可减少中间环节所发生的营销费用，旅游消费者购买的旅游产品的价格就有可能较为便宜。同时，短渠道加快了商品流通的速度，提高了产品竞争力，还加快了旅游企业与旅游消费者之间的信息沟通速度，尤其是有可能减少或避免过多的中间环节导致的信息失真。但是短渠道销售需要生产商投入大量的人力、财力到直销中去，同样可能增加费用，不利于生产企业大批量组织生产。

3. 销售渠道宽度策略

销售渠道长度设定之后，旅游企业还应对每个环节中间商的数量（即渠道覆盖能力）进行选择，一般有密集型营销、选择型营销和独家营销3种策略。

（1）密集型营销。密集型营销是指广泛而不受任何限制地选用旅游中间商加入分销本企业旅游产品的行列。密集型营销的优点在于市场覆盖面广、灵活性强、旅游者购买旅游产品较为方便，而且一般不会受到某一个旅游中间商经营失利的严重影响，因此，密集型营销比较适合大众化的旅游产品。在主要目标市场采取密集型营销，效果往往更为明显。如许多海外旅游公司常通过中旅、国旅等大型批发商在我国开展促销。另外，旅游企业也要充分考虑这种策略的不足之处，如营销控制力弱、信息反馈缓慢等。

（2）选择型营销。选择型营销是指旅游企业只选择那些素质高、营销能力强的中间商销售其产品。这种策略介于独家营销和密集型营销之间，比较适用于价格较高或数量有限的旅游产品。因为它要求中间商有较强的销售能力，并具备相应的专业知识，能给消费者提供针对性服务。旅游中间商如果选择得当，经营得好，选择性营销完全可以兼得密集型营销和独家营销的优点。我国国际旅行社在经营国际旅游市场业务中大都采用选择型营销策略。

（3）独家营销。独家营销是指旅游企业在一定时间、一定市场区域内只选择某一家中间商销售其产品，授予该中间商独家经营权。这是最窄的一种销售形式。旅游产品生产者或供应者选择独家营销这一策略，其成功同所选择的中间商有着密切的关系。独家营销的优点在于这种销售渠道决策有助于调动中间商的积极性，而且企业对中间商的控制能力较强，在价格、促销、信用和服务等方面也更便于双方合作；其缺点是灵活性较小，不利于大众消费者分散购买。另外，它的市场覆盖面狭窄，风险较大，一旦旅游中间商不能胜任独家分销的重担，就会严重影响企业在该市场的整个营销计划。所以，如果选择了独家营销，务必持相当慎重的态度去选用旅游中间商，力求万无一失。

二、旅游产品销售渠道的管理

拓展阅读 5-4

在线旅游竞争加剧

在线直销渠道尤其是酒店直销需求不断扩大，将引导在线旅游市场进入下一个爆发期。

在线旅游市场引擎逐渐开始变化。市场人士预期，在线直销渠道尤其是酒店直销需求不断扩大，将引导市场进入下一个爆发期，而包括艺龙、携程、去哪儿在内的在线旅游企业的竞争也进一步加剧。

《经济参考报》记者从在线旅游网站去哪儿最新获悉，公司国内直销酒店签约数已经达到5万家，其中有超过6000家独家酒店。这一数字超过了老牌在线旅游代理商（OTA）携程和艺龙。据悉，目前艺龙有不到5万家国内签约酒店，携程共签约4万家左右国内酒店。

> "长期以来,我国大部分酒店主要依赖以携程、艺龙为代表的 OTA 分销。而 OTA 的局限在于,一方面,OTA 通过佣金对酒店利润进行不断侵蚀;另一方面,OTA 覆盖的酒店数量、类型、区域相对局限,大量线下酒店的推广需求很难被满足。"一位旅游行业人士告诉记者,"从某种角度讲,去哪儿网起到了鲶鱼效应,搅动了过去竞争并不激烈的 OTA 行业"。
>
> 据不完全统计,中国共有约 30 万家住宿单位,而在线预订的酒店数约为 8 万家,剩下大量酒店由于没有实力搭建网站或者由于酒店房间数过少难以引起 OTA 重视,只能通过线下渠道销售。在美国,四大在线旅行代理商占据美国在线旅游近四成的市场份额,航空公司以及酒店的直销网站则占据在线旅游 40%~50% 的市场份额。相比之下,酒店直销在中国还有较大的上升空间。
>
> 一份来自易观智库的研究指出,中国在线旅游市场逐步发生变化,携程、艺龙代表的 OTA 模式所引导的第一个阶段已经走向终点,在线直销渠道尤其是酒店直销的需求爆发将引导市场走向下一个爆发期,而以去哪儿、淘宝旅行为代表的平台类网站将成为快速引擎。
>
> (资料来源:http://www.ce.cn/culture/gd/201309/09/t20130909_1449844.shtml)

不管在什么行业,供应商与渠道商都会在价格制定、渠道覆盖和奖惩机制等领域产生矛盾,而且任何一方在竞争博弈过程中都希望获得对自己有利的竞争地位。但是,竞争的输赢往往取决于双方的力量对比。

(一)旅游中间商的选择

旅游中间商的选择是指根据旅游企业的渠道结构决策,选择合适的中间商的过程。选择好的旅游中间商对于建立高效畅通、经济合理的旅游销售渠道网络系统是至关重要的。一般来说,选择时主要考虑以下几个方面。

1. 要选择目标市场一致的中间商作为合作伙伴

有的中间商长期从事某类产品的市场销售,熟悉该类产品市场特点和营销要点,但是对其他产品,则可能缺乏市场知识和营销经验。旅游企业应根据自身产品的实际情况,选择和产品性质相符的中间商作为合作伙伴。

2. 要考察中间商渠道网络的规模

旅游中间商应该根据本公司的规模和商业客户的具体情况权衡,分析中间商对网络的控制能力和管理能力是否和企业的经营状况相符合,选择规模匹配的旅游中间商。

3. 要了解中间商在同行中的信誉

中间商的信誉是旅游企业选择中间商重点考虑的因素,可以从两个方面入手以了解旅游中间商在行业中的信誉:一是通过正面接触来判断企业相关人员的许诺是否可信;二是通过与业内人员的交流来了解中间商的资信情况。

4. 中间商的经营实力

中间商的经营实力包括中间商的资金实力、销售网络实力、人员实力、固定资产实力、客户控制能力、市场拓展能力、信息反馈能力、促销配合能力及管理团队水平。

(二) 旅游中间商的合作与激励

选择了合适的中间商后，还应加强与中间商的合作，解决与中间商的矛盾，这是销售渠道管理的重要任务。在现代旅游市场中，由于销售环节增多，旅游生产企业与中间商所构成的销售渠道是一个动态变化、相对松散的体系，各成员虽然有共同的目标市场与利益，但也分别代表不同的利益集团。旅游生产企业希望所有的中间商都重视自己的产品，努力扩大产品的销售量，但同时又希望尽量减少营销费用。旅游批发商更加关心既能使自己获得高利润又能减少风险并且旅游零售商愿意代理的产品。而旅游零售商大都希望得到更多的产品类型以供旅游者挑选并能带来高额利润。旅游中间商与旅游企业是相互独立的，中间商可以是这家企业的代理，也可以是其他企业的代理，它可以推销中国业务，也可以推销欧洲业务，有的中间商甚至同时销售两个竞争对手的同类产品。但中间商一般对旅游企业不承担义务。

对中间商应以适度激励为基本原则，尽量避免过分激励和激励不足，前者可能导致销售量提高而利润却下降，后者会影响中间商的销售积极性。一般来说，激励方法可以分为两种，即正激励和负激励。放宽信用条件、提高销售佣金等为正激励，惩罚中间商甚至终止合作关系等为负激励，使用负激励时应注意可能会对其他成员造成消极影响，可用以下 5 种方式对旅游中间商进行激励。

1. 产品支持

根据互利原则和合约规定，尽可能保证向旅游中间商提供质量高、利润大的热销产品，特别是在旅游旺季。因为，在旅游中间商看来，获得这样的产品是供应者对他们工作、能力的重视和支持，这就在客观上激励中间商进一步努力工作，加强与供应者全面长期的友好合作。同时，还要经常向中间商征询有关产品的意见和建议，以不断对产品加以改进。

2. 利润激励

经销或代理某种旅游产品所能获取的利润的大小是中间商最关心的问题。在产品定价时，旅游企业必须充分考虑中间商的利益，向他们提供增加收入的机会和条件。例如，针对其财力、信用及订货数量等情况给予相应折扣，以保证中间商能获取理想的利润，还可考虑奖励超额销售、优惠大批量购买、及时传递获利信息等措施。

3. 营销活动支持

帮助旅游中间商增强营销能力，如培训旅游中间商销售人员，提供人、财、物方面的有偿支援，甚至可以为其分担部分广告宣传费用，或根据中间商的销售业绩给予不同形式的奖励，以激发中间商对本企业产品的促销热情。

4. 资金支持

旅游企业为中间商提供一定的资金支持，能缓解中间商的资金紧张问题，并增强他们大批量购买、销售本企业产品的信心和决心。旅游企业所提供的资金支持主要有售后付款、分期付款、直接销售补偿等几种形式。

5. 信息支持

旅游企业有必要定期或不定期地与中间商联系，及时和中间商沟通生产、市场等方面的信息，帮助其制定相应策略，使其能有效地安排销售。

另外，对重要的中间商给予特殊政策。重要的中间商是指旅游产品生产者的主要分销商，他们的分销积极性至关重要。对于这些分销商应采取必要的政策倾斜：①互相投资、控股。企业和中间商通过相互投资，成为紧密利益统一体，从经济利益机制上保证双方合作得更一致、更愉快。②给予重要的中间商独家经销权和独家代理权。在某一时段、某一地区只选择一家重要的中间商来分销商品，有利于充分调动其积极性。③建立分销委员会。吸收重要的中间商参加分销委员会，共同商量决定商品分销的政策，协调行动，统一思想。

拓展阅读 5-5

区块链如何解决旅游行业存在的痛点

（1）区块链最广为人知的核心特点就是去中心化。这一理念在旅游业中的应用表现为去掉中间代理商，减少交易环节，从而大幅降低交易成本及提高交易效率。

（2）区块链被称为价值互联网，具有高度透明和消除信任依赖的特点。区块链中数据信息的公开，有利于保证交易费用的透明性及产品和服务的真实性。

（3）区块链的自治性特点体现在旅游业中游客可以有多重身份，游客不仅是游客，还是评判者与管理者，他们可以通过区块链相互交换本地特色旅游及服务信息，并且对旅游景点及产品卖家进行评论打分。

（4）区块链具有不可篡改性。以往各酒店、旅行社等为争夺顾客，在网络平台上对卖家服务做出虚假评价，使游客无法获得真实的信息。而区块链技术的不可篡改性有效避免了这种虚假信息的传播，因为只要出现虚假信息，便可在链上追溯存证，对发布虚假信息者的信用与交易都会产生重要影响。

（5）消费积分管理。以区块链为底层技术，用游戏化的游览方式帮助游客发现新的景点，从而引导游客游览路线。系统会通过积分游览方式鼓励游客按照各自喜好选择景点，并根据他们的评分进行动态集点兑换。

"2017 中国旅游发展论坛"首次提出中国旅游链概念，中国旅游链以区块链技术为基础，充分发挥其优势特性，构建链上旅游生态，结合不同旅游参与主体的不同应用场景，提供标准化、智能化、大数据化的支撑服务。未来，随着区块链技术的成熟以及在旅游业的应用越来越广泛，将赋能中国文旅产业转型升级。煊凌科技本着技术改变生活的态度，一直致力于推动区块链技术的深层应用，拥有丰富的区块链开发经验，为无数客户的生产、生活提供专业的技术支持。

（资料来源：https://cloud.tencent.com/developer/news/408651）

（三）旅游中间商的评估

为确保中间商及时有效地完成任务，旅游产品生产者还应随时监督中间商的行为，检查其履行职责的情况，并按一定标准对其进行评估，评价出每个旅游中间商的销售业绩。

对中间商的工作业绩进行科学评价是销售渠道管理的一项重要功能。中间商评估的作用主要有3点：①对各中间商逾期销售指标的完成情况进行考查，以控制企业营销计划的执行。②发现销售渠道存在的问题，并采取相应对策。③通过渠道评价，寻找理想的旅游中间商，并与之建立长期的合作关系。

旅游中间商评估的内容主要有以下几方面。

1. 旅游中间商的营销能力

旅游中间商的营销能力包括营销量的大小、销售额的多少、成长性和赢利速度以及偿付能力等。对营销能力的评估相对比较容易，因为这些指标大都是定量而不是定性的，但在实施中需要旅游产品提供商和旅游中间商紧密合作，做到信息共享。

2. 旅游中间商的信誉度

旅游中间商的信誉度也是评估旅游中间商不可忽视的重要内容。因为旅游中间商信誉度的高低不仅关系到旅游产品生产者或旅游产品供应者与其合作的效率与心情，而且对销售的效果有直接的影响。信誉度的评价指标，包括付款的及时性、顾客满意率、配合程度等。

案例 5-3

消失的机票——哪位中间商犯错

2018年，小A在B在线旅游平台付款购买了两张9月22日—10月5日成都往返伦敦的C航空机票。

22日，小A一行到达机场后，在柜台办理升舱。柜台工作人员不小心将机票删除了，随后找人来处理。一群人手忙脚乱操作了半天，才在登机最后时刻把机票恢复并完成升舱。小A虚惊一场到达伦敦，还是有点后怕，就联络C航空公司，C航空公司在28、29日连续两天都确认回程机票无恙，但无法升舱。于是小A就安安心心开始畅游伦敦了。

10月5日，小A准备返程，掏出手机一看：回程机票在10月3日被取消了。立即致电B平台，平台客服说不太清楚啊，你先去机场。到达机场后，柜台工作人员拒绝其登机。随后，她再次致电B平台，B平台回复："票被取消无法恢复，等我们请示领导吧。"小A赶快又致电C航空公司。C航空公司表示，票确实取消了，其他不知道。而且无论是B平台还是C航空公司，客服都拒绝透露是哪方工作人员取消的，也拒绝告诉为什么取消了。只表示不清楚、不知道，也没办法处理这件事。

小A立即跑去伦敦航空柜台查询，柜台瞬间查到了票是被某北京代理取消，以及取消者的代码。但无论哪方都不承认自己犯错。最终，在多方沟通无效后，小A只能自己掏钱重新购票回国。

（资料来源：https://m.sohu.com/a/270681734_100218293，有删减）

3. 旅游中间商的参与热情

有的中间商有实力，但不积极推销、宣传生产者或供应者的旅游产品，他们参与销售的效果往往极有可能不如实力稍弱但积极配合的旅游中间商参与销售的效果。相比之下，选择参与热情高昂的旅游中间商要优于没有热情或热情不足的旅游中间商。其评价指标包括成员之间的关系、市场信息反馈的及时性、销售产品的积极性、积极的建议等。

4. 旅游中间商的销售量占本企业销售量的百分比

这一标准可以用来衡量旅游中间商对旅游产品提供商的重要程度，如果这一比值很大，则其重要程度就大；反之其重要程度就小。

通过以上评估活动，可以及时发现问题，掌控旅游中间商的情况，为改进和完善旅游中间商政策提供依据。

拓展阅读 5-6

旅行社如何选择中间商

很多旅行社为了能够尽快抢占旅游市场，会在各个地区选择符合条件的中间商。这样，当地的旅游业务也能够得到很好的维护。那么，旅行社如何选择中间商呢？

旅行社在选择中间商的时候，会对当地旅行社（也就是中间商的备选对象）进行一系列的考察。尤其是对于比较有名气的旅行社来说，这一点是必不可少的步骤。考察主要内容是中间商的经济实力，即中间商是否能够进行专业的单线接待。同时，旅行社信誉也是选择的条件之一，例如，是否有过违规和被处罚。最后是成本方面，如旅行社接待一条专线的成本是多少。还有就是导游的服务质量，包括游客的反馈或投诉率，以及该中间商的管理层面等诸多方面。

旅行社选择中间商的依据如下。

（1）地理位置及销售覆盖面。

（2）合作意向。

（3）销售对象。

（4）财力与资信。

（5）经营历史及提供信息的能力。

（6）经营本旅行社业务的比重。

（7）旅行社自身的经营目的、产品、市场、竞争等。

（四）旅游销售渠道的调整

在分销渠道管理中，根据每个中间商的具体表现、市场变化和企业营销目标的改变，旅游生产者需要对分销渠道进行调整，调整的主要方式有以下几种。

1. 增减分销渠道中的中间商

即在某一销售渠道中增加或减少一个甚至几个旅游中间商，如果旅游中间商存在营销不积极、参与热情低、合作意识差、信誉欠佳、严重影响企业销售等问题，应将其淘汰，另选合适的中间商加入，也可因企业经营战略的调整或经济环境变化而增减中间商。如企业规模扩张就需要增加中间商，或者竞争对手的渠道宽度扩大，企业为了提高自己的市场占有率也不得不增加中间商。旅游中间商的增减，一方面会影响企业的销售量和销售收入，另一方面也会影响其他中间商和竞争对手。减少中间商，可能导致该旅游中间商转向其他旅游企业，加剧本企业的竞争对手的竞争，同时也可能影响其他中间商的忠诚度。

2. 增减某一种分销渠道

当旅游生产者通过某种分销渠道销售某种产品所获取的销售额一直不够理想（即要么出现亏损，要么投资收益率偏低）时，企业可以考虑在全部目标市场或某个区域内撤销这种渠道类型，而另外增设一种其他渠道类型。企业为满足消费者的需求变化而开发新产品，若利用原有渠道难以迅速打开销路和提高竞争能力，则可增加新的分销渠道，以实现企业营销目标。

3. 改变整个销售渠道系统

旅游企业取消原来的销售渠道使用新的销售渠道，如将直接渠道改为间接渠道，单一渠道改为多渠道。当旅游市场营销环境发生重大变化，旅游企业重新制定战略目标、旅游产品性质已有根本性改变或现有的销售渠道已经无法解决旅游产品销售中的矛盾时，旅游企业往往需要调整整个销售渠道。旅游产品生产者实施这类调整的难度很大，需要特别小心谨慎，以尽量减少对销售的不利影响。

（五）旅游销售渠道的冲突管理

旅游产品销售渠道由各个独立的旅游中介组织和机构组成，他们的经营目标不同，追求的利益也有差异，因此，在合作过程中难免出现冲突。旅游产品销售渠道的冲突，即指渠道中的一个企业认为另一个企业的活动妨碍或阻止了其目标的实现，因此二者发生矛盾。这些冲突既存在于销售渠道同一层次的成员之间，也存在于同一渠道不同层次的成员之间。适度的冲突是一种积极的力量，而过度的渠道冲突则会影响整个渠道系统的和谐发展，因此必须对冲突进行有效的、合理的管理。

1. 冲突的主要表现形式

旅游销售渠道的冲突有3种主要表现形式，即水平渠道冲突、垂直渠道冲突和多渠道冲突。水平渠道冲突是指同一渠道模式中，同一层次的旅游中间商之间的冲突。例如，某一地区经营A企业旅游产品的中间商，认为同一地区经营A企业旅游产品的另一家中间商在定价、促销和售后服务等方面过于进取，抢了他们的生意。

垂直渠道冲突是指同一渠道中不同层次企业之间的冲突。这种冲突较之水平渠道冲突更常见。例如，某些旅游批发商可能会抱怨旅游生产企业在产品价格方面控制太紧，留给自己的利润空间太小；或旅游零售商对旅游批发商或生产企业也存在类似不满。

多渠道冲突又称交叉冲突，是指旅游生产企业建立多个销售渠道后，不同渠道形式的成员之间的冲突。例如，某旅游景区既向旅游者直接销售旅游门票，同时又请旅行社代理销售其门票。当二者的销售对象相同时，就会发生多渠道冲突。

案例 5-4

> **中国最"无赖"的景区：一个景区两家管，还需要购买两次门票**
>
> 据说，这里明明就是一个景区，但是却要自己私自搞"分家"。游客们在登顶之后，竟然还需要再次购买门票，想想也是非常令人心痛的。明明是靠自己爬上了山，最后还要再买一次门票，难怪大家会如此生气了，所以，这里也被大家称为最"无赖"的景区。
>
> 这个景区就是茅山，它位于江苏省，是一座十分出名的道教名山，更是道教中上清派的发源地。后来在抗战时期，这里又成为抗日根据地，所以无论是这里的自然景色、人文景观，还是革命历史，都是非常吸引游客们的。同时，这些方面彼此融合，更是使这里仿佛仙境一般。
>
> 这样一个优秀景区，它未来的发展本来是一片光明，但是却偏偏"飘了"，乱收费的现象已乱出了新高度。在淡季的时候，门票是每人 90 元，但是到了旺季，就会涨到每人 120 元。不过最令人生气的是，从句容登山只需要一张联票就可以了，但是，如果是从金坛买票登山，到了顶宫之后，就要再买一张门票。
>
> 这里的开发也是非常混乱的，金坛和句容都会各自开发新的景点，甚至还会新建顶宫。这里的管理也同样混乱，管理部门对于私自开发景点不闻不问，这就导致很多人在金坛处拉人买票，从而赚到两份门票钱，严重损害了游客们的利益。怎么样，对此大家有什么看法吗？
>
> （资料来源：https://www.sohu.com/a/292936805_702844，略改动）

2. 旅游产品销售渠道冲突的原因分析

为了能够更加清晰地分析出旅游产品销售渠道冲突的原因，可将其分成两大类，即直接原因和根本原因。直接原因是指引起旅游销售渠道冲突的直接因素，即导致冲突的"导火索"。根本原因则是指渠道成员之间冲突的内在原因。

（1）旅游产品销售渠道冲突的直接原因。引起旅游产品销售渠道冲突的直接原因非常多样化，其中价格、争夺目标、付款等原因较为普遍。

① 价格冲突。旅游产品是一种典型的季节性产品，在淡、旺季，旅游需求差别很大。旅游生产企业为了保持其品牌形象，希望旅游产品的价格保持相对稳定。但是旅游中间商出于其自身利益的考虑，会在旅游淡季时，大幅度降低销售的旅游产品价格，这样就引起了价格上的冲突。

② 争占同一目标市场的冲突。旅游生产企业在开发同一旅游市场时，会选择几家旅游中间商，这样就形成了几家中间商抢占同一目标市场的局面。特别是面对旅游大客户时，旅游生产企业和各个旅游中间商都希望能够直接为他们服务，形成稳定的联系，此时，冲突更

显复杂。

③ 咨询、服务与促销的冲突。旅游产品是以服务为主的无形产品。在销售旅游产品时，要配合很多的旅游服务。旅游生产企业和旅游中间商出于其自身利益的考虑，都希望对方能够投入更多的服务人员，提供更多的旅游服务，这样，形成了咨询、服务冲突。在开展促销活动时，也存在类似的冲突。

④ 交易或付款方式冲突。旅游生产企业在与旅游中间商进行交易时，希望中间商在预订旅游客房或门票等产品时，能够支付预付款。而旅游中间商则希望从旅游者那里得到产品款之后再向旅游生产企业付款，这样就产生了交易或付款方式的冲突。

⑤ 分销竞争对手的产品。旅游生产企业为了树立旅游品牌形象，加强与旅游市场的联系，希望旅游分销商能够独家分销自己的旅游产品。而旅游中间商从自身的利益考虑，则是希望更多地分销各个企业的旅游产品，以降低分销风险。这样就形成了分销竞争对手产品的冲突。

⑥ 环境因素变化引发的冲突。在互联网出现之前，大多数的旅游生产企业都利用各种旅游中间商帮助销售自己的旅游产品。互联网出现之后，旅游生产企业可以通过网络直接和旅游者联系。而且有一个有趣的现象，即对旅游产品经常产生需求的人，是那些对新鲜事物感兴趣的人，而这些人大部分正是互联网的用户。这样，对于旅游企业来说，直接接洽旅游者变得更加方便。因此，现在很多的旅游生产企业都纷纷在网上建立旅游产品的直接销售渠道，这样的行为损害了其固有的分销商的利益，因此二者产生冲突。

(2) 旅游产品销售渠道产生冲突的根本原因。无论是何种直接原因导致旅游产品销售渠道产生冲突，其深层原因都可以归纳为以下 4 个方面，即旅游产品销售渠道产生冲突的根本原因。

① 渠道企业之间的利益差异。以上种种冲突形式之所以会产生，其根本原因就是各种类型的旅游渠道企业都有自己的经营利益，都从自身的利益考虑，希望自己能够获得最大的收益，而不顾其他渠道成员的利益，因而产生冲突。

② 渠道企业之间经营目标上的差异。各类型的旅游渠道企业之间经营目标上的差异也是产生渠道冲突的根本原因。例如，旅游生产企业希望树立自身品牌形象，增强渠道的竞争力，因此，希望分销商独家分销自己的产品。而旅游中间商的经营目标是增加企业的分销收入，降低分销风险，因此就要分销多个企业的产品。这种目标上的差异，引起了企业之间的各种矛盾。

③ 渠道企业之间任务分工的不明确。旅游产品销售渠道成员之间之所以会产生咨询和服务的冲突、促销的冲突、争占同一目标市场的冲突、大客户的冲突等，其根本原因是渠道成员之间的市场区域划分不明确，各自的分工、责任和权利划分不明确。

④ 渠道企业信息不对称，市场知觉的差异。旅游生产企业主要掌握旅游产品开发生产的信息，而旅游销售商则更加了解旅游者的需求信息。由于二者掌握信息的差异，导致二者对市场状况的理解不同。旅游生产企业可能认为某种旅游新产品会具有很大的市场潜力，因此，希望旅游分销商积极分销这个产品。

案例 5-5

广东餐饮协会：望美团取消"独家合作限制"

2020年4月10日，记者从广东省餐饮服务行业协会获悉，该协会联合广东各地餐饮行业协会，公开向美团发出联名交涉函，希望美团取消"独家合作限制"，减免疫情期间广东餐饮商户外卖服务佣金。

广东省餐饮服务行业协会公开发布的联名交涉函称，疫情当前，广东省、市、区餐饮行业协会陆续收到几百家餐饮企业针对美团外卖的各类投诉。广东省餐饮服务行业协会于3月10日发函给美团，提出行业相关诉求，但未收到正式回复。近日，该协会联合广东各地餐饮行业协会，代表广大餐饮企业对美团外卖再次提出书面交涉意见。

函件称，美团外卖向餐饮企业收取的高额外卖佣金，已超过餐饮企业承受极限。美团外卖在广东餐饮外卖的市场份额达60%～90%，并持续大幅提升扣点比例，"超过广大餐饮商家忍受的临界点"。疫情期间，美团外卖仍未有实质性改变。

广东省餐饮服务行业协会认为，美团3月30日发布的2019年财报显示外卖业务贡献巨大，交易额增长38.9%，而餐饮外卖毛利暴增94.2%，餐饮外卖毛利率由13.8%同比涨至18.7%。"与之形成鲜明对比的是，餐饮企业外卖毛利普遍大幅下跌，外卖收益微薄甚至亏损经营。"协会认为，高昂的外卖佣金恰恰违反了餐饮互联网营销"直达终端、压缩渠道、降本增效"的本来之义、立足之本。

（资料来源：http://finance.eastmoney.com/a/202004111450919846.html）

3. 解决旅游产品销售渠道冲突的方法

（1）建立合理的利益分配机制。从种种冲突的表现形式可看出，旅游渠道成员之间的利益不一致是渠道成员之间冲突的最根本原因。因此，为了解决这些冲突，就要在渠道成员之间建立合理的利益分配机制，用机制促成渠道成员的利益共同化，这是解决冲突的根本出路。

（2）进行渠道企业之间的目标管理。渠道成员之间经营目标上的分歧也是导致旅游销售渠道成员之间冲突的根本原因，因此要在渠道成员之间进行目标管理。目标管理的主要方法就是建立超级目标。一个良好的超级目标应该具有两方面的特点：①应该是各个渠道企业为之努力的共同目标；②应该是各个渠道企业共同努力的长期目标。满足以上两方面的目标才能够真正地将旅游渠道成员团结在一起，解决矛盾冲突。

（3）细化各个渠道成员的责任和权利。明确渠道成员之间的责任、权利也是解决渠道冲突的一个有效方法。通过明确权利，可以明确不同分销商的市场范围，明确大客户的归属；明确责任则可以明确各个渠道企业在广告、促销、服务等方面的责任，从而解决上述冲突。

（4）加强渠道企业之间的信息交流，进行人员互换。信息的不对称导致了渠道企业对市场理解的差异，从而引起一些渠道冲突。解决这一冲突的一个有效方法就是人员互换，特别是企业中层管理人员的互换。人员互换可让不同企业领导者进入合作企业中，有利于他们更加理解对方的处境，更容易站在对方的角度考虑问题，因此更有益于彼此交流和解决冲突。

（5）协商、协调或仲裁解决。以上措施主要着眼于冲突的预防。当冲突发生时，我们必须采取有效措施及时解决，使其得到有效控制，其方法主要有协商、协调和仲裁。协商是双方正面交涉，面对面磋商以避免激化矛盾；调解是指由第三方出面，根据双方的利益进行的调停；仲裁是双方同意把纠纷交给第三方，并接受其仲裁决定。

总结案例

买方市场下旅游产品销售渠道策略的转变

当前国内旅游市场还算火爆，但凡节假日之后，基本都是旅游业再次刷新成绩的时刻。在刚刚过去的中秋，鹿豹座平台就提到国内旅游营收达到400多亿级别。然而在火爆的旅游市场下，旅游行业其实正在经历着各种巨变。传统的旅游行业正在革新，而各类新兴的旅游、小众化的旅游已逐步形成燎原之势。

如今的旅游行业正走到一个分水岭——从卖方市场走向买方市场，卖方的特点是标准化、同质化、规模化，而买方的特点是细分、个性以及专业化，新兴小众的目的地和个性化的消费行为会导致全行业生态链的变化。

1. 买方市场下的旅游产品特点

（1）圣地巡礼将越来越流行。

根据马蜂窝2018年上半年和2017年上半年的数据对比结果，我们可以发现，国内经典旅行目的地和景区的搜索热度有超过50%的增长，而那些圣地巡礼景点的搜索热度增长量则高达135%。对于"80后""90后"而言，他们出行的动因不再是传统的名山大川，而可能是因为一部动漫、一场球赛甚至一个美食的制作方法。

以经典动漫《灌篮高手》中的一个场景为例，很多80后旅行爱好者因为对《灌篮高手》的着迷，而希望到照片实景地拍摄一张照片。在马蜂窝上就有千千万万张这样的照片，很多"80后""90后"都喜欢这种有仪式感的圣地巡礼，这也成为新一代旅行的初衷和动因。不少先知先觉的商家已经开始将服务与新兴旅游者进行链接，这样一来消费者就可以直接完成一站式的交易。

（2）网红效应引发网红式景点。

2016年鹿晗在上海外滩边上的一张照片，使一个普普通通的邮筒在一夜之间成为网红打卡地。在微博上，鹿晗的这张照片获得了超过10万人次的转发，而照片中的邮筒在凌晨3点还有人排着长队等待合照——这就是新一代网络效应带来的旅游冲动。

（3）深度体验游将成热门。

未来，深度体验完全会超越传统走马观花式旅游场景的旅游需求，这个深度体验其实不再只是到达一个目的地，而可能是因为目的地有蹦极、潜水、冲浪、徒步等项目，才使人们有出行的动因。所谓的深度体验，不仅是消费者的行为深度，而且是这些年轻用户对互联网掌握的能力越来越深。

以塞班岛为例，在马蜂窝的这个目的地下，用户探讨的还有 OW 证书、AOW 证书（潜水证）、鱼群风暴、水下战机等，这些林林总总的信息都在影响着消费者最终的决策和行动计划。

（4）社交+旅游模式带动旅游业发展。

"物以类聚，人以群分"，而在旅游行业中，人与人之间的影响也将成为未来发展的一大趋势。目的地的"种草"可能是来自朋友圈的一系列分享，这些信息出现的时候，可能就在用户心里埋下了一个小种子，经过无数次的累积酝酿之后，人们就会产生出行的冲动。而"拔草"的过程其实在于用户查攻略、安排行程以及进行旅行点评的时候，当这些信息回到社交网络时又会变成一个新的信息源。从这一点我们可以看出，旅行其实处在一个非常庞大社交网络里，人与人之间的分享能够激发出更多的旅行动力。

2. 买方市场下的旅游产品销售渠道转变策略

（1）制造新旅游胜地，定向引导旅游产品销售。

携程发布了《2019 国民旅游消费报告》，报告显示，"90 后"已经超越"80 后"成为旅游消费绝对主力，他们偏爱登陆小众目的地"打卡"，中东等区域订单量同比增长超过 100%；小镇青年旅游消费也在崛起，三线及以下城市出境游人次同比增长 160%，涨幅超过一线城市。相比其他群体，"90 后"更注重好玩、有趣、美食，且多次去同一个目的地打卡，体验个性化深度游。

（2）深挖网红式景点，重点打造爆款旅游产品。

现在随着互联网的发展，短视频软件的社交给我们带来了许多美丽的景点。而最近网络上出现了很多"新面孔"，如重庆洪崖洞、西安永兴坊等。部分景区游客量最高增长超过 300%，而"网红"逐渐成为旅游行业增长新动力。

（3）注重深度化体验，传统模式下的私人定制。

随着大众旅游需求的不断升级，一些新玩法也慢慢流行起来，2019 年 9 月至今，近万人体验私人飞机之旅，单笔包机出游最大订单达百万元级别，与团队旅游的行程固定、景点固定、参加购物景点不同，私人定制的旅游更自由，景点可以随时调整，司机和导游几乎是一对一专属服务，服务更贴心、更周到，没有购物的烦恼，可以根据心情和身体状况进行行程的重新安排，这无疑给旅游者带来了极大的便利。

（4）社交化综合布局，共享经济模式的推动剂。

旅游销售走向个人代理是必然，共享经济是未来。社交旅游就是一种共享经济模式的旅游行为。社交旅游可以理解成为社交网络所形成的人际脉络为旅游行业尤其是在线旅游形成新的行为冲动和内在需求。"旅行+社交"的模式是独特而新颖的，相较于传统的旅行和社交产品，它的魅力在于能够让有旅行计划的人达到目的，也能让暂时没有旅行计划的人因为社交而开始旅行。当屏幕后面的人因为共同旅行兴趣或者爱好而结识，开始一段旅行，这是消解这个时代孤独感的一种方式。

旅游企业以用户大数据和提交的个人资料为核心，按照年龄、兴趣、目的地、过往旅行经历对用户进行归类细分，并在"墨鱼星球"展示彼此匹配度较高的用户。用户可以选择曝光自己所在的城市以匹配距离较近的用户，也可以在"驴友圈"发布旅行邀约与驴友结伴出行。此外，用户还能够以视频、图片、文字、声音等多种方式实现自我展示。

（资料来源：https://socialbeta.com，有删减）

同步练习

一、单项选择题

1. 旅游企业不经过任何中间商，直接将产品销售给旅游消费者，称为（　　）。
   A. 直接营销渠道　　　　　　B. 一级营销渠道
   C. 二级营销渠道　　　　　　D. 三级营销渠道

2. 直接面对旅游产品的最终消费者从事销售活动的中间商是（　　）。
   A. 旅游批发商　B. 旅游零售商　C. 旅游代理商　D. 旅游销售商

3. 旅游企业在营销渠道中选择尽可能多的中间商，以扩大与旅游市场的接触面，这属于（　　）。
   A. 密集型营销　B. 独家营销　　C. 选择型营销　D. 专门营销

4. （　　）是旅行社管理旅游中间商的一种重要方法。
   A. 建立业务档案　　　　　　B. 沟通信息
   C. 市场调查　　　　　　　　D. 网上销售

5. 以下不属于旅行社电子商务特点的是（　　）。
   A. 广泛性　　　B. 便利性　　　C. 灵活性　　　D. 经济性

6. 企业以其所属的旅行社名称作为整个企业的名称，并在此基础上创建了餐饮、住宿等相对独立的机构品牌。该企业在经营上所采取的是（　　）品牌战略。
   A. 一元化　　　B. 综合化　　　C. 多元化　　　D. 母子型

二、简答题

1. 简述旅游营销渠道的类型。
2. 简述旅游市场营销渠道的管理内容。
3. 旅游产品销售渠道产生冲突后，应该如何应对？

三、案例题

1. 门票分销影响整个景区的营收，因此景区门票分销其实是不少景区最为关心的问题。如何让景区有更多的分销渠道，如何让景区卖更多的门票出去，这也是我们最为关心的问题。

目前，传统的门票销售方式有以下几种。

（1）线下门票分销。线下门票分销是最为传统的门票分销方式，主要为票务代理，包括旅行社、票务代理商等渠道。

（2）微信公众号及景区官网。游客通过访问景区官网及微信公众号不仅能够增加旅行兴趣度，发布更多相关信息，同时通过图片、音频、视频等方式促使游客下单购票。

（3）OTA。对接美团、携程、驴妈妈等大型 OTA 平台是不少景区选择票务系统的必备要求，通过 OTA 平台售票不仅能够起到在本地营销推广的作用，同时也能帮助景区更好地维护游客舆情与增加可信度。

思考：假设某旅游景区既向旅游者直接销售旅游门票，同时又请旅行社代理销售其门票。当二者的销售对象相同时，就会发生多渠道冲突。这时应该如何调解这种冲突？

2. 直接销售渠道能够减少中间成本，这种渠道适合大型旅游企业吗？

实训项目

选取本地一家旅游企业（旅行社、酒店、旅游景区等），收集其不同类型产品销售渠道信息，分析其销售渠道优劣。4～6 名同学为一组，分组提交成果。

 前沿视角

乐鸥正在用区块链改变旅游行业

区块链旅游平台逐渐为人所知，在于区块链技术不断深入旅游等各个行业中，越来越引起人们的关注。乐鸥在线文旅更是首次将区块链业务涵盖到酒店预订、票务预订、景区查询、资源共享、社交分享的五大文旅核心功能及保险、金融等其他文旅周边服务，其"去中心化""智能合约规则"的特性令人拍手叫好。

目前传统 OTA 平台，从消费者的角度来说，其弊端在于旅游市场被携程、去哪儿等庞大的中心化旅游服务平台垄断（平台本身运营成本高），服务商收取高昂佣金，同时也增加了消费者的旅游成本。现在网络上针对收费纠纷的，大部分都是跟传统 OTA 平台有关，服务商—平台—消费者是一个三角关系，服务商和消费者都要通过平台进行连接，然后再完成交易。而乐鸥在线文旅是没有第三方中介的区块链旅游平台，服务商与消费者通过智能合约的规则进行交易，交易完成且无争议后，双方再通过智能合约将资产进行转账。

例如，A 在平台用了服务商 B 的产品，A 使用完且对 B 的服务无异议之后，就可以直接把自己的数字资产转入智能合约，然后智能合约自动完成指令。所谓智能合约，包括 3 方面内容：①多方用户共同参与制定；②合约通过 P2P 网络扩散并存入区块链；③区块链构建的智能合约自动执行。

也就是说，当双方的服务与被服务执行成功后，智能合约自带的系统判断所属合约的状态，合约标记完成，并从最新的区块中移除该合约；反之将其标记为进行中，继续保存在最新的区块中等待下一轮的处理，直到处理完毕。区块链旅游平台整个服务状态的处理都由区块链底层内置的智能合约系统自动完成，全程透明且不可篡改。这就代表双方全程是直接接触，且消费者对服务商的各项条款是清晰明了的。

我们一直认为平台上的酒店价格是比直接到店消费划算的，但是最近有不少报道发现，多家平台的价格，其实比实际价格高出不少，然而大部分消费者都是在平台买单后，到实地才发现吃了大亏，这是因为平台不只是收取酒店的佣金，还提高价格，赚取差价。

　　这些事情如果应用到区块链是不可能发生的，因为，区块链旅游平台方只负责维护平台正常运行，所有参与者共同参与社区搭建，除隐私外，全部信息公开透明。相信乐鸥在线文旅能带个好头，将区块链技术推广发展，让更多的旅游消费者从区块链旅游平台中受益。

　　（资料来源：https://baijiahao.baidu.com，略改动）

项目小结

　　从旅游产品销售渠道的起点、终点和中间环节来看，所涉及的是整个旅游活动的所有要素，由于旅游产品并不是有形的物质产品，其特殊性使得旅游产品的销售渠道也与普通产品大不相同。本项目依据旅游产品的特点，分析其销售渠道的特点，从而掌握旅游产品销售渠道是旅游产品从旅游生产企业向旅游者转移过程中所经过的一切取得使用权或协助使用权转移的中介组织或个人，对旅游生产企业产品销售与市场开拓具有举足轻重的作用。旅游产品销售渠道有直接与间接、长与短、宽与窄、单与多等多种类型。旅游中间商是旅游销售渠道的重要环节。旅游生产企业应科学决策、管理旅游产品销售渠道。

综合训练

　　1. 实训项目

　　在酒店客房销售中，（散客）的客房房价通常是最高的，与团队客人相比，客房收入虽然相同，但因所花费的人力、物力成本的差异，一间来自散客客房的收入通常相当于2间团队客房的收入。这类客人所占比例的大小，直接关系着酒店的营业收入。调查一些星级酒店直接出售给散客的房价和通过旅游中间商出售的房价是否相同，分析这些酒店为何要实行这种策略。

　　2. 实训目标

　　培养学生资料搜集能力，运用所学旅游销售渠道知识分析和解决实际问题，通过本实训让学生分析不同旅游产品销售渠道的优缺点。

　　3. 实训指导

　　（1）指导学生查找资料，利用互联网平台、报纸传媒等多种媒体，查找各类信息。

　　（2）对提取到的信息进行过滤，提炼归纳，组织成自己的语言。

　　4. 实训组织

　　（1）把所在班级学生分成小组，每组4～6人，确定组长，实行组长负责制。

　　（2）完成酒店对于不同细销售渠道的价格对比，总结归纳各自销售渠道，分析具体原因，在课堂上进行汇报交流。

　　5. 实训考核

　　（1）根据每组PPT汇报，由主讲教师进行评分和点评，占40%。

　　（2）课堂讲解完后，每个小组互评，各给出一个成绩，取其平均分，占60%。

项目六

旅游产品促销策略设计

【学习目标】

知识目标

1. 了解旅游产品促销、旅游产品人员推销的概念。
2. 学习旅游产品促销的作用,旅游公共关系策略。
3. 掌握旅游产品常用的促销策略。
4. 掌握旅游广告策略的实施步骤。

能力目标

1. 掌握旅游新产品的促销策略,并灵活运用到实际工作中。
2. 熟练运用旅游广告策略。

素质目标

1. 培养学生热爱旅游促销工作,具有较强的责任心。
2. 培养学生与团队成员的合作精神和创新意识。

思政目标

1. 培养学生具有良好的职业道德和素养。
2. 培养学生具有正确的职业观和价值观。
3. 培养学生的责任与担当,对如何做人、如何做事有更全面的认识。

【学习指南】

学习方法

1. 讲授学习法。通过聆听教师讲授,理解、掌握知识。
2. 讨论学习法。通过小组讨论,深化对所学知识的理解和运用。
3. 实际操练法。通过学习课程内容,针对项目要求,进行企业实际操作的模拟演练。
4. 课堂展示法。在课堂进行展示旅游产品促销,如旅游促销宣传单、网站广告等。

学习资源

1. 章节配套 PPT。
2. 参考书目。安贺新,史锦华,等.旅游市场营销学[M]. 2 版.北京:清华大学出版社,2018.
3. 网络资源。

(1)品橙旅游:http://www.pinchain.com。

(2)百度:http://www.baidu.com。

(3)品略网:http://www.pinlue.com。

(4)新华网:http://www.xinhuanet.com。

(5)唐山市文化广电和旅游局:http://whgdhlyj.tangshan.gov.cn。

(6)文化和旅游部:https://www.mct.gov.cn。

(7)中国旅游网:http://www.cntour.cn。

(8)新浪网:http://www.sina.com.cn。

任务一　认知旅游产品促销

任务目标

××旅行社销售部门计划设计旅游广告宣传单，为黄金周的旅游旺季做好准备，作为旅行社销售经理，请为该组成员布置宣传单设计任务。

任务实施

每个小组将任务实施的步骤和结果填写到表 6-1 任务单中。

表 6-1　任务单

小组成员：		指导教师：
任务名称：		模拟地点：
工作岗位分工：		
工作场景： 1. ××旅行社计划设计旅游广告宣传单 2. 对各大旅行社的旅游广告宣传单进行调查 3. 设计出一张针对黄金周的旅游宣传单，自选主题		
教学辅助设施	模拟旅行社真实工作环境，配合相关教具等	
任务描述	通过对旅行社广告宣传单的设计，让学生对旅游产品促销的要素有更深刻理解	
任务资讯重点	主要考查学生对旅游产品促销知识的认识	
任务能力分解目标	1. 具备旅游销售人员基本素质 2. 理解旅游产品促销的概念和作用 3. 了解旅游广告策略实施步骤	
任务实施步骤	1. 学生分组，学习相关知识点 2. 教师展示一个旅游广告宣传单案例，并进行讲解 3. 每个小组设计出一张黄金周旅游宣传单进行汇报，展示小组成果 4. 各小组互评，教师点评	

任务评价考核点

1. 了解旅游产品促销的概念，学习旅游产品促销的作用。
2. 掌握旅游广告策略的实施步骤。

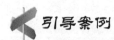 引导案例

> 湖南张家界"南天一柱"改名为《阿凡达》电影中的"哈利路亚山"
>
> 卡梅隆导演花十多年心血打造的《阿凡达》火了，国内个别地方也起了"虚火"：号

称电影中"悬浮山"原型的张家界"南天一柱"（又名乾坤柱）改名为"哈利路亚山"。张家界景区管委会主任宋志光解释此举顺应了景区原住居民和广大游客的心声，绝对不是"崇洋媚外"。其后，张家界向游客推出"阿凡达之旅"，根据影片中的场景让游客感受现实版的"阿凡达"。但是改名之后，引来了各界关注和争议，次年游客数量并无明显变化。

（资料来源：https://baijiahao.baidu.com/s?id=1625178701818362606&wfr=spider&for=pc）

思考：试分析该景点更名后营销不见起色的原因。

一、旅游产品促销的概念及作用

根据现代营销的观点，旅游企业不仅需要向目标市场提供具有竞争优势的旅游产品，还需与消费者和潜在消费者保持沟通。而这种沟通大多是通过企业的促销活动来实现的，从而把大量的个人需求激发出来，培育某种旅游消费的意识和潮流。

1. 旅游产品促销的概念

现代促销是市场营销组合的四大策略之一，是指企业利用各种有效的手段和方法，使目标消费者认识和了解企业的产品，从而激发消费者的购买欲望，并最终促使其实现购买。由此可见，促销的实质是传播与沟通信息。那么，旅游产品促销则是指旅游企业通过一定的方式，将企业的旅游产品信息及其购买途径传递给目标顾客，激发用户的购买兴趣，强化购买欲望，甚至创造需求，从而促进产品销售的一系列活动。

现代旅游企业大多有着复杂的营销沟通系统，其进行产品促销的策略和方法也是多种多样的，主要包括人员推销和非人员促销两大类。人员推销是指企业的销售人员直接接触潜在消费者，面对面地介绍产品并促进其实现产品销售。非人员促销主要包括广告、销售促进、营业推广、公共关系等。

2. 旅游产品促销的作用

关于旅游产品促销的重要性及作用，可以从两个方面来认识：①不论某一产品如何完美，如果不被消费者所知晓，那么该产品则无异于不存在；②在同类可替代产品大量存在的今天，特别是在市场竞争激烈的情况下，某一产品及其所提供的利益被消费者所了解无疑是该产品能获得关注的必要前提。企业希望通过消费者自然的口碑传播来实现广阔的销路是远远不够的，必须主动地对市场进行刺激。具体来说，旅游产品促销的作用主要表现在以下几个方面。

（1）传递信息，沟通供需关系。旅游产品促销的直接作用是进行信息传递，实现旅游企业与消费者之间的沟通。通过各种促销手段，将旅游产品相关信息传递给消费者，同时也将消费者的意见反馈给企业。这不仅能使消费者了解产品销售的情况，为企业建立良好的声誉，从而为企业产品销售的成功创造条件；旅游企业也可以根据市场需求状况调整供求关系，不断改进产品，找到更合适的市场定位。

（2）刺激旅游需求，扩大销售。旅游产品属于有弹性需求的商品。企业应针对消费者的心理动机，灵活运用各种有效的促销方法，激发或诱导消费者潜在的旅游消费需求，从而扩大旅游企业的销售。此外，通过企业的促销活动还可以创造需求，发现新的销售市场，使市场需求向有利于企业营销的方向发展。

（3）突出特色，增强市场竞争力。随着社会经济的发展，旅游市场竞争越来越激烈，产品同质化也较严重，消费者往往不易察觉这些产品的微细差别。此时，要增加旅游产品对旅游消费者的吸引力，旅游企业就应通过促销活动，突出本企业产品的特色、优势以及能给消费者带来的独特利益，以提高企业的市场竞争能力。

（4）缩小淡、旺季差异，稳定销售。旅游产品受到多种因素的影响，如自然条件、政治经济因素、人文环境因素等，因此也就决定了旅游产品在淡季和旺季的需求差别较大。如果旅游企业能在不同的时节对相应的旅游产品进行大规模促销和宣传，可缩小淡季和旺季的差异，稳定销售。

（5）树立良好的企业形象，巩固市场地位。恰当的促销活动可以树立良好的企业形象，使消费者对企业及其产品产生好感，从而培养和提高用户的忠诚度，形成稳定的用户群，不断扩大市场份额，巩固企业的市场地位。旅游企业要想充分发挥促销的作用，就必须重点关注各种促销策略的专长，灵活运用多种方法进行组合，找到一种能适合企业自身的组合策略，从而产生优势互补、事半功倍的效果。

二、旅游广告策略

 案例 6-1

入耳走心才动人

2018年7月，浙江乌镇推出最新旅游宣传片《心在乌镇》，片中有句台词："一晃十年，再见面，还是熟悉的宁静……心的乌镇，来过，未曾离开。"这句"来过，未曾离开"的广告语与11年前那句经典广告词"来过，便不曾离开"仅两字之差，既勾起人们的回忆，又获得了良好的传播效果。

今天的乌镇与10年前已发生了巨大的改变，因为是世界互联网大会永久举办地的缘故，它被称为"互联网古镇"，乌镇旅游加入了许多新元素，拥有了更多的朝气与活力。在古镇十字形的河流、白墙黛瓦、青石板路、乌篷船等之外，近年来，乌镇为游客提供越来越多的体验式旅游产品，营造一种闲适、惬意的生活状态，更加关注游客的"心"，不断强化乌镇与游客间的情感联系，"体验制胜"。这样的广告语，十分契合乌镇的旅游新定位和优势。

（资料来源：尹婕.旅游广告词：一声最动人的邀约[N]. 人民日报海外版，2019-01-09（12），略改动）

（一）旅游广告的定义及作用

广告在现代市场营销中占有重要的地位，已经成为企业促销活动的先导。广告一词源于拉丁文，原意是"我大喊大叫"。根据美国市场营销学会（AMA）的解释，广告是指由某一主办者就其知识产品、实物产品和服务通过任何付款方式以非人员讲解形式向目标受众开展的推介和宣传活动。在旅游产品营销中，广告是指旅游企业为达到影响大众、促进本企业旅游产品销售的目的，通过媒体以付费方式向旅游者提供相关信息的宣传形式。

由于旅游广告具有传播面广、间接传播、强烈的表现力和吸引力等特点，其在整个营销过程中的作用也十分显著。

(1) 从旅游市场来看，旅游广告是传播旅游产品信息的主要工具。广告首先是企业和消费者之间的一种联络手段，消费者借助广告可以认识和了解旅游企业的产品质量、用途、利益，以及购买方式、价格等信息，旅游企业通过广告也可以树立企业的市场形象及声誉。

(2) 从旅游企业来看，广告是旅游企业竞争的有力武器。通过广告宣传，可着重强调本企业产品的独特之外及其能给消费者带来的特殊利益，以便使消费者在众多产品前面易于选择，从而使本企业产品更具有竞争力。

(3) 从旅游者来看，广告可以引导和刺激旅游消费，甚至创造旅游需求。由于广告传播面非常广，可以传递给更多的消费者，且具有强烈的表现力和吸引力，能最大限度地激发出潜在消费欲望，甚至在一定程度上创造需求。

(二) 旅游广告策略的实施步骤

在实践过程中，人们对广告策略的实施及其所涉及的工作阶段多有不同的划分，但在所涉及的工作内容方面没有实质分歧。简单地说，广告策划及实施主要包括 5 个方面。

1. 确定旅游广告的目标

实施广告策略，首先要确定广告目标。广告目标是指企业通过广告要达到的目的，例如产品销售提高 10%、产品知名度提高 20%、市场份额达到 50%等。广告目标的实质就是要在特定的时间内对特定的受众完成特定内容的沟通。旅游企业的广告目标取决于企业所在的发展阶段和整体营销目标。一般来说，广告目标分为 3 种基本类型。

(1) 宣传型。宣传型广告是指旅游企业通过广告活动向目标对象提供各种旅游产品信息，例如旅游产品的类型、各类产品的特色、价格等，主要应用于旅游产品市场开拓的起步阶段，主要介绍新旅游服务项目，有利于激发潜在消费者的初步需求和树立良好的市场形象。另外，通过宣传型广告，企业还可以向市场介绍一些老产品的新用途，介绍产品的变化和可以提供的服务，说明产品的性能和功效等。

(2) 说服型。说服型广告主要用于旅游产品的成长期。此时，消费者对某一产品有需求，但还没形成品牌偏好，可在不同品牌中进行选择。因此说服型广告主要突出本企业产品的特色、与竞争者的产品之间的差异等，目的在于建立本企业的品牌偏好，改变消费者对本企业产品的态度，鼓励消费者放弃竞争者的产品进而购买本企业的产品。

(3) 提示型。提示型广告主要是为了随时提醒消费者旅游产品的存在性及优势，保持旅游产品的知名度和吸引力。实践证明，提示型广告不但可以提醒旅游消费者及时购买旅游产品，还能够大大缩短旅游者重复购买旅游产品的间隔时间。

2. 进行广告预算

为了实现成本与效果的最佳结合，以较低的广告成本达到预定的广告目标，旅游企业必须进行合理的广告预算,即投放广告活动的费用计划,它规定了各种经费额度和使用范围等。

(1) 量力而行法。根据旅游企业财务的承受能力来决定企业广告预算的方法。这种方法简便易行,但是容易造成广告费用和真正需要的费用脱节,导致广告计划难以执行,无法实现预期的广告目标。相对来说,这种方法较适宜于小型企业及临时的广告开支。

(2) 销售百分比法。销售百分比法是指把某一销售额(当期、预期或平均值)的一定百分比作为广告预算,或是将其设定为销售价格的百分比。这种方法使广告费用与销售收入挂钩,简便易行,但是颠倒了二者的关系,忽视了广告促销对销售收入的正效应。同时,使用这一方法,需要根据本企业的历史经验和数据、行业一般水平等来确定这个百分比,没有充分考虑未来市场的变化。

(3) 目标任务法。根据为实现广告目标所必须完成的任务及为完成这些任务所需要的费用来决定广告预算。目标任务法具有较强的科学性,注重广告效果,使预算能满足实际需求。但是该方法使各费用的确定带有一定的主观性,且预算不易控制。

(4) 竞争平衡法。竞争平衡法是指参照竞争对手的广告费来确定能与其抗衡的广告费用。把竞争对手的广告费用考虑进来,有利于与竞争对手在同一平台上对话,保持在广告促销中处于平等或优势地位,但是过于关注费用支出竞争,容易忽视竞争者广告费用的不合理性以及与竞争者之间的差异。因此使用竞争平衡法时应考虑企业自身的实力、与竞争者之间的差别,不能盲目攀比。

3. 设计广告信息

广告信息设计是广告策略实施的第三步,也是广告决策的核心。广告能否达到预期效果和目标取决于广告信息设计得是否有创意,是否对消费者有吸引力和感染力。因此设计的广告信息应达到以下要求。

(1) 有创意。作为广告,只有其信息内容和表现形式具有创意,才容易吸引大众的眼球。然而,企业也应注意到,广告创意的价值最终在于能刺激销售,不能为了创意本身而追求创意。

(2) 主题突出、鲜明。广告主题是广告的灵魂所在,是广告要表达的基本内容。这个主题必须反映出该产品的独特优势,有利于旅游产品在市场上的定位。只有这样,消费者才能在接触广告之后很容易理解这则广告在向他们传递什么信息以及他们可以做什么或得到什么服务。

(3) 措辞易于记忆和传播。一般来说,语句简洁、言简意赅的广告词才容易给目标消费者留下深刻印象,便于消费者记忆。

 案例6-2

部分城市旅游宣传广告语	
三亚	天涯芳草,海角明珠
青岛	海上都市,欧亚风情

曲阜	孔子故里,东方圣城
泰山	登泰山,保平安
日照	游山登五岳,赏海去日照
烟台	烟台情怀,蕴于山海
武汉	高山流水,白云黄鹤
长沙	多情山水 璀璨星城
苏州	东方水城,天堂苏州
无锡	太湖美景,无锡旅情
大连	浪漫之都,中国大连
厦门	海上花园,温馨厦门
珠海	浪漫之城,中国珠海
海口	椰风海韵,南海明珠
深圳	精彩之都,时尚深圳
重庆	世界的重庆,永远的三峡
福州	福山福水福州游
昆明	昆明天天是春天
银川	塞上明珠,中国银川
桂林	桂林山水甲天下
杭州	东方休闲之都,品质生活之城
中山	伟人故里,锦绣中山

(4) 内容具可信性。目前市场上的广告多得让消费者目不暇接,也有不少消费者怀疑部分广告的真实性。只有广告内容是真实的,才能获得消费者的信任,达到扩大企业产品销售的目的。如果广告内容失真,欺骗消费者,这不仅损害了消费者的利益,也会影响企业的名誉,甚至使企业受到法律的制裁。

要达到上述要求,可以从旅游广告信息制作、选择和评价、如何表达3个环节来严格加以控制。旅游企业向市场提供的产品可能具备多方面的特征,应对这些特性加以分辨,选出最具代表性和传播价值的特性制作成可选择的广告信息方案。在对多种信息方案进行选择时,可以从信息的吸引力、可信度来判断。广告信息的表达是对各种广告形式的综合运用,既要达到标新立异吸引观众的效果,又要尽量避免广告主题被新奇形式掩盖而喧宾夺主。

4. 选择广告媒体

选择广告媒体实质上就是寻找最佳媒介来传递广告信息,实现广告目标。旅游广告媒体可以分为两大类:一类是付费租用的大众传播媒体,主要包括电视、报纸、杂志、广播、户外广告、直邮广告等;另一类是广告主自己购买制作的媒体,包括各种自办宣传品、宣传物。各种媒体都有其优、缺点。

广告媒体的优缺点

电视覆盖面大,有声有色,富有感染力,但制作难度大,成本较高,播出时间短;报纸容量大,时效性强,可重复阅读,但缺乏视觉和听觉冲击,覆盖面比电视小;杂志与报纸相同,专业程度高,针对性较强,但发行量比报纸小,影响面较窄;广播信息传播迅速,时效性强,成本低,只有声音,不如电视引人入胜,记忆起来较为困难;户外广告灵活、醒目,展示时间长,但信息接收对象选择性较差,覆盖面有一定的局限性;直邮广告目标受众针对性强,说服力强,灵活,但相对成本较高;交通可充分利用各类交通工具和场所,但造价较高,覆盖面有局限性。

选择广告媒体时,主要是从目标受众的视听习惯、媒体本身的特点、旅游产品的特点、广告信息的特点、广告费用水平、覆盖区域等方面进行考虑的。

5. 评价广告效果

评价广告效果是广告促销整体管理中不可缺少的重要组成部分,它不仅能够衡量广告投入是否达到了预期的效益,还为下一步的广告策划提供了改进的依据。广告效果评价分为广告传播效果评价和广告销售效果评价两个方面。

(1) 广告传播效果评价。广告传播效果是指广告信息传播的广度、深度,对消费者的认知和偏好所产生的影响程度,主要表现为受众对广告信息的接触范围、理解和记忆程度等。

① 接触度评价。受众对广告的接触情况表现为对音像广告的视听情况和书面广告的阅读情况的反映,如电视广播广告的视听率、报纸杂志的阅读率、网络广告的点击率等。

② 理解度评价。这主要是测定接触过广告的受众对广告信息的认知、理解情况,如受众对广告信息的个人观点、联想和看过广告后对产品的评价等。

③ 记忆度评价。记忆度主要是指受众对接触过的广告信息的印象深刻程度,如记住了多少主要信息,可以采用让受众回顾广告用语、回想广告表现手法、复述广告内容等方法来进行评价。

(2) 广告销售效果评价。广告销售效果不等于广告传播效果。通过广告可提高产品的知名度,但不一定能提高产品的销售量,因此越来越多的企业开始注重广告销售效果评价,即广告发布后在相关市场上企业产品的销售变化情况。由于除广告之外,产品销售量还受到价格、竞争状况等多种因素的影响,因此准确测定广告销售效果较为困难。

下面两个公式可以作为衡量广告销售效果的参考。

$$广告销售效果 = \frac{销售量增加额}{广告费用增加额}$$

$$广告销售效果比率 = \frac{销售量增长率}{广告费用增长率} \times 100\%$$

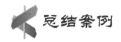

2020"广州过年 花城看花"春节文化旅游宣传系列推介活动

遇见美好花城，相聚新春广州。在百花丛中品味舌尖上的粤式风韵，在非遗文化中感受民俗中的广府文化。1月14日上午，由中共广州市委宣传部指导、广州市文化广电旅游局主办、广州广播电视台承办的"云山珠水 吉祥花城"——2020年"广州过年 花城看花"春节文化旅游宣传系列推介活动在澳门隆重举行，广州、澳门两地文化旅游业界及新闻媒体近200位代表出席活动。

此次推介活动围绕"云山珠水 吉祥花城"主题展开，活动现场展示体验区采用了创新科技，打造出一个繁花似锦的多彩广州全情景体验空间。各类花城元素得以——展示，让现场嘉宾仿佛置身于春节广州的十里花街。推介会上，以围绕"花"为主旨，重点宣传推介了广州丰富的文化旅游产品、旅游定制线路、文化旅游品牌、广州旅游城市形象等。

春节花市会围绕当年的生肖或主题，在布置装饰及贩卖的鲜花商品种类上都会各有不同，每一朵迎春鲜花都寓意着"将花开富贵送进每一家"。今年的传统新春花市将在2020年1月20日至24日拉开帷幕，各区都有不同的花市主题，各具特色，例如荔枝湾涌的水上花市就是八方游客的打卡胜地。

此次活动还在现场展示了岭南非遗文化瑰宝——天程铜艺。广州除了"三雕一绣一彩"，老西关的声声打铜响，也在展示着这个城市浓厚的文化底蕴。天程铜艺源自西关匠人苏广伟，他铿锵有力的叮当声交融着历史的厚重，创新地传承着鲜活的岭南非遗铜文化，承载着老广们的回忆和邻里街坊的温情。

推介会上，广州市文化广电旅游局向澳门市民发出诚挚邀请：广州是海上丝绸之路发祥地、岭南文化中心地、改革开放前沿地、近现代革命策源地。广州有蜿蜒秀美的珠江、葱茏毓秀的白云山、闻名世界的美食、积淀深厚的历史遗迹、独特的广府文化风情、生机勃勃的现代都市新景观、国际一流的主题公园、多个具有较强竞争力的文化旅游品牌和产品。

现在的广州已成为中国最开放、市场化程度最高的地区之一，与全球220余个国家和地区保持贸易往来。白云机场现已开通了157条国际航线，覆盖全球220个城市，从广州到澳门每天有数班直飞航班，欢迎来广州花城过年，逛花街、赏美景、品美食、坐邮轮，在温暖的艳阳天里，在姹紫嫣红的鲜花中，与家人一起缓缓而行，感受广州的粤式风味，感受花城的别样精彩，过一个吉祥花样的幸福年！

（资料来源：陈薇薇.广州等你"花样"过新春[N].广州日报，2020-01-16，略改动）

同步练习

一、简答题

1. 简述各类广告媒体的优缺点。
2. 如何选择合适的广告媒体。
3. 设计的广告信息应达到怎样的要求?

二、案例题

找出一些成功的旅游产品广告,分析其获得成功的原因;找出一些失败的旅游产品广告,分析其失败的原因。

实训项目

设计本旅行社"黄金周"旅游宣传单。

（1）分组：以小组为单位建立一家属于某景区的营销部。每个组建立一个群，整个班级建立一个大群，方便联系和互动。请把每组的联系方式都记录下来。

（2）实地考察各大旅行社广告宣传单，并对资料详细进行记录、收集。

（3）分析这些宣传单的优势和劣势，根据借鉴各大旅行社宣传单，设计出本旅行社的宣传单。

（4）各组手绘宣传单，并向全班汇报。

任务二　制定旅游产品促销策略

任务目标

淡季来临之际，××旅行社销售部门计划推行淡季旅游产品促销政策，作为旅行社销售经理，请组织部门成员做好市场调查，并制订旅游产品促销计划。

任务实施

每个小组将任务实施的步骤和结果填写到表 6-2 任务单中。

表 6-2　任务单

小组成员：		指导教师：	
任务名称：		模拟地点：	
工作岗位分工：			
工作场景： 1. ××旅行社计划推行淡季旅游产品促销政策 2. 对各大旅行社的旅游促销政策进行市场调查 3. 制订旅游产品促销计划			
教学辅助设施	模拟旅行社真实工作环境，配合相关教具等		

项目六 旅游产品促销策略设计

续表

任务描述	通过对旅行社促销计划的制订,让学生对旅游产品促销策略有更深刻理解
任务资讯重点	主要考查学生对旅游产品促销策略知识的认识
任务能力分解目标	1. 理解旅游产品人员推销的特点 2. 了解旅游公共关系的特点 3. 熟练运用旅游产品组合策略
任务实施步骤	1. 学生学习相关知识点 2. 教师展示一个旅游产品促销计划,并进行讲解 3. 每小组根据要求设计一个旅游产品促销计划,展示小组成果 4. 各小组互评,教师点评

任务评价考核点

1. 掌握旅游产品人员推销的概念,学习旅游公共关系策略。
2. 理解旅游产品促销组合策略,并运用旅游产品常用的促销手段。

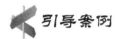
引导案例

景区给国产手机用户以半价优惠

旅游营销要吸引游客,则少不了与争议为伴。春节前的一段时间内,全国有多家景区向国产手机用户推出门票减免优惠的举措,引发广泛争议。例如,河南神农山景区、河北崆山白云洞旅游区向华为手机用户免门票;江西婺源景区对使用国产品牌手机的游客半价优惠。

景区利用门票优惠来开展营销是一种常规手段,但这些年,各种"雷人"的优惠理由确实层出不穷。此促销手段虽然可以在短期内吸引大量关注,提高景区知名度,但也给景区带来了很多负面效应。

(资料来源:http://www.pinchain.com/article/183875,略改动)

思考: 试分析此旅游促销方式失败的原因。

一、旅游产品人员推销

人员推销是指通过销售人员与目标客户的直接交往,劝说客户购买本企业产品或服务的促销方法。在人员推销过程中,通过与顾客交谈,可以了解顾客对产品的要求,以便企业更好地满足顾客的需求;通过与顾客的接触,还可以与顾客建立良好的关系,使顾客在感情动机的驱使下购买本企业的产品。因此,人员推销作为企业最主要的一种促销方式,在实践中被广泛运用。

1. 人员推销的特点

旅游人员推销是最传统的一种促销方式,同时也是现代旅游企业中最常用、最直接、最有效的一种促销方式。与非人员推销方式相比，人员推销有着显著的独特之处。

（1）便于双向沟通和建立良好的关系。销售人员和潜在消费者直接面对面地对话，为双方进行双向沟通提供更便利、更及时的条件，从而便于感情交流和形成双方友好、合作的关系。

（2）针对性强。销售人员可以根据各类潜在用户的需求、动机和购买习惯，有针对性地进行推销。针对性强不仅可以获得更好的销售效果，同时也能节省人力、物力和财力。

（3）推销过程灵活。销售人员可以根据顾客的不同需求和购买动机，及时调整自己的推销策略和方法。而且，销售人员能及时解答顾客提出的各种疑问，取得他们的信任。

（4）促使成交及时。人员推销在进行充分的产品展示后，一旦潜在消费者产生购买倾向或愿望，销售人员就可以及时促进，马上和顾客签约或直接完成交易。广告等方式虽然能立即引起人们的注目，但人们往往还需要一个认识、思考、比较的过程，直到最终购买，这会耽误较多时间。

2．人员推销的作用

如上所述，人员推销有如此多与非人员推销方式不同的特点，那么人员推销在促销过程中主要能起到什么作用？或者说销售人员在促销过程中的任务是什么？下面将从 5 个方面来阐述人员推销的职能。

（1）传递信息。旅游人员推销是销售人员与分销者或潜在消费者的直接交流。通过面对面的沟通，可以详细地介绍自己的产品和服务，及时反馈信息并回答询问。

（2）获取市场信息。销售人员与市场最贴近，最了解旅游者的需求，也最了解竞争对手。因此，人员推销还具有及时获取旅游市场信息的功能。

（3）销售产品。人员推销的最终目的是将产品卖给消费者，销售人员可以在广泛促销的基础上将企业的销售目标落到实处。

（4）提供服务。旅游促销人员在促销过程中可以为现实的或潜在的消费者提供各种服务，如回答咨询、给予帮助、提供产品的售后服务等。

（5）开拓市场。销售人员在巩固原有客户的基础上还可以不断开发、寻找新客户，扩大本企业产品的市场范围。

3．人员推销的开展方式

说起人员推销的开展方式，大家很容易联想到一些行业的销售人员面向最终消费者开展的上门推销或电话推销活动。但是在旅游业，这种类型的人员推销活动几乎不存在。因为旅游销售人员对散客进行上门或电话推销不会带来理想的收益，他们所针对的对象大多是团体购买者或是批量购买者，主要方式有营业推销、会议推销和派员推销 3 种。

（1）营业推销。营业推销是指旅游企业各个环节的从业人员在接待旅游消费者或潜在消费者的过程中销售产品的推销方式。可以说，旅游企业的所有人员都可以是推销员，他们依靠良好的服务接待技巧，不失时机地向消费者或潜在消费者推销本企业的产品和服务，设法使其购买。

(2) 会议推销。会议推销是指旅游企业利用各种会议介绍宣传本企业旅游产品的一种推销方式。例如，销售人员可以参加各类旅游订货会、旅游交易会、旅游博览会、旅游年会、地区或全国性的销售会议等。很显然，这些会议活动的参加人员都有可能成为本企业的潜在顾客。通过这种形式进行推销接触到的目标客户较多，能进行较集中的宣传和促销，省时省力，不仅有机会吸引更多的顾客，而且有利于扩大企业的影响。

(3) 派员推销。派员推销通常都在选定目标客户的基础上，通过面对面地向客户推介本企业的产品或服务，直接与客户开展交易谈判，争取客户选择使用本企业的产品或服务。在实际工作中，销售人员对客户进行拜访的直接目的因具体情况而异，主要包括进一步证实客户的资质、了解该客户的服务需求、达成交易等。

4. 人员推销的实施过程

采用的人员推销方式不同，其实施过程也相应不同。本部分将以派员推销为例，简单介绍旅游销售人员在开展人员推销过程中普遍会涉及的工作阶段。通常来说，我们可以把人员推销分为下几个阶段：寻找和发现顾客；做好推销准备工作；设法接近顾客，引起顾客的注意；开始推销面谈，介绍产品或服务；如果顾客就产品或服务相关的问题提出异议，应尽可能地处理好；当顾客有成交意向时，应主动提出请求，促使其购买；至此销售工作告一段落，但是还需要做好成交后的工作，如售后服务等。

(1) 寻找顾客。人员推销的第一步就是要寻找和发现顾客。这些顾客是指有购买能力、有意愿的顾客，可以通过多种方法和渠道去发现，如地毯式访问法、个人观察法、市场咨询法、资料查阅法、广告开拓法、连锁介绍法、中心开花法等。销售人员发现极可能成为购买者的顾客之后，就应重点关注他们的需求和愿望。

(2) 推销准备。推销准备是指在正式访谈之前进一步了解顾客的情况，确定具体的工作目标，选择接近的方式，拟订推销时间和线路安排，预测推销中可能产生的一切问题，准备好推销材料等。当对不同的顾客进行了充分的前期准备后，就可约见顾客。约见既是准备接触的延续，又是接近顾客的开始，因此它是推销能否进行下去的重要环节，绝对不能突然造访、干扰和不尊重顾客。

(3) 接近顾客。接近顾客是指见面寒暄阶段，这一过程往往是短暂的。在这短暂的时间里，推销人员首先要给对方良好的第一印象，因为第一印象往往会先入为主影响顾客的态度和对推销的看法；然后根据掌握的顾客的材料和接近时的实际情况，快速把握顾客当前的心理状态，判断转换交谈话题的时机。

(4) 推销面谈。接近和面谈是与顾客接触过程中的不同阶段，两者之间没有绝对的界限，其本质区别在于谈话的主题不同。接近阶段多侧重于双方感情交流和创造良好的氛围，而面谈则重点在于介绍和推销旅游产品。面谈是一项技巧性、艺术性极强的工作，要随对象、环境和个人经验进行不断变化，每一次面谈都是不尽相同的。销售人员应本着互惠互利的原则，以达到双方利益为目标，这样才能赢得顾客的信任。

(5) 处理异议。顾客对产品和服务提出异议，就表示他希望进一步了解相关情况，对产品感兴趣或者是有需求。如果没有任何异议，只有两种可能：①他根本就没有听进去，没有问题可提；②他已完全了解相关情况，产品和服务完全符合他的心意。通常第二种情况是非常少见的，而第一种情况则代表他对产品不感兴趣，不想购买。因此销售人员应积极主动地面对异议，充分利用这个机会消除顾客的疑惑，并进一步突出产品的特点或附加服务等。处理异议最大的忌讳就是与顾客争论，即使在顾客完全错误的情况下也要保持冷静，因为即使是在争论中占了口舌之快，最终也会影响销售结果。

（6）促进成交。处理异议之后，能否成交取决于两个方面：产品的质量、价格和信誉等，销售人员的能力、促进成交的技巧。此时，销售人员要密切关注各种成交的信号，抓住成交时机，及时将顾客注意力转向各种选择性决策，或提出建设性意见，或提供折扣优惠，促使顾客下定购买决心，有效地达成交易。

（7）售后服务。售后人员在交易之后还要与客户经常保持联络，安排履约的各项工作，加深感情。这样，以后如有新产品或服务，还可以继续推荐，即使客户不买，也会介绍给亲朋好友，形成口碑效应。

拓展阅读 6-2

成功销售员的基本特征

一个成功的旅行社销售员必须要有 3 个最基本的特征：正确的态度、合理的知识结构和纯熟的旅行社销售技巧。

1. 正确的态度

正确的态度是成功的保证。作为旅行社销售员，需要具备以下 3 个态度。

（1）成功的欲望。任何旅行社销售员的脱颖而出，都源自于成功的欲望。这种成功的欲望最初的出发点很可能是对金钱或者物质的欲望，即旅行社销售多少产品，以后能有多少物质收获，以便使其个人生活和家庭生活变得更加美满幸福。这种成功的欲望正是促使旅行社销售员不断向前的动力。

（2）强烈的自信。旅行社销售员的第二个态度是强烈的自信。这种自信不仅是对自己的自信，更重要的是对旅行社销售工作的自信。任何一名成功的旅行社销售员都对自己的职业由衷的充满热爱，对事业充满强烈的信心，而这也正是一个旅行社销售员所应具备的态度。

（3）锲而不舍的精神。旅行社销售员需要具备的第三个态度就是锲而不舍的精神。旅行社销售是从失败开始的，整个旅行社销售过程都充满艰辛和痛苦，因此锲而不舍的精神是旅行社销售成功的重要保证。无数次实践证明，在旅行社销售之前遇到的挫折越大，克服挫折产生的成就就会越大。

2. 合理的知识结构

每个旅行社销售员、销售经理都会想到关于产品和公司的知识。实际上，由于旅行社销售工作面对的是客户，所以在旅行社销售员的知识构成中，排在第一位的应该是客户的相关知识——你是否了解你的客户，是否了解你的客户的业务？每支旅行社销售队伍都有各种介绍自己公司和产品的资料，甚至每天晚上都会熟悉一下产品知识；但是每个旅行社销售部订阅很多关于客户的杂志，或者购买许多关于客户的书籍的情况却不多见。这种情况非常普遍，导致旅行社销售员和客户的距离变得越来越大。有时候旅行社销售员千方百计约到了某个客户，但是在和这个客户进行面对面交流的时候，旅行社销售员却往往不知道要说些什么。这种情况非常典型，而它的病根就在于不重视对客户知识的积累。

3. 纯熟的旅行社销售技巧

旅行社销售员应该具备的第三个特征是掌握纯熟的旅行社销售技巧。旅行社销售员最需要的就是旅行社销售的技巧。所有旅行社销售都遵循两条最基本的原则：一是见客户；二是销量与拜访量成正比。这两条原则是旅行社销售工作最基本的保证，旅行社销售员一定不能忘记。

（1）见客户。旅行社销售工作需要遵循的第一个原则就是见客户。如果没有见到客户，就算再高明的技巧、再渊博的知识都没有用处，所以要多花时间和客户一起度过。

（2）销量与拜访量成正比。每一个旅行社销售员都想旅行社销售更多的产品。其实，最根本且永不过时的方法就是使你的销量和拜访量永远成正比。如果说对旅行社销售技巧的掌握有时比较困难，自己不好控制，那么拜访客户的数量完全可以由自己来决定。作为旅行社销售员，必须牢牢记住，你的销量与你拜访客户的数量永远是成正比的。

（资料来源：http://www.pinlue.com/article/2020/03/0708/489990110143.html，略改动）

二、旅游公共关系策略

公共关系目前在国内外的大学中已经是一门独立的学科。把公共关系应用到营销中，形成一种新型促销工具，同时也是一种非常有效的间接沟通渠道。为了建立、维护、改善或改变企业和产品的形象，为了给企业的发展创造天时地利人和，企业通过一定的信息传播，建立企业与公众的良好关系，这就是公共关系。

1. 公共关系的作用及目标

公共关系涉及组内各个部门的影响力和形象，除进行公众态度调查、创建良好的公司形象等传统活动外，还可为旨在促销产品和服务的各类广告公关活动提供支持。公共关系的应用范围也非常广泛，如促销产品、人员、品牌、创意、活动、地点甚至国家。强生公司就曾巧妙运用公共关系，成功地挽救了濒临危机的"泰诺"；法国白兰地酒利用公共关系顺利打开了美国市场并随之进入世界市场。国家还可以利用公共关系吸引更多的国际援助、外商投资及旅游观光客。

作为一种营销传播方式，旅游公关活动的主要目的在于影响某些具有社会影响力的公众对本企业旅游产品的看法和态度，从而推动本企业战略目标的实现。因此，旅游公共关系在塑造旅游企业良好公众形象、提高其知名度和美誉度、增强市场竞争力等方面具有重要作用，主要表现在以下几方面。

（1）建立和维护与社会公众的良好关系。企业要在社会中生存和发展，就必须与整个社会的环境、人文习俗、公众的思想观念相协调。如只埋头专注自己的利益，做社会活动的旁观者，该企业必将没有多大发展空间，甚至连生存都会受到威胁。通过公共关系活动，企业参与各种有益的社会事件、赞助各种公益活动、保持与社会公众的良好沟通，可以使企业逐步建立起良好的公众形象，获得公众的爱戴和拥护，进而有利于企业的健康发展。

（2）提高企业信誉，促进销售业绩。通过公共关系活动，还可以提高企业的知名度和美誉度，以增强市场竞争能力。与此同时，向顾客传递企业产品的准确信息，密切与顾客的联系，针对顾客的需求传递满足顾客需求的意向，使顾客不仅感受以诚待人的经营作风，而且感受到企业产品的高质量，待时机成熟，顾客就会购买企业的产品。

（3）协调内外关系，预防危机损失。与相关媒体、社会团体、政府机构以及有其他业务关系的机构保持良好的关系，可以减少产品销售过程中的阻力。此外，在企业内部开展公关活动，可以缓解各种内部纠纷，减少不必要的内耗损失，增加企业的凝聚力。

如上所述，与媒体保持良好的关系是旅游企业公共关系的重要组成部分之一。因为通过媒体不仅可以向公众传播正面的新闻报道，还可以抑制潜在的负面新闻。一个与媒体有良好联系的企业有更多的机会在新闻发布之前阻止和缓解将要发布的可能不利于企业形象的消息。但是如果认为公关活动可以去掩盖企业或产品本身存在的缺陷就大错特错了。没有任何活动可以帮助一个不去改进其本身潜在问题的企业。因此公共关系一般是其营销和促销活动共同实施，而不能成为其替代品。

2. 公共关系的基本工具

旅游公共关系是一种可信度较高的信息沟通方式，企业常用的公关工具有以下几种。

（1）新闻报道。新闻报道将有新闻价值的企业活动信息或产品信息通过新闻媒体向公众传递，通常是客观描述事实，需以新闻工作者的风格来阐述，同时力争使其新闻价值最大化，收到有利于企业的公众效应。企业公关部门还可将企业的发展史、营销状况、重大发展动向、企业文化建设等内容写成新闻稿件，通过新闻媒体报道出去。此外，企业还可以邀请新闻记者来企业参观、召开新闻发布会和记者招待会等形式，向外界报道企业的情况，让社会公众多了解企业。

（2）演讲策划。由企业领导人通过一定渠道或活动发表演讲，介绍企业的相关情况以及企业回报社会和消费者的实际行动，以提高社会公众对企业的关注。

（3）公益赞助和捐赠。企业可以赞助教育、环保、健康等公益事业，还可以给发生灾害的地区和人们进行捐赠。这些赞助和捐赠活动一方面表现了企业高度的社会责任感；另一方面，公众透过这些活动，对企业增加了认知，产生对企业的好感，从而树立企业良好的公众形象，促进企业产品销售等。

（4）事件赞助。企业还可以通过赞助国内外有价值的事件实现新闻覆盖率，同时这些事件也有助于提高企业品牌的知名度，如赞助一些体育、音乐、艺术活动，学术竞赛、智力竞赛等。2008年北京奥运会时联想集团通过为奥运会提供电脑设备，大大提高了其在国内外的知名度，更加巩固了其市场地位。

3. 危机公关管理

案例 6-3

各大五星级酒店事件

2018年11月14日，"@花总丢了金箍棒"通过一段时长11分49秒的视频，曝光了近年入住的14家五星级酒店的卫生问题，事件被曝光的24小时内，14家酒店有11家进行了官方回应，3家未回应。

事件发生之后迅速在各大社交媒体蔓延，所有的酒店就像商量好了一样，并没有应急应对，前台工作人员接到记者电话询问被曝光的事件也没有意识到事态的严重性，只程序化地回复公关团队会回应；同时财经网、新浪网、新京报等主流媒体都对该事件进行追踪报道，财经网在事发4小时左右发布了一条微博，公布了14家酒店名单及问题和目前回复——"公关部已经下班，明天由公关部做出回复"并@各大酒店官微。

各大酒店公关团队没有针对危机突发事件的预案；没有一家酒店当天进行回应或正向引导，任由舆论发酵，到底是因为没看到还是没意识到事件的严重性？又或是各大酒店对于类似的危机已经习以为常，疲于应对了呢？

（资料来源：http://www.xinhuanet.com）

在向社会公众宣传企业的正面形象和经营业绩的同时，旅游企业不可避免地会在经营过程中遇到一些负面新闻，包括操作事故、质量投诉、违规行为、员工抗议等问题。企业如果能事先采取预防措施防止此类事件的发生是最好不过了，如果防不胜防，则应采取积极的行动来处理这些问题，降低负面影响，尽量控制损失，这就是所谓的危机公关。

危机公关包含了"危"和"机"两方面的含义，在任何时候都具有两面性。面对危机，如何转危为安不仅体现了一个企业的公关能力，也关系到企业的生死存亡。一般来说，企业的外部危机不是由于企业自身经营不善造成的，而是由于难以预料的外部市场的突变而造成的。危机公关管理就是指企业面对外部危机时所采取的特殊管理措施，以期最大限度地减少危机给企业造成的不良影响和损失。

任何企业的成长、发展不可能一帆风顺，偶尔失误或出现危机都是不可避免的。危机公关管理从一开始就应做好对危机的预防，也就是在危机来临之前进行管理，而不是等事故发生了再被动应对。首先，企业必须树立有关危机管理和危机公关的意识，并将其作为现代管理的重要组成部分。其次，企业还应制定严密的危机管理政策和措施，同时要考虑到公众的利益。这不仅是企业尽责的表现，而且能减少危机来源于企业疏忽的可能性。除有危机管理政策之外，还应制订相应的应变计划。计划预测企业的潜在危机及危机发生时的应对策略。由于危机往往是多变的、不可控的，因此应变计划也应灵活多变。

三、旅游促销组合策略

案例 6-4

激活冬季旅游要打好"组合拳"

冬季往往是旅游淡季，多数景区进入"休眠"模式。对于旅游业者来说，激发游客出行最直接的办法是降价促销。因此，一入冬，不少景区景点就在价格上做文章，吸引客源。一些知名景区如四川黄龙、北京故宫、敦煌莫高窟等纷纷执行淡季门票价格，降价幅度较大的甚至超过50%。还有一些景区实施免票政策，通过吸引游客增加人气来拉动消费。这些做法实际效果如何呢？根据媒体报道，价格优惠在一定程度上刺激人们出游，但激活冬季旅游靠单一的价格策略很难真正收到实效。

激活冬季旅游市场可以使用整合营销的方法，运用促销组合打造品牌形象，拉动游客需求。研究表明，整合促销效应远远超过单一促销。淡季促销尤其需要促销工具的配合。如广告与公共关系的配合，在策划公共关系事件的同时，以广告增强其影响力。事件本身如果具有较大影响力，往往能够吸引人气，从而引发事件旅游。作为一种特殊形式的旅游，事件旅游不受季节制约，可以在旅游淡季筹划以文化民俗旅游、商务会展旅游、体育赛事旅游等为主题的产品。促销的"推""拉"策略选择同样重要。现在景区的冬季促销不乏"推"的策略。所谓"推"就是以景区为起点，将旅游产品推向游客。一些著名景区，如世界文化遗产景区，实施冬春旅游季门票价格"五折"来奖励购买团体门票，就是"推"的策略运用。包机奖励、专列奖励、大型组团奖励等，也都是通过激励中间商，将产品推向游客。随着旅游品牌制胜时代到来，促销也要注重长远发展，注重品牌形象打造与宣传。

（资料来源：张苗荧. 激活冬季旅游要打好"组合拳" [N]. 井冈山报，2020-01-13）

（一）旅游促销组合的方式

旅游促销的方式多种多样，主要有针对旅游者的销售促进、针对旅游中间商的销售促进、针对销售人员的销售促进3个大类。每个企业可以根据促销目标、目标市场的类型、市场环境以及各种方式的特点等因素来选择适合本企业的方式。

1. 针对旅游者的销售促进

针对旅游者的销售促进的主要作用包括鼓励老顾客继续消费，促进新顾客消费，培养竞争对手的顾客对本企业的偏爱等。其具体方式如下。

（1）样品试用。样品试用是指为顾客提供一定数量的样品供他们免费试用，以便使他们在购买之前实际感受产品的性质、特点、用途，从而坚定他们的购买信心。

（2）优惠券。在购买某种商品时，持券可以减免一定的金额。

（3）赠送。旅游企业通过赠送旅游纪念品的方法促销，如旅行社赠送顾客旅行包、太阳帽等。

(4) 购物抽奖。这种一般是对购买特定商品或购买总额达到一定限度的消费者所给予的奖励,可以是一次性的,也可以是连续的。一次性抽奖是为了在一定时间内销售完某种产品,产品售完即停止奖励。连续抽奖是为了刺激顾客在较长时间内购买这种产品,如连续抽奖,各期奖品可以成为一整套。

(5) 组合展销。旅游企业将一些能显示企业优势和特征的产品集中展示,边展示边销售。

2. 针对旅游中间商的销售促进

为鼓励中间商大批量购买,动员所有旅游中间商积极购存或推销某些旅游产品。其具体方式如下。

(1) 促销合作。在中间商开展促销活动时,企业提供一定的帮助和协作,共同参与促销活动。促销合作可以通过提供现金,也可以通过提供实物或劳务的方式实现。

(2) 批发回扣。为鼓励中间商多采购或经销自己的产品,旅游企业可以根据其经销的产品的比例给予一定的回扣,经销越多,回扣越多。

(3) 销售竞赛。根据中间商经销本企业产品的业绩,为业绩突出者提供一定的奖励或优惠条件。

3. 针对销售人员的销售促进

针对销售人员的销售促进主要有分提销售额、推销竞赛、以销定奖等,目的是鼓励他们销售产品的热情,促使他们积极开拓新市场。

(二) 旅游促销的实施步骤

旅游企业能采用广告、公共关系等方式在目标市场中树立良好的形象,获得长期的品牌忠诚度,当然是最理想的方式。但是在旅游市场上,并非所有的品牌都是优势品牌,因此在市场上展开竞争就必须适当地采用销售促进这种更直接的促销方式。通常来说,一个企业的销售促进都会包括 5 个方面:确定销售促进的目标,选择销售促进的方式,制定销售促进的方案,实施和控制方案,评价方案效果。

1. 确定销售促进的目标

首先,销售促进目标应在营销整体目标的基础上确定,不能因过度追求短期的促销目标而忽视整体目标,更不能与之背道而驰。其次,针对不同的对象,销售促进的目标也是不同的。消费者、中间商、销售人员三者作为销售促进的对象,都有其独特的侧重点,而且其具体实施的方式也不同,应根据实际情况具体分析,制定合适的目标。

2. 选择销售促进的方式

确定目标之后,需要通过一定的方式和手段来付诸实际行动。上述各种方式都有其各自的特点和适用范围,在实际操作中应灵活采用。

3. 制定销售促进的方案

在实施之前,还应制订一个科学而符合实际的方案。销售促进方案是实施活动的具体安排，应该包括以下4个要素。

（1）方案预算。用于销售促进的预算是一定时期旅游企业的促销总预算中的一定比例，是指销售人员决定准备拿出多少费用刺激消费者，活动经费是多少。

（2）销售促进对象。可以是针对目标对象群的所有人，也可以是其中的一部分人。

（3）销售促进时间。销售促进时间的长短、促销频率均需适宜，要把握市场变化情况，选择恰当的时机。

（4）分配途径。即通过一定途径去进行促销活动。在选择分配途径时，既要考虑各种途径的传播范围，又要考虑成本。

4. 实施和控制方案

实施方案时，可以先在某一地区或针对少部分对象进行试验，看实际方案是否还存在不妥之处，经调整后，再扩大范围并正式实施方案，并时常对方案进行抽查和控制，防止出现较大纰漏和错误。一旦发现，就应及时纠正，确保能达到预期效果，否则将造成不良的影响，甚至严重损失。

5. 评价方案效果

方案实施之后还需评估其实施效果。通过收集与比较销售促进前后旅游企业的相关数据和材料，采用定量和定性相结合的方式，分析销售促进活动所实现的成果、产生的问题，并与最初制定的目标比较，看看是否存在差距、差距的原因是什么、今后在进行类似活动时可以在哪些方面进行改进等。

（三）影响促销组合的因素

旅游促销组合策略就是指旅游企业为了实现市场营销的战略目标，把各种促销手段和策略组合成一个有机整体，并加以综合运用，从而保障企业营销效果，实现企业的长期发展。对于旅游业这样一个季节性强、敏感度高且需求弹性大的行业而言，促销组合策略一直是旅游市场营销的重点和亮点。

由于各种促销手段都有其独特的利弊之处，因此在整个促销过程中，旅游企业必须根据所处的内外环境和企业本身的营销目标，灵活地选择，从众多的组合方案中选出最佳组合策略。在选择旅游促销组合策略时，会受到以下因素的制约和影响。

1. 促销目标

促销目标是影响促销组合决策的首要因素。每一种促销方式都有其独有的特点和成本差异，相同的促销方式用于不同的促销目标，其成本效益也会有所不同。不同的目标也会针对不同的对象，如针对消费者的促销组合应该要有较大的影响范围，而针对中间商的促销组合应着重激励中间商，体现给中间商的优惠和让利程度。

2. 产品性质

在旅游产品性质方面，不同性质的旅游产品，旅游者购买的需求不同，购买的动机和习惯也不同，因此需要不同的促销组合。对于顾客众多、分布面广、购买频率高，而每次购买量又较少的旅游产品，广告往往是主要的促销方式，其他方式均为辅助方式；对于价格昂贵、风险较大的旅游产品，旅游者需要更多的信息去衡量其性价比、可靠性等，一般广告所提供的信息不能满足其需求，因而可以把人员推销或公共关系等作为重点途径；而其他单位价值较低、大众性的产品应采用广告宣传为主，目标市场面较窄的产品则可以采用人员推销为主等。

3. 市场状况

不同的旅游市场，由于其类型、规模、消费者分布范围和数量的不同，应采用不同的促销组合。当市场潜在消费者较多时，应采用广告促销，以利于广泛开发市场；潜在消费者较少时，则可用公共关系或人员推销，以深入接触消费者、巩固现有消费者。同时，规模小、消费分布集中、地域狭窄的市场可以采用人员推销为主；规模大、消费者分布分散的市场可采用广告宣传为主。此外，市场还受每一地区的社会文化、风俗习惯、经济政治环境等的影响，选择促销组合的策略时，应与它们相适应，以达到最佳促销效果。

4. 产品生命周期

产品生命周期是设计促销组合时应考虑的重要因素。旅游产品处于不同的生命周期阶段时，需要采取不同的促销组合。在产品的导入期，促销主要以宣传为主，让目标客户知道该产品的存在。一般而言，广告和公共关系都可以让目标群体认识某种产品类别或品牌，提高其对该产品或品牌的关注度，同时还可以用销售促进的方式作为辅助，鼓励人们购买之前试用该产品。在产品的发展期，仍可大量使用广告进行宣传，但可以减少销售促进，因为消费者不再需要多少刺激就会购买。此时，促销策略的重点应该放在产品与竞争对手的产品之间的差异化优势上，突出产品或品牌的优势，建立和维护消费者对品牌的忠诚度。当产品进入成熟期时，竞争对手日益增多，市场竞争十分激烈。在这一阶段，大部分消费者对产品已有所了解，销售促进也逐渐起着重要作用，再度刺激消费者的购买欲望。当产品进入衰退期时，企业应相应降低促销规模，广告也仅起到提示作用，公共关系、人员推销等方面可减至最小规模，但销售促进可继续开展，保证产品的顺利销售。

5. 企业状况

企业状况对促销组合的影响主要是指企业的资金状况对促销组合的影响。因为资金状况直接关系着促销预算，而促销预算的多少又影响着促销方式的选择。各种促销方法所需费用是不相同的，企业应使用尽可能少的花费取得尽可能大的促销效果，提高促销效率。除资金状况外，企业规模、声誉、知名度等因素都会影响促销组合策略的制定。

（四）制定促销组合策略

在对上述因素综合分析的基础上，可以初步制定促销组合策略。如前所述，不同的方式组合可以形成不同的策略。但是，大体来说，这些策略可以分为拉式策略和推式策略两大类。

1. 拉式策略

拉式策略是基于直接激发最终消费者对本企业旅游产品的兴趣和热情，形成急切的市场需求，促使其主动去寻找购买途径，然后拉引中间商纷纷经销这种产品。在市场营销过程中，由于中间商与生产企业对某些新产品的市场前景有不同的看法，当新产品上市时，中间商因担心市场风险过高而不愿经销。在这种情况下，生产企业就可以先对消费者进行推销，形成巨大的市场需求，促使经销商经销。拉式策略常用的方式有广告、销售促进、展览促销等。

2. 推式策略

推式策略是着眼于积极地把本企业旅游产品推向目标市场，也就是指推介旅游产品经分销渠道最终达到消费者手中。推式策略的意图是旅游产品生产者或提供者劝说或诱使旅游中间商及旅游消费者来购买自己的产品，使旅游产品逐次地通过各个销售渠道，并最终抵达旅游消费者。表现为在销售渠道中，每个环节都对下一个环节主动出击，强化顾客的购买动机，说服顾客迅速购买。这种策略主要是以人员推销为主，销售促进、公共关系等与之相配合。

拓展阅读 6-3

旅游饭店促销十大手段

对旅游饭店企业而言，可以借鉴参考的促销方式主要有以下 10 种，每一种方式都不可能是孤立的、无所依托的，方式的运用常常呈交叉状、组合状，对此，需要企业研究选择更有力、更有效的方式。

（1）依靠政府，借势造势。所谓依靠政府是因为政府承担着整体走向市场的责任，具有强大的组织力、影响力，所以，借助政府这条大船出海是走向市场的捷径之一。

（2）借助媒体，广示天下。现代社会是一个信息社会，信息的载体是传播媒体，包括电视、电影、报纸、杂志、广告等，这些媒体已经成为大众时刻关注的焦点，成为信息来源的渠道，借助媒体，可以广示天下，迅速扩大自己的知名度。

（3）口号开路，形象导入。形象宣传已经成为现代营销的重要策略。树立形象，传播形象是每一个企业乃至一个地区、一个城市十分注重的促销方式。用简洁、明快的语言或图形，浓缩自己的形象，更容易进入市场对象的脑海，成为市场对象的选择。

（4）区域联合，携手促销。有时候，一个地区或某一个企业孤军奋战会显得势单力薄，也缺少某种信任度，因此区域联合对市场的吸引力无形中会加大，而一个地区或一个企业在区域联合中会得到整体优势所带来的巨大利益。

（5）科技领先，网络推广。现代科技极大地影响着我们的生活，科技进步也给旅游业的发展注入了新的活力。网络促销已经成为世界范围内最热的或者说上升速度最快的促销手段。借助科技，实行网络促销，各个企业、各个地区都应该认真研究，迅速跟上时代的步伐。

（6）举办活动，集中宣传。现在各地或者各个企业都在研究举办各种活动，包括文体活动、美食活动、康体活动、展示活动等，这些活动有些是大型活动，也有些是企业自己组织的小型活动，无论哪种活动都是集中宣传自己的好机会。

（7）关注名人，借名扬名。名人一般是指那些社会上的成功者，他们的影响力相对普通人来说要大得多。名人也会产生一些特殊的吸引力，借助名人，吸引名人，是某企业、某地区很好地宣传自己的机遇。

（8）行业联手，组合产品。旅游是多行业组成的产业，一个企业不可能完完全全囊括全部的旅游要素，不可能满足旅游者的全部需求。因此，必须把分散的要素组合成产品，使产品具有较强的市场竞争力。

（9）全员促销，突出能力。科技进步不可能完全抹杀人的作用，科技也需要人来掌握，更何况旅游促销常常有情感的因素，而情感是通过人与人之间的交流才得以巩固发展的。所以在旅游促销中，仍然要强调个人的能力，有一支好的促销队伍，甚至达到全员促销的良好状态，对企业发展、对企业走向市场至关重要。

（10）提高质量，重视口碑。任何促销都是在服务质量，包括软件质量和硬件质量得到基本保证的基础上的对外活动。促销不是骗人上当，也不是一锤子买卖，所以，必须有一个服务质量的基本保障。这种保障是促销强有力的支撑点，是形成良好口碑的支撑点。有良好的口碑，就会有回头客，就会有越走越亲的熟客。

（资料来源：https://www.jinchutou.com/p-38380143.html）

 总结案例

"唐山周末"——2019中国文旅营销案例典范

2020年1月15日，由人民日报社指导，国家人文历史杂志社、人民文旅主办的"2019中国文旅品牌影响力大会"在人民日报社举行。

唐山市文化广电和旅游局"唐山周末"品牌营销被评为"2019中国文旅营销案例典范"。

"唐山周末"文化旅游品牌建设，是唐山拓展京津冀等周边市场、加快发展文化旅游产业的重要抓手。市委、市政府高度重视，近年来全市文化旅游宣传工作紧紧围绕"唐山周末"这一主题，采取了一系列行之有效的宣传举措，吸引客源来唐山休闲度假。

一是实施"珍珠项链"工程。随着周末游的兴起，特色节庆活动成为我市吸引客源的重要抓手，在市政府"珍珠项链"工程统领下，谋划实施各类型旅游节庆活动，做到月月有活动、季季有精彩。主要打造了"唐山周末·百万人徒步大会""唐山周末·美食节""唐山周末·曹妃甸国际河豚节"等大型旅游营销活动，不断丰富"唐山周末"品牌内涵。

二是多媒体立体宣传营销。①传统媒体立体网络。"唐山周末"文化旅游品牌已经在中央电视台《朝闻天下》栏目中打响；在海航机载电视投放旅游宣传片；在北京7500个主要社区、办公楼宇电梯和户外LED大屏投放城市宣传片；依托北京至唐山高铁动车，冠名"唐山号"列车，投放头枕帖、小桌板、列车电视广告等；在北京站、北京南站、石家庄站、唐山站等站的候车服务中心，借助合作单位的力量发放"唐山周末"资料。同时，积极在《中国旅游报》《河北日报》《河北经济日报》《自由天下》等媒体投放"唐山周末"旅游线路和形象宣传广告；在我市《唐山晚报》《唐山劳动日报》、唐山电视台、电台、公交电视等媒体进行宣传。②新媒体营销巧妙介入。策划组织了主题多样的多场达人采风活动，有来自搜狐、新浪、腾讯等媒体平台的编辑记者、旅游达人等，产出了众多以唐山旅游为内容的优质微博、微头条、游记攻略、灵感文章等,被广大网友点赞认可,得到了多方的互动与转发。

三是走出去举办活动对接市场。①开展客源城市宣传。每年赴京、津、冀和开通高铁、航线的重点客源地开展有针对性的系列营销推介、主题活动。②积极参与各类国际、国内展会。组织县区局和文旅企业积极参加北京旅游国际博览会、中国旅游产业博览会、中国国际旅游交易会和海南世界休闲旅游博览会等海内外具有影响力的展会,持续宣传唐山特色文化和旅游资源。

(资料来源:http://whgdhlyj.tangshan.gov.cn/lvyouju/lvyj_gongzuodongtai/20200120/829542.html,略改动)

同步练习

一、单项选择题

1. 旅游目的地邀请明星担任"旅游形象大使"等活动属于旅游促销中的(　　)。

   A. 广告　　　　B. 公共关系　　　　C. 营业推广　　　　D. 人员推销

2. 以下方法中不属于旅游促销组合的是(　　)。

   A. 广告　　　　B. 营业推广　　　　C. 品牌塑造　　　　D. 公共关系

二、简答题

广告销售效果不等于广告传播效果。通过广告提高了产品的知名度,但不一定能提高产品的销售量,如果出现这种情况,企业应当采取什么措施应对?

三、案例题

如今,在文化和旅游相融合的大背景下,文化和旅游产业可以相互促进、协同发展,同时旅游与文化相结合的方式也可以为用户打造更加丰富的出游体验,满足用户的品质化旅游消费体验。2019年"国潮"来袭,为适应"双11",南湖国旅以"快打慢游"的节奏,推出了多个自由行系列,分为"名山秀水""名城古韵",价格最高不超1999元,其中成都双飞5天含往返机票+1晚高级酒店为999元。

而从目的地流向和旅游行程内容来看,电商节客群的"心头好"也更偏向小众、浪漫、轻奢、新鲜、有趣等标签,从广之旅过去2年的销售业绩来看,出境游的土耳其热气球体验、日本深度游、迪拜帆船酒店游艇体验等,国内游的内蒙古滑雪玩沙、西藏林芝桃花节、四川成都火锅美食,以及2018年全新开放的港珠澳大桥,都是最热门的旅游项目。

试分析南湖国旅与广之旅"双11"旅游促销的风格特点及优势、劣势。

(资料来源:叶佳茵,韦柑潞.旅游"双11"线上线下两不误 主题游受追捧[N].信息时报,2019-11-07)

实训项目

作为一家旅行社的市场部人员,调查本省主要旅行社的淡季促销政策,并详细进行记录。

分析这些旅行社促销政策的优劣势，并思考本公司的促销政策。4~6 位同学为一组，撰写该旅行社的淡季促销方案，并做成 PPT，进行全班汇报。

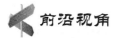
前沿视角

> **马蜂窝旅游：新体验经济下旅游营销应以体验为核心**
>
> 2019 年 12 月，马蜂窝旅游召开"2019 地球发现者大会"，发布了以"攻略+"服务生态为核心的 2020 年全新旅游营销战略。会上，马蜂窝分享了其基于海量用户及大数据下，对于旅游市场的新洞察。会上提出，"今天，消费者的体验链条被大大延长了，从拿起手机的那一刻起，人们就已经进入商家创造的体验链条当中。全新的交互为人们营造出全新的体验，也为商品本身赋予了新的内涵与价值。"陈罡表示，在线上线下的多场景交互中，平台构建着人与人、人与生活、人与世界的连接，并在此过程中释放巨大的营销潜能。
>
> 基于这样的市场趋势，马蜂窝发布了 2020 年"攻略+"营销战略，提出将立足内容优势，围绕"攻略即服务"的核心理念，深耕兴趣社区与圈层玩法，扩展营销半径与营销场景，构建"种拔一体"的决策闭环，打造覆盖内容营销、IP 营销与数字营销的全景营销图谱。马蜂窝还针对旅游目的地、邮轮、航司、酒店、景区、餐饮、汽车等不同行业，分别提出了五大细分商业场景解决方案，并将围绕春节、"十一"等旅行节点大事件，与合作伙伴共同打造爆款 IP 营销。
>
> （资料来源：https://finance.sina.com.cn）

项目小结

本项目对旅游产品促销与旅游产品人员推销的概念进行了系统介绍，阐明了旅游产品促销的作用与旅游公共关系策略；论述了旅游产品常用的促销策略；阐述了旅游广告策略的实施步骤。

旅游产品促销有多种形式，其中用途最广、最为重要的方式就是旅游广告，旅游广告要是做得好，就能促进其产品的销售，反之则不然，所以，要认真选择旅游广告的传播媒体、实施措施等因素，并留意旅游广告投放后的销售效果，以做调整。

旅游促销，实质上是实现旅游营销者与潜在购买者之间的信息沟通，促销过程就是信息的沟通过程。旅游促销策略与信息沟通包括广告、营业推广、人员推销、公关关系等具体策略，根据这些策略的具体指向，又可以分为推、拉式策略，大部分企业在旅游市场营销实践中，都会把两种策略结合运用，即在吸引潜在的旅游消费者购买的同时，又努力调动旅游中间商经销或代理的积极性，通过双管齐下，打开旅游产品市场。各种方法有其特点，对不同的旅游产品和处于不同生命周期阶段的旅游产品，要采用不同的促销组合。

综合训练

1. 实训项目

选择本地知名的旅游行业企业（旅行社、酒店、旅游景区等），运用相关知识，分析该企业旅游咨询的销售方式，并进行旅游推销实战演练。

2. 实训目标

培养学生运用所学营销理论分析具体情境问题的能力，通过项目让学生熟练运用旅游推销实战的知识和技巧。

3. 实训指导

（1）重点考察旅游营业推销的特定情境。

（2）考察接近顾客前的寒暄情境。

（3）考察售后服务，与顾客加深感情的情境。

（4）给学生提供必要参考资料。

4. 实训组织

（1）把所在班级学生分成小组，每组 4~6 人，确定组长，实行组长负责制。

（2）设置场景，进行角色扮演。

（3）通过角色扮演，展示出对不同类客人的旅游销售过程的不同。

（4）通过角色扮演，展示出售后服务过程。

5. 实训考核

（1）根据每组的课堂表现和实际效果，由主讲教师进行评分和点评，占 50%。

（2）课堂演示完后，每个小组互评，各给出一个成绩，取其平均分，占 50%。

项目七 制订旅游市场营销计划

【学习目标】

知识目标

1. 认识旅游市场营销计划的基本概念和类型。
2. 掌握旅游市场营销计划的基本内容。
3. 理解旅游市场营销计划的实施和控制过程。

能力目标

1. 掌握旅游市场营销计划的编写要点。
2. 能运用旅游市场营销管理方法来分析旅游市场营销计划。

素质目标

1. 培养学生敏锐的旅游市场营销直觉,能有效地感知市场变化。
2. 培养学生开拓创新能力,能快速查找信息,编制旅游营销计划的能力。

思政目标

1. 培养学生具备良好的旅游市场营销职业道德和素养。
2. 培养学生具有正确的职业观和价值观。

【学习指南】

学习方法

1. 讲授学习法。通过聆听教师讲授,理解、掌握知识。
2. 记忆卡片法。通过学习概括内容,列出标题,做成记忆卡片,分类整理。
3. 案例学习法。通过案例分析,总结经验,强化知识运用。
4. 项目学习法。通过完成具体项目,解决实际问题,提升专业技能。

学习资源

1. 章节配套PPT。
2. 参考书目。陈丹红. 旅游市场营销学[M]. 北京:清华大学出版社,2019。
3. 网络资源。

(1) 中国旅游集团:http://www.ctg.cn。

(2) 网易:https://money.163.com。

(3) 新浪网:https://finance.sina.com.cn。

(4) 搜狐网:https://www.sohu.com。

(5) 淳安千岛湖门户网站:http://www.qdh.gov.cn。

(6) 中国龙江森林工业集团有限公司:http://www.ljforest.gov.cn。

(7) 智狼营销:http://www.thinkwolf.com.cn。

(8) 人人都是产品经理:http://www.woshipm.com。

(9) 旅游圈:https://www.dotour.cn。

(10) 简书:https://www.jianshu.com。

任务一　认知旅游市场营销计划

任务目标

旅游市场营销计划是旅游产品的主要推广手段。大学生作为旅游市场的主力军,对旅游产品有特定需求。现在越来越多的大学生利用暑假期间出游。请你针对大学生旅游需求,编制一份暑假期间大学生旅游市场营销计划。

任务实施

每个小组将任务实施的步骤和结果填写到表 7-1 任务单中。

表 7-1　任务单

小组成员:		指导教师:	
任务名称:		模拟地点:	
工作岗位分工:			
工作场景: 1. 营销对象:在校大学生 2. 营销时间:暑假 3. 旅游市场营销计划,充分考虑营销对象的消费能力及需求			
教学辅助设施	旅游市场营销计划		
任务描述	通过编制旅游市场营销计划,让学生熟知旅游市场营销计划		
任务资讯重点	主要考查学生对旅游市场营销计划编制工作的认识		
任务能力分解目标	1. 具备旅游市场营销计划的基本知识 2. 掌握编制旅游市场营销计划的基本能力 3. 能够实施旅游市场营销计划		
任务实施步骤	1. 学生分组,学习相关知识点 2. 教师展示一个旅游市场营销计划案例,并进行讲解 3. 每个小组根据要求制订一份旅游市场营销计划进行汇报 4. 各小组展示成果,小组互评,教师点评		

任务评价考核点

1. 了解掌握旅游市场营销计划的概念、内容及功能。
2. 知晓旅游市场营销人员应具备的基本知识。
3. 能够编制简单的旅游市场营销计划书。

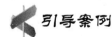

被摘牌的乔家大院——旅游营销计划与实施的差距

电视剧《乔家大院》作为 2006 年的开春大戏,它的热播引起了全国的"乔家大院热",

许多游客慕名而来,想看看晋商乔家的发祥地。一部《乔家大院》使乔家大院旅游由淡转旺,游客备增,门票大涨,甚至迎来了该地的旅游高峰。旅游业与影视文化业的完美结合,创造了更多的机遇。随后,经过多年努力,乔家大院于 2014 年 11 月被评定为 5A 级景区。

乔家大院的营销是旅游市场营销的典范,它充分利用影视和媒体宣传,打造文化主题。正是利用了对乔家大院的定义和分析,制定策划出新的营销方案,打造文化旅游主题,利用市场营销观念,为乔家大院进行包装。这个过程体现了市场营销。西祁县民俗博物馆馆长王正前这样解释他的电视剧、小说和大院三位一体的营销思路,在他看来,文化营销对于乔家大院来说是一张真正有震撼力的名片。乔家大院不仅只是电影场景和道具。其实大院本身就是历史的一部分,而这部分历史文化的挖掘才是大院魅力的核心和灵魂。

《乔家大院》热播,让更多人知道乔家大院,游客不断增加,这种与影视结合起来做旅游宣传的手段体现了体验营销,让游客身临其境,体现了市场营销观念,市场营销观念是一种以消费者的需求为中心的经营思想。它认为企业的一切活动都应以消费者中心,满足消费者的需求是企业的责任。营销观念是一种"以需定产,以需定销"的观念,重点在"营",强调"谋划""策划"。在乔家大院,游客从被动的参观者变为主动的参与者,联系到电视剧,有一种情境代入感,从而获得旅游体验的极大满足。

然后,旅游不仅仅是营销计划,还在于打响营销战后的经营,还要看旅游营销计划的实施。如果说,乔家大院旅游营销是 90 分,那么其旅游营销计划的实施就是不及格了。从 2014 年挂牌 5A 景区,仅仅过了 5 年时间,2019 年 7 月 31 日,乔家大院遭遇文化和旅游部的"顶格处罚"——因旅游服务质量严重不达标或存在其他严重问题,被直接摘牌。文旅部报告显示,乔家大院景区目前存在六方面问题:旅游产品类型单一;过度商业化;交通游览方面存在不足;安全卫生投入不够;景区综合管理有待提高;资源保护有缺陷。

(资料来源:https://money.163.com,有删减)

思考:什么是旅游营销计划?旅游营销计划与旅游产品提升,旅游服务质量谁更重要?

一、旅游市场营销计划认知

(一)旅游市场营销计划的概念及作用

1. 旅游市场营销计划的概念

旅游市场营销计划是指旅游目的地或企业为实现近期目标,根据营销战略的统一部署,对内外部各种营销资源使用状况的具体设计和安排。简而言之,旅游组织或企业对下一步营销行动所设计的书面工作方案就是其营销计划。企业或组织在选定目标市场后,营销策略就是对企业进入各个细分市场后将要采取的营销活动进行具体安排,进行系统的规划,策划具体的行动方案,营销计划可以使业务的开展有据可循、统筹规划,取得较高的工作效率。营销计划是一个书面文件,要以准确、明晰的文字或图表明确营销活动的指导方针,保障企业或组织在计划周期内的各项营销活动能够稳定、连续、有效地开展并最终达到计划的目标。

尤其是旅游行业，由于旅游市场需求的波动性，旅游行业在计划规定的目标范围内开展工作尤为重要。

对于旅游市场营销计划的理解，可分3个层次：首先，旅游市场营销计划所处的层次是指导整个计划期内各项营销活动的战略层次。其次，旅游市场营销计划要把如产品、销售渠道、广告和促销、公关与宣传、营销调研、定价以及顾客服务等方面联系起来，统筹规划，以取得更高的工作效率。最后，旅游市场营销计划是一个书面文件。

2. 旅游市场营销计划的作用

旅游市场营销计划是整个营销工作准备阶段的"产品"，概要地描述了旅游营销活动的目标、内容、要求与工具运用，集中体现所制定营销战略的思想精华，并在整体营销活动中发挥着重要的作用。

（1）旅游市场营销计划具有重要的战略作用，可为管理部门决策提供参考依据。市场营销部门重点工作是旅游产品的推销，在制订旅游市场营销计划时，更多地从营销角度规定其他部门的行为而不能充分考虑其实际情况；在沟通不足的情况下，这种矛盾有更加激化的趋势。因此，旅游市场营销计划以书面形式呈现给管理部门，由上级管理层综合、全面地考虑企业各部门的具体情况，协调各部门业务及利益关系，从总体上制定旅游企业经营的整体战略，这就使旅游企业营销活动有一个统一规划，有利于旅游企业发展战略的实施。

（2）旅游市场营销计划是市场营销部门实施营销活动的备忘录，一旦营销战略决策得以确认，就要在具体行动中保证其贯彻与落实。在此情况下，计划书就成为营销人员在工作中必须遵循的行动规范。各级营销工作人员要充分领会、认真把握，同时又要根据实际情况及时反馈各种有价值的信息，并灵活地加以运用。

（3）旅游市场营销计划书是旅游企业其他部门的业务指南。在旅游企业各部门中，营销部门的地位较为特殊。因为它不但要制订自身的行动计划，还要规范其他部门在工作中如何配合与协作，具体领导其他业务部门及职能部门共同实现本企业的市场营销目标，这是由市场营销的本质所决定的。在市场营销活动中，营销部门的权威必须得以保护，其他部门要根据营销战略计划书的指导与要求，全力予以贯彻和配合。当然，业务指南并不意味着盲从，其他部门在营销活动中还要充分发挥主动性，积极向营销部门提出意见与建议，对市场营销战略加以完善。

旅游市场营销由于市场的发展变化往往会掩盖或削弱计划工作的必要性，一些企业往往因忽视计划而失败。为了在随时都有可能出现市场萎缩和营业萧条的情况下，旅游企业能够有目标地开展工作，市场营销计划工作已经成为现代旅游企业的工作重点。

（二）旅游市场营销计划的类型

1. 从计划内容层面上来划分

从计划内容层面上来划分，旅游市场营销计划一般分为以下几类。

（1）产品营销计划，即单个品牌的市场营销计划。

（2）产品类别市场营销计划，即关于一类产品、产品线的市场营销计划，已经完成、经过认可的品牌计划必须纳入其中。

（3）新产品计划，即在现有的产品线上增加新产品项目，同时进行开发和推广活动的市场营销计划。

（4）细分市场计划，即面向特定细分市场、顾客群的市场营销计划。

（5）区域市场计划，即面向不同国家、地区、城市等的市场营销计划。

（6）客户计划，即针对特定的主要顾客的市场营销计划。

这些不同层面的市场营销计划之间需要协调、有机整合。

2. 从时间上来划分

从时间上来划分，旅游市场营销计划可划分为长期战略性营销计划和短期战术性营销计划两大类。

（1）长期战略性营销计划。战略性营销计划是一种长远性规划，通常指3~5年或更为长久的时间。战略性营销计划同旅游企业总体经营规划或某个旅游目的地旅游企业总体发展规划相对应，它要回答以下4个基本问题：本企业的经营现况如何？本地旅游业的发展现况如何？今后某一较长的时期内要达到什么样的目标或地位？如何实现这一目标或地位？

对于以现代市场营销为导向的旅游企业来说，战略性营销计划是企业总体经营规划中最重要的组成部分，这主要是因为市场营销计划在很大程度上决定着企业未来的营业收入。旅游企业总体经营规划中能不能实现长远的盈利，则取决于能否争取到足够数量的顾客来购买产品。战略层面上的营销计划着眼于长远性的营销决策，它所反映的是未来的发展蓝图。从这个意义上来说，战略性营销计划具有主动和超前的特点，同时，也是针对市场供求发展趋势所做出的一种策略性计划。

战略性营销计划的主要内容包括以下几个方面。

① 战略目标。所谓战略目标是指一个旅游目的地或旅游企业在将来某一时期内在市场中所占据的位置，通常要就未来的目标市场、产品范围、销售量、计划增长率、市场份额以及创收或利润等方面做出大体规定。

② 形象定位。规定未来某一时期内旅游企业或旅游目的地在市场上应努力树立起何种形象，以及在人们心目中达到何种地位。所谓在市场上的形象，主要指旅游企业或目的地及其产品在现有或潜在顾客市场心目中的地位。实际上，关于未来形象地位的决策性也是一种战略目标，但这种目标通常不便以量化的形式来表达。

③ 营销预算。营销预算是指实现营销计划目标所需要的资金数量和筹集方案。

④ 措施方案。措施方案是指为实现既定目标所需采取的各项行动计划，包括人员、分工、时间、进度、保障条件、完成措施等。

案例 7-1

战略营销的变迁——以凯撒旅游为例

凯撒旅游是我国知名旅游上市公司，重点是境外旅游。自2016年起，凯撒旅游战略营销目标明确，既有立足于长足发展的战略营销规划，又有能落地实施的短期营销计划，充分借助大股东的资源优势,加速获取上游目的地资源,同时继续围绕"旅游+"深化全产业链布局,并提升了邮轮游、体育旅游等特色产品的品牌优势,还通过合作等方式进军国内游热门目的地,从而分散出境游目的地风险。

2016年,凯撒旅游战略营销:四大项目的发展,国际航旅通项目,游轮销售平台项目,国内营销总部二期项目和公民海外即时服务保障系统项目。将旅游与海航具有优势的航空紧密结合,量身打造包机航线,发展国际旅游包机类业务。构建国内营销总部,凯撒旅游旨在依托既有优势,进一步加快全国布局,逐年建设"凯撒旅游体验店+升级版体验店+凯撒到家店+凯撒 mall"的多种店型且能覆盖全国的线下零售网络。

2017年,凯撒旅游战略营销:立足出境旅游"消费升级、品质旅游",从产品到品牌,从渠道到营销,凯撒旅游依靠旗下凯撒体育、凯撒邮轮、滑遍天下、签动全球、明智优选等一系列专业子品牌成功孵化,凯撒户外、凯撒徒步、凯撒游学蓄势待发,将助力公司打通垂直细分领域,有效提升市场占有率。

2018年,凯撒旅游战略营销:积极布局专业细分化旅游市场,研发推广"新、奇、特、高"系列、"明智优选""凯撒名宿""凯撒度假"等特色品牌,加快子品牌的孵化节奏,促进业务形态多元化发展;渠道方面,通过线上开发多样营销工作,线下探索丰富门店运营形态,同步加强异业合作力度提升客户关联体系,形成线上与线下协同一体化;资源方面,完善细化供应商体系管理,提升地接供应商合作数量,确保在产品接待服务质量的同时,强化公司对成本的把握力度。

2019年,凯撒旅游战略营销:持续完善产品体系,细分领域的子品牌业务获得持续增长。旗下"度假""定制""国内"等业务势头良好。其中,作为凯撒旅游的年轻化品牌,"凯撒度假",超过90%的客户群年龄为20~35岁,这一定位与凯撒旅游主品牌形成了良好的"互补"效应。2019年上半年,"凯撒度假"的自由行人数、境外参团人数均实现大幅增长。专注定制旅游市场的子品牌"明智优选",着力打造知识付费和响应迅速等核心竞争力,收获良好的市场反馈,定制业务营收增长迅猛。

(资料来源:凯撒旅游年报,2016—2019年,略改动)

(2) 短期战术性营销计划。战术性营销计划又称营销行动计划。战术性计划是解决未来短期内市场营销工作的决策方式。市场营销工作的大量实践活动往往都是在短期内发生的,属于战术性范围。从长远战略意义上讲,一个旅游目的地或旅游企业应当根据自己对未来市场需求的分析和预测,更新自己的产品和定价策略,在满足消费者需要的同时,实现自身的发展。但是,一个旅游目的地或旅游企业在近期内只能在某些限制性因素的制约范围内,提供和出售自己的产品或服务。这些限制性因素中,既包括外部因素,也包括内部因素。在外部因素方面,市场需求的变化除其方向之外,还有一个变化的速度问题,这意味着在筹划新产品开发的同时,短期内仍需要以尚未过时的现有产品去开展经营。在内部因素方面,一个旅游目的地或旅游企业因自己的能力有限,短期内难以使自己开发的旅游产品迅速适应消费者需求的变化。为了生存,它们可能不得不通过自己所能利用的一切营销手段去刺激现有的需求和应付竞争者的挑战。这些情况都说明，长远计划的实施不可避免地要以近期目标的落实为基础。旅游市场营销计划在旅游企业经营活动中的作用日益突出，它不仅为旅游企业经营指引了方向，还为旅游企业实现营销目标乃至总体目标规定了具体的内容和步骤。

拓展阅读 7-1

新体验经济下马蜂窝 2020 年旅游营销"攻略+"新战略

2019 年 12 月 12 日，马蜂窝旅游网于北京召开"2019 地球发现者大会"，马蜂窝旅游网联合创始人、CEO 陈罡，马蜂窝旅游网高级副总裁于卓，马蜂窝旅游网副总裁周默出席大会。大会上，马蜂窝首次发布了以"攻略+"服务生态为核心的 2020 年全新旅游营销战略，并对"攻略+"营销新战略进行了详细解读。

1. 新体验经济机遇中的营销抓手

陈罡在演讲中提出，移动互联网发展至今，以"服务"为核心的体验经济 1.0 正在全面转向以"交互"为核心的体验经济 2.0，"新体验经济"时代已到来。而由此产生的新一代旅行玩乐消费，是所有行业都值得抓住的营销新机会。

陈罡表示："今天，消费者的体验链条被大大延长了，从拿起手机的那一刻起，人们已经进入到商家创造的体验链条当中。全新的交互为人们营造出全新的体验，也为商品本身赋予新的内涵与价值。而在线上、线下的多场景交互中，平台构建着人与人、人与生活、人与世界的连接，并在此过程中释放巨大的营销潜能。"

基于这样的市场趋势和深刻洞察，马蜂窝发布了 2020 年"攻略+"营销战略，提出将立足内容优势，围绕"攻略即服务"的核心理念，深耕兴趣社区与圈层玩法，扩展营销半径与营销场景，构建"种拔一体"决策闭环，打造覆盖内容营销、IP 营销与数字营销的全景营销图谱。

于卓介绍道："在马蜂窝看来，攻略不仅是一种文体，内容、POI、大数据为用户提供的服务，皆为攻略的服务。攻略建立起用户与旅行之间的桥梁，也是品牌与用户连接的抓手，依托攻略构建与产品、数据、创意、IP 相结合的营销服务体系，将是 2020 年的战略重点。"

会上，马蜂窝还针对旅游目的地、邮轮、航司、酒店、景区、餐饮、汽车等多个不同行业，分别提出了五大细分商业场景解决方案，并将在 2020 年围绕春节、"十一"等旅行节点大事件，与合作伙伴共同打造爆款 IP 营销。

2. 以"攻略+"深耕兴趣圈层

旅行需求的个性化已成为行业共识，如何深入理解和满足游客的个性化需求，是旅游产业发展需要面对的关键课题。于卓在会上强调，近两年间，马蜂窝在基于旅行兴趣延展出的多元圈层，已展开了丰富且卓有成效的营销探索和实践。

"从潜水、滑雪、登山，到旅行摄影、穿搭、购物、探店，基于兴趣圈层的精准营销，能够为各行业带来品牌资产、品牌流量与品牌价值的全面提升。"于卓称。

在2018年与新加坡旅游局合作的"我要的暑假作业"大型活动中,马蜂窝帮助新加坡沉淀了深厚的线上资产,精准触达了旅行亲子圈,构筑亲子传播矩阵,成功塑造中国亲子游目的地的特色品牌。而在2019年5月,马蜂窝上线全新自驾游频道后,联合全球12个自驾游目的地共同发布了12条2019年官方推荐的自驾线路,为自驾人群构建了"内容+交易"一体化的闭环式消费场景。

对于这些圈层的渗透与深耕都依托于马蜂窝的优势内容,通过"攻略+"的新营销策略,马蜂窝得以将用户、内容与场景以更好的方式形成串联,打造一个更加高效的营销闭环。

周默也在演讲中详解了马蜂窝新的内容营销策略。在周默看来,马蜂窝作为旅行玩乐平台,本质上实现的是"会玩的人"与"好玩的事"之间的连接,兼具工具、媒体与社区属性。

"马蜂窝不仅用真实、高效、有用的信息完成决策需求的满足,更用有趣、新奇、动人的内容完成发现需求的满足。"周默表示,马蜂窝基于不同场景、不同圈层打造的内容生态,将实现用户从"找内容"到"逛内容"的行为路径转变,并借助大数据完成从"人找内容"到"内容找人"的升级。

此外,马蜂窝还于大会上启动了"地球发现计划"营销IP,"地球发现者联盟"与"地球发现频道"也将于近期陆续启动上线。该计划将联动马蜂窝平台旅行达人,前往世界各地挖掘新奇旅行体验,产出优质旅行内容,最终为用户、达人与行业合作伙伴营造多维立体的交互体验场景,实现营销闭环下的产业共赢。

(资料来源:https://finance.sina.com.cn)

二、旅游市场营销计划的编制

旅游企业市场营销计划并没有统一的固定模式,结构和制定程序不尽相同,同时内容也随着管理层考虑问题的出发点不同而变化。一般而言,旅游企业市场营销计划包括以下七方面的内容:当前旅游营销状况分析、SWOT分析、营销目标、市场营销战略、行动方案、营销预算和实施控制。

1. 当前旅游营销状况分析

对当前旅游营销状况的分析是制订旅游市场营销计划的第一个实质性步骤。这项工作主要对市场发展状况、旅游产品状况、竞争状况、分销渠道状况和宏观环境状况分析等进行简明扼要的分析。

(1)市场发展状况。应弄清楚本企业为其服务的市场的数据,包括市场的规模、成长状况以及本企业在市场的占有率,旅游者需求状况及其他有关的营销环境因素等。此外,还需要根据分析提出合理的基本结论。

(2)旅游产品状况。应明确本企业产品的实力、价格水平、为企业贡献利润的大小。

(3)竞争状况。对主要的竞争者进行辨认,并逐项描述其规模、目标、市场份额、产品质量、营销战略和其他特征，以便恰如其分地了解其意图和行为。

（4）分销渠道状况。应了解本企业产品到达消费者手中的销售渠道和每个分销渠道的发展变化，注意分销商在力量上的变化以及激发他们分销积极性的价格和交易条件。

2. SWOT 分析

在描述当前营销状况数据的基础上，需要辨认在本计划期内公司所面临的机会与威胁、优势与劣势的问题，这就是 SWOT 分析理论。其中，S 代表"strength"，W 代表"weakness"，O 代表"opportunity"，T 代表"threat"。优势与劣势分析也称为 S/W 分析。所谓优势和劣势，是指企业的内部因素，企业的管理层在确定企业目标之前应辨认、分析企业的优势与劣势。机会与威胁分析称为 O/T 分析。所谓机会与威胁，是指能够影响企业前途的外部因素。辨明企业所面临的主要机会和威胁，以便提出一些可能采取的行动，并对问题和机会进行分类，以便对一些较重要的问题有足够的注意。这些分析决定了旅游企业的营销目标和策略。

 案例 7-2

"中国第一国际慢城"，慢成一座空城

江苏南京边上有个高淳区，区内有个桠溪镇。这个小镇名字虽然很绕口少见，却有个响彻省外的标签"中国第一国际慢城"。所谓"慢城"，是指将"慢生活"作为这座城运营的标准，大家尽量都靠绿色交通出行，少开车，多步行、骑车。大家生活在城镇、村庄或者社区里，支持传统手工方法作业，没有快餐或者大型超市，就是现代的"桃花源"。

新开发的"慢城小镇"就位于桠溪镇的西北角。根据公开资料显示，"慢城小镇"是一个融合购物、旅游、居住和工作的综合体项目，包含精品商业、青年旅社、餐馆、健身中心、艺术工作室等功能区。

占用土地 200 多亩、建设耗资 3 亿多元的"慢城小镇"建成之后却成"空城"。不少市民、游客在觉得"可惜"的同时，也质疑这是一种"巨大的浪费"。但是被质疑方，"慢城小镇"的主管方（简称"慢管会"）却表示，不能站在游客的角度看待这个问题。

慢管会称："我们要把这个地方卖掉，会有很多的人来买。但是卖掉以后、全部分割出去以后，怎么去管理它、(商业)业态怎么去控制？还能不能使这个地方成为慢城的一个焦点、一个亮点、一个制高点？我看难度就很大了！有时候，要做高品质项目，就要守得住寂寞。"

乍一听慢管会的说辞很有道理，不过经过调查，其实早在小镇建设之初，他们就已经和一专做商业综合体的上海公司商谈，不过因为未知原因搁浅了。

2018 年，慢管会又跟南京艺术学院接洽，谈判把项目整体出让给南艺做分校或者教学基地。

项目功能由商业综合体一下子"切换"到风马牛不相及的教育、培训，恰恰说明项目本身的定位是混乱的，主管单位在项目的建设之初是凭借自己的主观想象行事的。

中国旅游景区只有 5% 的景区在盈利，一大原因是负责决策的决策者不懂旅游，不知

> 道什么是好的旅游策划和规划。例如政府作为投资方时，关心的是景观搞出来够不够气派，档次高不高。他们着眼点诠释市政工程的套路。但他们关心的这些，恰恰是游客最不感兴趣的，所以最后一营业就门可罗雀了。
>
> "慢城小镇"也是政府重点发展的项目，发生了同样的错误。
>
> "小镇的客户是谁？客户到这里来想得到什么样的价值满足？这种价值满足是否和小镇能提供的人文、自然资源相匹配？"这些重要的问题，主管方与开发方都没有着重思考。
>
> 他们一开始的自身定位就是"高大上"，可是建成这么长时间，如果小镇的"高端"定位准确，相关项目或者商家早就找来了，哪会闲置这么久？
>
> 所以说，"慢城小镇"一开始的策划与定位就是错误的。慢管会现在做的不该是"耐得住寂寞"，而是需要重新调整定位，在中国这个大片旅游小镇死亡的现状下，希望"慢城小镇"能杀出一片光明之途吧。
>
> （资料来源：https://www.sohu.com/a/282916799_364974，略改动）

3. 营销目标

营销目标是指在本计划期内所要达到的目标，是营销计划的核心部分，对营销策略和行动方案的拟定具有指导作用。对旅游企业而言，营销目标是在分析营销现状并预测未来的机会和威胁的基础上确定的，一般包括财务目标和营销目标两类。其中财务目标由利润额、销售额、市场占有率、投资收益率等指标组成。市场营销目标由销售额、市场占有率、分销网覆盖面、客户/行业渗透情况、价格水平等指标组成。

一个正确的营销目标，一方面有助于指导营销活动，以保证营销活动正确进行；另一方面作为标准来衡量营销工作的绩效，有助于对营销活动的控制和评价。旅游企业的营销目标水平应从实际出发，保证其科学性和可行性的统一。目标不宜过高，以免因完成不了而挫伤广大员工的积极性；目标也不宜过低，以免不能充分发掘人力资源，造成资源的搁置和浪费。

4. 市场营销战略

旅游企业市场营销战略包括两个主要内容：一是选定目标市场；二是制定市场营销组合策略，以满足目标市场的需要。首先要确定目标市场，根据购买对象的不同，将顾客划分为若干种类，以某一类或几类顾客为目标，集中力量满足其需要。其次，目标市场确定以后，就应当针对这一目标市场，制定出各项市场经营策略，以争取目标顾客。在制定一个营销战略时，旅游企业往往面临着许多选择。对于旅游企业来说，管理者除要考虑经济效益外，还要考虑社会效益和环境效益。在制定战略的过程中，管理者还需要和那些对营销战略成功与失败负有很大责任的人员进行合作，共同研讨，以获取各方支持。

5. 行动方案

旅游企业营销策略需转化为具体的行动方案才能实现其价值。行动方案是由所需采用和实施的各种有关营销技术手段所组成的综合性方案，包括目标策略、产品策略、促销策略、价格策略等。行动方案需要落实的问题有：具体干什么？谁负责干？怎么干？在什么地方干？

什么时间开始干？什么时间完成？需要多少人力、物力和财力，即需要多少综合成本等？将上述问题的答案详细列出，有助于营销活动的实施和检查。

6. 营销预算

营销预算是指为了实现营销计划中所规定的目标而必需的费用总额，是各项收支的预算，可通过较为详细的预计损益表反映出来。营销预算需经主管者审批同意后方可实行。更确切地说，营销预算基本上是计划中的盈亏说明。在收入方面，它计划可实现的收入；在支出方面，它表明贯彻执行策略所需的支出。它确定了差额或计划中的赢利，一旦被批准，将成为执行策略的指导原则。

7. 实施控制

旅游市场营销计划的顺利实施，离不开监督和控制。通常要将旅游市场营销计划的目标和预算按月或季度分解，以利于企业的上层管理部门进行有效的监督和检查，督促未完成任务和未达到目标的部门和人员改进工作，确保旅游市场营销计划的完成。另外，为预防意外情况的发生，在计划控制部分还应有意外应急计划，规定在发生一些超出正常计划的不利于企业市场营销活动的情况时，旅游企业应采取的应急步骤和防范措施。

三、旅游市场营销计划的实施

旅游市场营销计划的实施是一个系统工程，是将营销计划变为具体行动的过程。营销计划的提出和制订仅解决了旅游企业的市场营销活动应该"做什么"和"为什么做"的问题，它只是营销管理过程的开始。要想有效地调动旅游企业的全部资源，将其投入日常业务活动中，就必须将旅游市场营销计划变为具体的市场营销方案，这就是解决企业市场营销"谁来做""何时做""何地做""怎样做"的问题。

旅游营销计划实施失败的原因是多方面的，其中的主要原因有 4 类：①没有明确具体的行动方案；②长期目标和短期目标相冲突；③计划脱离实际；④计划创新性不足。

要想使营销计划得以顺利实施，首先，必须使企业营销系统中的各级人员保持协调一致；其次，营销部门还必须与财务、人事、采购等部门密切配合。此外，企业外部相关的个人和组织，如供货商、零售商、广告代理商、广告媒体以及调研公司等，对企业计划的实施也有重要影响。从影响旅游市场营销计划的诸多因素出发，成功地贯彻实施旅游市场营销计划的过程一般要经过以下几个步骤。

1. 制订详细的行动方案

此方案实际上是旅游市场营销计划的具体执行计划，除在此方案中明确营销计划实施的关键性要求和任务外，还要将这些活动的责任落实到个人和作业单位，并明确具体的时间表，在时间上要有严格的规定。

2. 建立营销组织机构

旅游市场营销组织机构是贯彻执行旅游市场营销计划的主要力量，建立和强化市场营销组织，对推动旅游市场营销活动的开展起着决定性的作用。另外，贯彻执行旅游市场营销计划的市场营销组织结构应保证与企业的营销计划、营销战略一致，与企业自身的特点、要求和环境一致，这样才能保证计划的顺利实施，以达到预期目的。

3. 设计科学、合理的决策报酬制度

实行多元化经营或产品的市场覆盖面较广的旅游企业，不可能实行高度集中统一的管理制度，而是要适应市场变化的要求，实行分权管理。与此相适应，还必须制定贯彻实施旅游市场营销计划的报酬制度，不仅要调动企业员工实现短期营销目标的积极性，还要调动其实现长期目标的积极性。

4. 建设旅游企业文化

企业文化已经成为企业的重要战略资源，成为市场竞争中的重要竞争手段，它对企业经营思想和领导风格，对员工的工作态度和作风等方面起着决定性的作用。通过企业文化建设，逐渐形成公共的价值标准和基本信念，保证旅游市场营销计划在相应的企业文化和管理风格的氛围中得到强有力的支持。

5. 开发人力资源

旅游市场营销计划的实施，最终要通过人员的推动和努力来实现，并且营销计划的执行在不同程度上涉及企业的所有员工，因而充分调动员工的积极性，努力开发人力资源，实现人尽其才，才可能顺利地实施预定的营销计划。

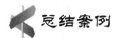

总结案例

淳安县千岛湖风景旅游委员会2018年千岛湖旅游市场营销计划

2017年是我国旅游业发生深刻变化的一年，传统观光旅游时代的吃、住、行、游、购、娱六要素已经难以满足游客日益高涨的身心需求，体验时代的商、养、学、闲、情、奇六要素在游客的旅游与活动中逐渐地突显出来，具体表现在：传统的观光旅游景区滞涨，体验性差的旅游产品逐渐淘汰；与此相反，度假型旅游目的地增长强劲，体验性好的产品受到市场的追捧。放眼全球，自媒体、人工智能、移动互联网是当下最普遍的信息传播生态；放眼未来，物联网很快也会在人民生活中逐渐普及开来。在这样的时代，市场成熟的周期在缩短，产品的迭代在加快，我们的产品用传统的方式传播难以触达目标游客，如果我们的产品不能够打动人，"粉丝"就会很快流失。目前，千岛湖已发展为以家庭度假、朋友聚会、环湖骑行、皮划艇穿越、公司活动（团建）、品牌活动、夏令营、蜜月婚纱为鲜明特色的旅游目的地，深受长三角年轻市民的喜爱。在此背景下，特制订2018年千岛湖旅游市场营销计划，具体如下。

1. 指导思想

紧紧抓住年轻人偏爱千岛湖资源特色和产品的优势，顺势而为，开发年轻人喜爱的旅游产品、业态、活动，通过能触达到年轻人的平台、媒体、渠道，用年轻人能够接受的方式传达给年轻人、与年轻人互动、黏住年轻人的心，从而向实现县委县政府提出的打造康美千岛湖的宏伟目标迈进。

2. 目标任务

2018年，全县力争接待国内外游客1700万人次，实现旅游经济总收入190亿元，同比增长10.4%和21.3%，游客人均消费达1120元，增长10%。

3. 宣传主题

康美千岛湖。

4. 市场营销重点

（1）以旅游企业为主体，开展全员化营销。

一方面，通过旅游企业自身培训，全面树立旅游目的地的服务理念。所谓旅游目的地服务理念，就是全方位、全天候的服务，简单地讲就是对游客的细微需求都要服务好，通过广泛贯彻在接待服务中"热情一点点""主动一点点""改进一点点""专注一点点"等具体的服务措施，重塑旅游目的地服务理念。一是要从旅游目的地的角度把服务意识扎根心底，做好每个流程的服务工作；二是要从服务的宗旨出发，对游客的点滴需求不断地优化服务流程和服务技能，满足游客的多样化需求；三是通过县内的交流、考察、学习加速涉旅企业旅游目的地的服务理念的更新迭代，满足日益多样化的新、奇、特的游客需求；四是酒店、景区、游船艇、旅游项目、农业观光园区、特色体验点等都要从旅游目的地游客需求角度，不断完善服务设施、提升服务技能等方面入手，做好服务工作，让游客来到千岛湖就要喜欢上千岛湖的景、喜欢上千岛湖的热情、喜欢上千岛湖的人。另一方面，通过培训（表7-2）和交流，推进涉旅企业广泛开展旅游目的地营销。转变目的地营销理念，引导从业人员从满足游客度假角度无障碍地推出千岛湖特色的旅游产品；提升旅游产品熟悉度，充分挖掘千岛湖特色旅游资源要素，根据游客的不同需求设计全方位、有创意、有特色的原创产品；优化所有环节的闭环赋能，从接待、服务、体验、诉求到离开的点评全面介入游客反馈，及时改进服务态度、流程和技能；提高千岛湖旅游大数据利用率，根据自身市场定位，牢牢把握住适合自身产品特色的游客群体，增强与游客之间的黏性；提高市场甄别、优化能力，如客源优化、年龄优化、产品优化、需求优化等；提升对官方推广平台的利用率，强化从业人员对千岛湖旅游网、移动端平台等在线成交功能的使用娴熟度。

表7-2 千岛湖全员化培训时间安排

时间	培训项目	培训目标
5月	全媒体网络营销专项培训	用互联网思维提升宣传工作
6月	露营、拓展等户外运动专项培训	提升营销及活动组织水平
11月	全域旅游咨询员培训	优化旅游公共服务水平

（2）以高铁开通为契机，实施精准化营销。

① 出台优惠政策。在杭黄高铁开通之日起30天内，针对京福、京沪、杭长等高铁沿线省份出台优惠政策，北京、天津、河北、河南、山东、安徽、江西、湖南、湖北、福建等省市居民凭身份证及3日内千岛湖高铁站出站票，享受千岛湖景区门票半价优惠（以详细优惠政策为准）。

② 强化渠道推广。一是组织考察踩线。1—4月邀请京福、京沪高铁沿线省份的媒体、旅行商、俱乐部等相关机构及验客赴千岛湖考察踩线。二是举办专场推介会。3—6月在北京、济南、郑州、合肥、武汉等京福、京沪、杭长等高铁沿线主要城市组织召开专场推介会，推介千岛湖旅游产品并发布针对性优惠政策。

③ 加大精准市场开发。政府层面策划组织相关活动，着力打造国内一流的环湖骑行、皮划艇穿越、营地拓展等千岛湖特色品牌。针对中学生群体，举办第二届环千岛湖励志骑行活动，继续在青少年集聚的QQ空间宣传招募，引起话题传播，并在各客源市场开展相同主题的市场活动，做到品牌推广、网络传播和产品落地相融合，巩固环湖绿道"励志、磨练"的品牌内涵，将环千岛湖骑行绿道打造成一条励志、毅力、磨炼、坚持等身心层面的正能量骑行道。针对大学生群体，借力国际青年旅社、大自然保护协会等资源和户外运动等产品，开展"边打工边旅行""当一个水源保护义工"等活动，通过话题营销向特定群体精准推广相关产品。针对高消费群体，有效开发知名企业和知名院校的MBA、EMBA班活动组织者，公关公司，品牌经销商，双百强企业活动部、人力资源部等群体资源，打造私人定制品牌。一方面，打造皮划艇穿越品牌。政府相关部门从法律角度梳理适合开展这项运动的可行性水域，提前谋划皮划艇穿越千岛湖迷宫的国际赛事，举办皮划艇穿越迷宫主题活动，同时县内相关俱乐部也紧紧围绕千岛湖交错纵横的港湾资源，研发自身的皮划艇产品，合力打造"山水版玄奘之路"。另一方面，打造营地品牌。引进或举办MBA、EMBA野外训练营等户外拓展活动，提升千岛湖特色营地在这一群体中的知名度，并组织县内营地、俱乐部观摩学习老爷车巡游等入驻千岛湖的各类知名品牌活动，提高自身活动组织和接待能力。针对商务人群：发挥千岛湖会议中心（新水之灵剧院）、阳光大酒店会议中心建成优势，举办会务会展等专题推介会，引进大型会议会展，做强会奖旅游。针对大型企业（工会）群体：深挖浙江疗休养市场，定向突破绍兴、金华等相对洼地，持续打造浙江最佳疗休养基地概念；拓展大型企业团建出游市场，针对上海、苏南等周边优质大型企业，通过定向推介、邀请考察等形式将千岛湖塑造为最佳团建目的地。

④ 投放形象广告。在杭黄高铁及其相关铁路运行线路，如京沪、京福、杭长线上，投放高铁品牌专列广告，充分利用高铁封闭空间内的语音播报、跑马屏、行李架、海报等资源，做好高铁品牌形象宣传，见表7-3。

表 7-3 千岛湖营销活动安排

时间	主要活动	活动内容
1—4月	旅行商考察	邀请京福、京沪高铁沿线省份的媒体、旅行商、俱乐部等相关机构及验客赴千岛湖考察踩线；邀请上海、苏南大型企业工会负责人赴千岛湖考察踩线
3—6月	高铁沿线城市推介会	在北京、天津、石家庄、济南、郑州、徐州、合肥、武汉、长沙、南昌等京福、京沪、杭长等高铁沿线主要城市组织召开专场推介会，推介千岛湖旅游产品并发布针对性优惠政策
6—8月	虐炼千岛湖——第二届环千岛湖励志骑行	招募15~18周岁的学生群体到千岛湖体验绿道历练，通过QQ空间等青少年聚集平台进行推广，同时在客源市场同步推出励志绿道历练产品，强化品牌落地
7—8月	MBA 拓展活动	组织MBA、EMBA班组织千岛湖营地拓展活动，挑战千岛湖迷宫皮划艇穿越，打造"山水版玄奘之路"
7—8月	大学生边打工边旅行/当一个水源保护义工活动	在主要客源市场组织大学生到千岛湖参加打工旅行或环保义工体验，推广适合大学生的休闲运动产品

① 优化千岛湖官方网站移动端平台。利用人工智能技术，实现旅游企业在线预订、下单功能，开通企业自身产品上线功能，实现政府旅游信息平台、交易平台、互动平台的功能合一，满足游客下单、导航、景区智能导览讲解需求，实现政府、企业、游客之间的良性互动。

② 完善自媒体宣传矩阵。优化微信、微博、互动信息屏等日常维护及活动推广，重点做好手机百度、360等移动搜索引擎投放引流，提高手机网站入口流量，实现微平台有渠道、有平台、有企业、有产品、有转化的"五有"要素。

③ 提高智慧营销水平。依托智慧旅游建设，通过大数据分析等手段，为营销提供依据，实现精准营销，创新网络营销手段，充分发挥QQ空间、新浪微博、喜马拉雅等专业平台的优势，加强口碑营销，扩大千岛湖旅游在网友中的知名度和影响力。

④ 开展网络主题活动。紧扣交易、黏性、互动、引流的互联网禀赋，在减少中间环节上下功夫、在游客体验上下功夫、在触达游客上下功夫、在转化率上下功夫，正确处理好政府平台与企业交易的关系，让游客和企业在千岛湖官方平台上活跃起来。

⑤ 优化形象宣传。有效利用现代技术，在客源市场开展平面、视频形象宣传及产品宣传时，都要有指向旅游企业下单接口，做到游客看到就可以买到，直接下单成交；在重点客源市场开展的渠道商验客活动，都要有指向千岛湖官方网站、移动端平台等的企业下单接口，实现即时销售。尽可能地做到形象到哪儿，哪儿就有渠道、有平台、有企业、有产品、有转化。

（4）以驻华外宾为重点，推进国际化营销。

① 针对常驻上海外国人，做好休闲度假产品推广。第一是要建立常驻上海外国人为目标的销售渠道，积极吸引驻华外国游客来千岛湖度假；第二是组织常驻中国的外国人来千岛湖体验骑行、运动等户外产品，打造"国际骑行年"（表7-4）。

表 7-4 "国际骑行年"活动安排

时间	主要活动	活动内容
4—9月	国际骑行年	组织招募驻华外国人到千岛湖参加骑行、户外运动等项目体验，打造"国际骑行年"

② 针对周边国际市场，做好品牌认知宣传。一方面，在中国香港时代广场电视墙、中国台湾台北天幕（台北小巨蛋玻璃帷幕外墙）、日本东京银座投放千岛湖旅游形象广告；另一方面要发挥东南亚、日韩市场渠道商的作用，积极吸引东南亚和日韩游客来千岛湖度假。

③ 针对欧美市场，加大境外网络平台宣传力度。在继续做好Facebook、Instagram、Youtube三大平台宣传推广的基础上，与全球最大旅游点评网站Tripadvisor等平台合作，向北美和欧洲远程市场传递和销售千岛湖最新的旅游资讯和旅游产品。同时，引导县内民宿入驻Airbnb网站，向国际游客售卖民宿产品。

（5）以乡村振兴为目标，加强全域化营销。

一是根据《淳安县人民政府关于推进全域旅游发展的若干意见》，鼓励乡镇挖掘当地特色文化和产业，举办各类乡村旅游节庆活动，并对符合条件的进行评选奖励，营造乡村旅游的浓郁氛围；二是通过年货节等主题促销，融合农产品、旅游纪念品，主要在上海、南京等城市展开客源市场促销活动；三是组织时尚杂志编辑体验宣传，全力做好精品民宿等高端乡村度假产品推广，见表7-5。

表 7-5 淳安全域旅游发展活动安排

时间	主要活动	活动内容
全年	乡村旅游节庆	各乡镇结合自身特色，开展民俗、农事体验等节庆活动，做热乡村旅游
1月	千岛湖年货节	组织农特产品进城售卖、网上售卖，组织游客下乡体验，助推农产品向旅游商品转化
4月	千岛湖茶文化体验节	组织游客进茶乡采茶、饮茶、购茶，感受淳安茶文化

（6）以文化创新为载体，助推融合化营销。

一方面，推广"创意千岛湖"旅游纪念品。有选择性地拍摄部分纪念品精湛制作技艺的"工匠故事"短视频，通过自媒体等平台分发宣传；同时在年货节、市场推广等主题活动中选用相关旅游纪念品，加大推广力度。另一方面，打造婚纱摄影目的地。继续落实婚纱摄影企业享受千岛湖景区门票减免政策，引导婚纱摄影企业在市场上铺产品、收直客，减少中间环节、强化品质服务，把千岛湖蜜月婚纱摄影品牌做大做强。

（资料来源：http://www.qdh.gov.cn，略改动）

同步练习

一、单项选择题

1. （　　）是一种长远性规划，通常指3～5年或更为长久的时间。
   A. 战术性营销计划　　　　　　B. 战略性营销计划
   C. 面向特定细分市场营销计划　　D. 顾客群市场营销计划
2. 战略性营销计划的主要内容不包括（　　）。
   A. 战略目标　　B. 形象定位　　C. 营销预算　　D. 广告方案
3. 营销计划最核心的部分是（　　）。
   A. 营销状况　　B. SWOT分析　　C. 营销目标　　D. 行动方案
4. 旅游市场营销计划的最后一部分是（　　）。
   A. 营销状况　　B. 实施控制　　C. 营销目标　　D. 行动方案
5. 旅游营销计划实施失败的原因是多方面的，其中主要原因有（　　）。
   A. 没有明确具体的行动方案　　B. 长期目标和短期目标相冲突
   C. 计划符合实际　　　　　　　D. 计划创新性不足

二、简答题

1. 简述旅游市场营销计划的概念及作用？
2. 简述旅游市场营销计划的编制包括哪些步骤？并阐述具体内容。
3. 从影响旅游市场营销计划的诸多因素出发，成功地贯彻实施旅游市场营销计划的过程一般要经过哪几个步骤？

三、案例题

《印象丽江》2006年5月就已经公演，是当地老品牌项目，雪山实景加张艺谋的执导使其具备很强的市场竞争力。但是，2015年《印象丽江》收入2.19亿元，首次出现下滑，而这正是《丽江千古情》开演的第二年，根据宋城演艺2015年报数据，丽江千古情景区收入暴增131.56%达到1.71亿元，2016年，丽江千古情景区收入继续增长30%达到2.23亿元，而《印象丽江》收入1.66亿元，持续下滑，幅度达到24.48%，丽江千古情实现反超，很明显，《印象丽江》的下滑和《丽江千古情》有直接关系。2017年，《印象丽江》收入再次下滑36.19%，已经不足丽江千古情景区的一半。

在这场PK中，《印象丽江》可谓节节败退，至于原因有多个，例如离古城较远、价格较高、散客营销力度不足等。而宋城则在团队和散客两个渠道双管齐下，快速抢占市场。2014年《丽江千古情》刚上映时，丽江旅游副总经理杨正彪曾经表示，因为实景演艺与室内演出在产品形态上存在很大差异性，且两个项目在演出时间上相对错开，所以《丽江千古情》对《印象丽江》的影响不明显。此话确实不假，但宋城演艺依靠产品精益求精的匠心精神和针对性强的营销策略实现后来居上，不得不说低估了宋城演艺的实力。

请从选址、区位及产品市场定位角度，对比分析千古情系列与印象系列的营销策略差异。如果要编制印象丽江的市场销售计划，你会从哪几个方面着手？

实训项目

实训：编制年度旅游市场销售营销计划。

分组：四人为一组，将班级分为若干组，选出组长，以小组为单位编制一份旅行社的销售计划。每个组建立一个群，整个班级建立一个大群，方便联系和互动。请把每组的联系方式都记录下来。

1. 参考背景

柴河威虎山风景区，位于黑龙江省牡丹江市海林市横道河子镇辖区内，面积24万平方米。城内有单体建筑物107栋，建筑面积1.6万平方米。主要包括威虎山影视城、东北虎林园、俄罗斯风情园、佛手山、俄罗斯老街、七里地民俗生态村等自然风光和人文景观。

柴河重点国有林管理局依托得天独厚的生态资源，高起点规划，高标准定位，高品质建设，打响"威虎山"旅游品牌。结合威虎山国家森林公园生态、资源、景区建设实际，按照生态优先、分步实施、市场导向、立足现实的原则，以森林和湖光山色自然景观为主，以抗联剿匪文化为内涵，以保护森林生态系统的完整性和培育生物的多样性为目标，在维护森林生态系统的良性循环，实现可持续、滚动发展的基础上，开发建设了威虎山九寨、威虎山水上乐园、威虎山莲花湖、威虎山漂流、威虎山雪村等旅游景区，现有景点近60个，其中人文景点11处、自然景点49处。威虎山国家森林公园也相继被评为中国最美休闲度假旅游胜地、中国最佳养生休闲旅游目的地，形成了"尽染生态绿、徜徉水之蓝、塑造冰雪白、唱响经典红"的生态旅游大格局。

2. 市场分析

柴河威虎山风景区通过"深大售票系统"大数据统计（样本为各旅行社在深大系统购票数量）显示，2018年4月末至2018年10月末到访18.4万游客（不含漂流数据），与2017年同期相比，减少2.2万人次，其中省内游客人数下降9%，省外游客人数下降1.7%。在省外游客中，吉林省占3.4%，辽宁省占0.59%，内蒙占0.12%，山东占0.11%，还有河南、河北、北京、天津等省市游客到访；省内游客中有64.2%来自牡丹江市，同比下降4.8%，哈尔滨市占16.73%，同比上升1.73%，大庆、齐齐哈尔占2.23%，鸡西和佳木斯占9.99%，双鸭山、七台河、鹤岗占2.85%；也就是说，以牡丹江为中心，随着距离的增加，游客量逐步递减，造成这个局面的最重要的原因是交通和时间成本，另外还有竞争和旅行社效益问题，决定旅行社推广力度最重要的因素就是利润的多少，对旅行社来说，不挣钱的景区，景色再好也没用。

因此应该重新规划和研究全局的旅游发展方向，避免与同质化的景区抢市场、拼规模，而是把同质化的项目弱化成我局景区的一个功能体验区，通过哈牡高铁、牡丹江至威虎山九寨景区旅游专线的开通，按照文化是景区灵魂的思路，依托威虎山文化、红色旅游文化、绿色养生度假旅游文化、山水林湖文化、努力打造具有威虎山特色的体验式旅游产品，拓宽生产与发展空间。

（资料来源：http://www.ljforest.gov.cn，略改动）

实训要点：

根据以上内容，编制柴河威虎山年度旅游市场营销计划，因篇幅限制，请列出营销计划的刚要，营销计划包含哪几部分内容，核心内容是什么，编制思路和编写方向。

任务二 旅游市场营销控制

任务目标

旅游市场营销控制是旅游企业营销管理的基本任务之一，假设你作为某旅游企业的市场营销经理，请根据旅游市场营销控制的程序，运用两种以上的控制方法来简要阐述旅游市场营销控制的基本流程。

任务实施

每个小组将任务实施的步骤和结果填写到表 7-6 任务单中。

表 7-6 任务单

小组成员：		指导教师：
任务名称：	模拟地点：	
工作岗位分工：		
工作场景： 1. 工作对象：旅游企业市场营销计划 2. 模拟人物：市场营销经理 3. 运用两种以上的控制方法来简要阐述旅游市场营销控制的基本流程		
教学辅助设施	企业旅游市场营销计划	
任务描述	通过评估旅游市场营销计划，让学生了解旅游市场营销控制的基本步骤	
任务资讯重点	熟悉旅游市场营销控制程序及控制方法	
任务能力分解目标	1. 掌握旅游市场营销控制的程序步骤 2. 掌握旅游市场营销的主要控制方法	
任务实施步骤	1. 学生分组，学习相关知识点 2. 教师展示一个案例，解释旅游市场营销控制的流程和关键点 3. 每个小组根据要求制定一份旅游市场营销控制流程，并进行演练 4. 各小组展示成果，小组互评，教师点评	

任务评价考核点

1. 理解旅游市场营销控制的程序。
2. 理解旅游市场营销控制的主要控制方法。

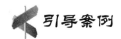

引导案例

澳洲一次失败的旅游营销之旅

2017年，欧美的海洋生物进入了一个躁动不安的状态，它们企图通过大量繁殖去搅动"国家局势"。当时，丹麦的生蚝，依旧侵占了丹麦沿海，这导致丹麦政府和人民都感觉到非常之恐慌，因此，开始向中国人民求援，寻求帮忙，以解决这个问题。而中国人民也给出了回应，大家都慷慨激昂地表示："放心！只要有我们，生蚝是长不了的。"

而除丹麦的生蚝大批量地繁殖之外，在澳大利亚也出现了三文鱼成灾的问题。而澳大利亚政府跟丹麦做出了同样的动作，那就是向中国人民发出了求救信号，呼吁中国人民伸出援助之手。但是，面对前来挑衅自己胃的鱼儿们，中国的吃货们并没有什么动静，那么是什么原因呢？就是因为，中国的吃货们，不仅爱吃，也很识货。

澳大利亚处于南太平洋地段，常年都保持着温暖的气候，因此，鱼类的生长与繁殖都是非常快的，不过，相较于深海冷水鱼来说，此处的鱼类肉质都是比较松散的，品质非常一般。而所谓的澳大利亚三文鱼，实际上，就是澳洲鲈形目鲑鱼的俗称，这种鱼类肉质口感非常粗糙，而且气味刺鼻，澳洲本地人都不喜欢吃，基本上都是拿来做澳洲龙虾的饲料的。而此次澳大利亚使尽手段，将不值钱的澳洲鲑鱼说成是三文鱼，很明显是有着炒作旅游业的嫌疑。

同样都是宣传当地的生态环境与旅游业，不过，就算是方法再好，连用两次之后也就没有效果了。丹麦生蚝因为身处于大西洋的冷水区，所以不管是口感，还是营养，都是无可挑剔的，自然也就引起了中国吃货们的积极反应。而反观澳大利亚打造的这次三文鱼事件，所引来的也就只有中国吃货们的不屑罢了。

（资料来源：http://www.thinkwolf.com.cn/news/3468.html，略改动）

思考：营销是旅游市场推广和发展的手段，为什么澳大利亚政府的营销方案会失败？

一、旅游市场营销控制的程序

旅游市场营销控制是旅游企业营销管理的基本任务之一，是指把营销管理用于跟踪旅游企业营销活动过程的每个环节，以确保营销计划目标实现而实施的系统工程。

旅游市场营销控制可以分为6个步骤，即确定营销控制对象、确定控制目标、建立营销控制标准、评价执行情况、诊断执行结果和采取纠正措施。这6个步骤是周而复始的循环过程。

1. 确定营销控制对象

确定营销控制对象是进行旅游市场营销控制的首要步骤。旅游市场营销控制对象是指确定对哪些旅游营销活动进行控制。在决定控制对象时，应当权衡利弊，使控制成本小于控制活动所带来的效益。最常见的营销控制的对象包括销售收入、销售成本和销售利润3个方面。

在确定控制对象的同时,还应确定控制的量,即控制频率。一般来说,对于影响重大的、容易脱离控制、容易出现问题的对象应加大控制频率。

2. 确定控制目标

控制目标不同于营销计划中的营销目标,前者是后者的分解。在营销控制过程中,营销目标被分解为若干更短时期的控制目标。例如,在营销计划中,营销目标是年度市场销售额,控制目标就可以定为每月或季度销售额。只要每月或季度的控制目标能如期实现,全年营销目标自然就会实现。一般来说,营销目标可以由4个因素组成:数量、质量、成本、时间。其中,前两个因素可视为市场营销活动的产出指标;后两个因素可看作市场营销的投入指标。

3. 建立营销控制标准

市场营销控制的最高境界是标准化,即标准化的营销程序与标准化的营销管理,通常在对营销各方面进行深入细致研究的基础上,营销人员应根据旅游企业实际情况,制定出详细、精确的评价控制标准。要求控制能对衡量标准定量化,即以某种衡量尺度表示控制对象的预期活动范围或可接受的活动范围。这些标准既包括定量标准,也包括定性标准,都是围绕着控制对象和控制目标来制定的,是营销管理过程化控制的动态标准。任何标准都不是一成不变的。随着营销环境及企业内部条件的变化,各类标准也应不断修正,以适应新的情况。

4. 评价执行情况

这一步是监测市场营销活动的实绩,评价各控制目标的执行情况。这一步与第一步关系密切,因为只有控制目标的数量化、可测化,才能进行有效的监测活动。例如,把控制目标确定为一定时期内顾客满意程度的提高,就无法监测;如把它具体化为顾客投诉信件数和顾客表扬信件数,便容易监测了。

案例 7-3

六间房被卖　宋城演艺止损——旅游企业的战略调整

宋城演艺是旅游上市公司,其主营业务为文化演艺和泛娱乐业务,包括现场演艺、互联网演艺和旅游休闲三大板块。现场演艺业务主要为各类"千古情"(如宋城千古情、三亚千古情、丽江千古情等)系列演出和各个主题公园,收入主要来源于演出门票收入。互联网演艺主要是六间房从事的互联网演艺业务,收入主要来源于虚拟物品的销售,它是宋城在2015年花了26亿元收购而来。旅游休闲服务业务主要是公司自有线上商务平台——宋城独木桥,通过线上渠道对公司产品及周边旅游产品进行营销推广。

宋城演艺围绕六间房将公司经营模式从过去的"主题公园+文化演艺"调整为"积极打造宋城生态,全面拥抱互联网",在2016年进一步提出了包括"网红宋城、IP宋城、科技宋城"在内的6个宋城战略目标(其他3个分别是演艺宋城、旅游宋城、国际宋城),证明黄巧灵董事长收购六间房真不是做概念玩票,而是确实想要调整发展战略,打通公司的线下和线上业务。

然而 3 年过去，本次交易后，宋城演艺从线上直播产业的经营者，蜕变为一个不得已的财务投资者。6 个宋城目标至少需要大调整两个：网红和 IP。

宋城演艺收购六间房这几年，网络直播平台格局大变，虎牙、斗鱼、快手、熊猫、企鹅、龙珠、映客……新的竞争对手不断崛起，六间房似乎没有赶上从 PC 到移动的战略红利，在行业中已经有销声匿迹之态了。宋城的线上与线下结合，做了很多尝试，但现在看来，基本都是打水漂了。

2018 年，宋城演艺甩掉了六间房，证明 2015 年收购的战略失败，它将带来宋城新一次的战略大调整，具体调整方向是重新聚焦和坚守主业。

（资料来源：http://finance.eastmoney.com/news/1354,20180706902159552.html，略改动）

5. 诊断执行结果

这一步是分析各控制目标的执行结果。对执行情况差的项目要深刻分析其形成原因。一般来说，原因有两类：一类是外部原因；另一类是企业本身原因。外部原因包括宏观经济环境变化或市场竞争状况变化等。若诊断问题的发生是由于外部原因，企业应及时修订原营销计划，这是因为外部原因是企业不可控制的力量，只能适应而难以改变。内部原因包括计划目标过高或实际努力不够两个方面。若产生问题的原因是后者，应采取措施予以改正。

6. 采取纠正措施

如上所述，纠正措施可以从两个方面考虑：第一，可考虑营销目标合理与否。若目标实施不理想是外部原因或目标过高原因所致，旅游企业应及时调整营销目标和控制目标；第二，可考虑是否营销部门及营销部门的努力不够所致，如果是，应采取适当奖惩措施，刺激有关人员提高工作热情与工作效率。

 拓展阅读 7-2

旅游销售经理的岗位职责

（1）体育旅游客户渠道的开拓及维护。

（2）针对体育渠道/旅游渠道及其他相关资源，制订相关的推广方案。

（3）收集整理不同渠道的需求及市场信息。

（4）完成客户的维护及订单促进。

（5）制订区域性的客户及渠道拓展计划。

旅游销售经理的岗位要求

（1）具有较强的沟通和团队积极性。

（2）有体育渠道或者旅游行业客户渠道资源。

（3）有积极进取的精神及接受挑战的性格。

（4）具有良好的责任心，有一定的团队协作精神。

（5）有美容、保健、培训、电视购物、保险、直销、房地产、证券投资等行业销售工作经验者可优先考虑；有旅游行业销售、集团公司客户资源或体育相关工作经验者优先考虑。

（6）具有较强的市场敏锐度和反应能力。

旅游销售经理的发展方向

旅游销售策略的核心是要达到包括产品、价格、广告、促销以及区位优势等要素的"最优组合"，而并非"最佳组合"，即要突出优势和特色，如"区域优势""产品差异化""行销策略组合"等。

成功的旅游产品的销售人员，应成为一位行销专家，既需要专业知识，也需要高明的沟通技巧和善于倾听的能力，甚至要有相当的幽默感，能审时度势引发消费者的旅游欲望，开发出客户的潜在需求，得到消费者的认同、购买。

二、旅游市场营销控制的方法

营销控制的方法随着企业结构的复杂化和业务的发展而日益深化。一般来讲，营销控制包括预先控制和调节性控制。预先控制就是通过外部环境施加影响来加以控制，使其向有利于本企业的方向发展。由于各界企业营销工作的差异，控制的方法也不尽相同，归纳起来主要有以下几方面。

（一）年度营销计划控制

年度营销计划控制是指本年度内采取的营销控制步骤，包括对当前市场营销努力和效果的监控，以保证实现年度销售目标与利润目标。为了达到控制的目的，也可把年度计划指标分解成季度、月度指标，每月、每季检查计划完成情况，一旦发现问题可及时采取措施。年度计划控制的主要方法有销售额分析、市场份额分析、市场营销费用与销售额对比分析、利润分析和顾客满意度跟踪。如果检查出有不良的绩效，旅游企业可采取若干纠正措施，包括削减产品销售量、调整价格、增加销售人员压力和削减福利经费等。

（1）销售额分析。销售额分析就是将实际销售额和计划销售额进行对比和评价。对比可从两方面入手：若销售总额下降，就需找出原因；若是地区销售额与计划数相差较大，就应该查明是执行过程中存在问题，还是计划制订得不合理，以便采取改进措施。

（2）市场份额分析。旅游企业为了了解自己与竞争对手的处境，必须了解自己的市场份额。如果市场份额下降，则意味着本企业落后于竞争对手。

（3）利润分析。通过检查不同产品、不同销售地区和不同销售渠道的实际获利情况，可以决定营销活动的扩大或缩小。

（4）营销费用分析。用来确定营销费用开支是否合理，以避免不合理的开支。也可以按照不同地区、不同产品达到的销售额与相应的费用开支进行比较，以确定这些方面费用支出的差异。

（5）顾客满意度跟踪。通过各种渠道收集顾客和中间商的反应，可以使旅游企业全面了解产品和服务在顾客心目中的地位和形象,以改进企业的管理和服务工作。

案例 7-4

酒店客房销售分析

某酒店年度计划要求第一季度以单价 150 元销售客房 5000 间/天,完成销售额 75 万元。而实际以单价 120 元销售客房 4500 间/天,实现销售额 54 万元,完成计划的 72%,差额为 21 万元。用销售差异法分析如下。

由于降价的影响:

(150 − 120)× 4500 = 135000(元),占 64.3%。

由于销售不力的影响:

(5000 − 4500)× 150 = 75000(元),占 35.7%。

可见,销售额未达指标的主要原因来自客房降价的影响,可能是原有定价过高,或旅游市场萧条被迫降价促销,或有强有力的竞争对手加入。

(二)营销盈利能力控制

旅游企业在实行年度计划控制以外,还需要对不同旅游产品、不同地区、不同细分市场、不同销售渠道等方面进行盈利控制,以便决定增减哪些产品,开拓或放弃哪些细分市场,扩张或缩减哪些销售渠道。总体而言,旅游企业应扩大盈利率高的营销活动,缩减盈利率低的营销活动。

盈利能力控制包括各营销渠道的营销成本控制、各营销渠道的营销净损益和营销活动贡献毛收益(销售收入−变动性费用)的分析,以及反映企业盈利水平的指标考察等内容。营销渠道的贡献毛收益是收入与变动性费用相抵的结果,净损益则是收入与总费用配比的结果。没有严格的市场营销成本和企业生产成本的控制,企业要想取得较高的盈利水平和较好的经济效益是难以想象的。因此企业一定要对直接推销费用、促销费用、仓储费用、折旧费、运输费用、其他营销费用,以及生产产品的材料费、人工费和制造费用进行有效的控制,全面降低支出水平。盈利能力的指标包括资产收益率、销售利润率和资产周转率、现金周转率、存货周转率和应收账款周转率、净资产报酬率等。此外费用支出必须与相应的收入结合起来进行分析,才能了解企业的盈利能力。

取得利润是所有企业的最重要的目标之一,以下是部分盈利能力考察指标。

1. 销售利润率

销售利润率是指利润与销售额之间的比率,表示每销售 100 元使企业获得的利润,它是评估企业获利能力的主要指标之一。其计算公式为

$$销售利润率 = \frac{本期利润}{销售额} \times 100\%$$

2. 资产收益率

资产收益率是指企业所创造的总利润与企业全部资产的比率。其计算公式为

$$资产收益率 = \frac{本期利润}{资产平均总额} \times 100\%$$

分母之所以用资产平均总额,是因为年初和年末余额相差很大,如果仅用年末余额作为总额显然不合理。

3. 净资产收益率

净资产收益率是指税后利润与净资产所得的比率。净资产是指总资产减去负债总额后的净值。其计算公式为

$$净资产收益率 = \frac{税后利润}{净资产平均余额} \times 100\%$$

4. 资产管理效率

资产管理效率可通过以下比率来分析。

(1) 资产周转率。资产周转率是指一个企业以资产平均总额去除产品销售收入净额而得出的比率。其计算公式为

$$资产周转率 = \frac{产品销售收入净额}{资产平均占用额}$$

资产周转率可以衡量企业全部投资的利用效率,资产周转率高说明投资的利用效率高。

(2) 存货周转率。存货周转率是指产品销售成本与产品存货平均余额之比。其计算公式为

$$存货周转率 = \frac{产品销售成本}{产品存货平均余额}$$

存货周转率是说明某一时期内存货周转的次数,从而考核存货的流动性。存货平均余额一般取年初和年末余额的平均数。一般来说,存货周转率次数越高越好,说明存货水准较低,周转快,资金使用效率较高。

资产管理效率与获利能力密切相关。资产管理效率高,获利能力相应也较高。这可以从资产收益率与资产周转率及销售利润率的关系上表现出来。资产收益率实际上是资产周转率和销售利润率的乘积,即

$$资产收益率 = \frac{产品销售收入净额}{资产平均占用额} \times \frac{税后息前利润}{产品销售收入净额}$$

$$= 资产周转率 \times 销售利润率$$

(三) 效率控制

效率控制是指企业不断寻求用更有效的方法来管理销售队伍、广告、促销和分销等绩效不佳的营销实体活动。

效率控制的目的是提高销售人员推销、广告、促销和分销等市场营销活动的效率，市场营销经理必须重视若干关键比率，这些比率表明上述市场营销职能执行的可靠性，显示出应该如何采取措施以改进执行情况。

效率控制的内容主要包括 4 个方面活动效率的控制：销售人员效率控制、广告效率控制、促销效率控制和分销效率控制。

（1）销售人员效率控制。销售人员效率控制即各地区的销售经理需要记录本地区销售人员效率的几项重要指标，如每个销售员平均每天进行销售访问的次数、每次销售人员访问平均所需要的时间、平均收入、平均成本和平均招待费、每 100 次销售人员销售访问的订货单百分比、每一期新的顾客数目和丧失的顾客数目、销售队伍成本占总成本的百分比等，企业可以从以上分析中发现一些重要问题。

（2）广告效率控制。广告效率控制即企业高层领导者可以采取若干步骤来改进广告效率，包括进行更有效的产品定位、确定广告目标、利用计算机来指导等。

广告效率的控制至少要掌握以下资料：每一种媒体类型、每一个媒体工具触及千人的广告成本；注意、看到或联想和阅读印刷广告的人在其受众中所占的百分比；消费者对于广告内容和有效性的意见；对于产品态度的事前和事后衡量；由广告激发的询问次数；每次广告的成本。

（3）促销效率控制。促销效率控制是指管理层应该对每一次销售促进的成本和销售影响做记录，并注意做好一系列统计工作。

销售促进效率的控制应注意以下资料：优惠销售所占的百分比；每一美元的销售额中所包含的商品陈列成本；赠券的回收率；一次演示所引起的询问次数。

（4）分销效率控制。分销效率控制是指企业主管应该调查研究分销经济性，主要是对企业存货水准、仓库位置及运输方式进行分析和改进，以达到最佳配置并寻找最佳运输方式。

（四）战略控制

下面是对企业经营战略的实施进行控制的主要内容。

（1）设定绩效标准。根据企业战略目标，结合企业内部人力、物力、财力及信息等具体条件，确定企业绩效标准，作为战略控制的参照系。

（2）绩效监控与偏差评估。通过一定的测量方式、手段、方法，监测企业的实际绩效，并将企业的实际绩效与标准绩效对比，进行偏差分析与评估。

（3）设计并采取纠正偏差的措施，以顺应变化着的条件，保证企业战略的圆满实施。

（4）监控外部环境的关键因素。外部环境的关键因素是企业战略赖以生存的基础，这些外部环境的关键因素的变化意味着战略前提条件的变动，必须给予充分的注意。

（5）激励战略控制的执行主体，以调动其自我控制与自我评价的积极性，以保证企业战略实施的切实有效。

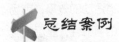

旅游市场营销策略控制——以马蜂窝 App 为例

旅游市场是一个变化的市场，其发展与社会时代息息相关，并永远追随着时代发展的脚步。没有始终正确的方向，只有逐步摸索的道路。一个没有背景的产品，或将经历迷茫、困惑、无助。产品的迭代，就能在一定程度上反映出产品定位的变化，追寻一个产品的变化，是一件很有趣的事。以下将以马蜂窝旅游 App 为例简要说明旅游市场营销策略控制。

一、马蜂窝旅游发展

2006 年，重度旅行爱好者陈罡和吕刚研发了不以赢利为目的 UGC 旅行社交平台——马蜂窝，为同样喜爱旅行的用户提供一个可以互相分享旅行游记、攻略以及提问解答的平台。

2006—2012 年，在这几年时间里，没有宣传，没有运营，全靠用户口碑，马蜂窝用户数量慢慢积累，逐渐壮大。

2012—2014 年，马蜂窝把积累的内容数据结构化，并提出了以目的地为中心，提供目的地的游记、问答、攻略、社区，把信息集中起来。截至 2014 年 10 月，马蜂窝激活用户达 5500 万人，其中移动端用户比重较大，达 4500 万人左右；游记总量已达百万量级。

2015—2017 年，探索商业闭环，寻找盈利方向。起初只是做品牌的广告，后来又发布了自由行战略，尝试"内容+交易"的商业闭环。但马蜂窝始终未做真的交易，只是促成交易。一方面通过内容数据提炼用户需求，为用户提供优质酒店等旅行服务；另一方面也促成了 OTA 平台的精准交易。

2018 年 12 月 21 日，马蜂窝旅游网在北京召开了以"共创产业新生态"为主题的新旅游电商大会，着眼 2019 年产业发展新生态，与优质旅游商家共议新时代下的营商之道，并发布了全新升级的商家赋能系统。

二、马蜂窝旅游 App 版本更新

V2.0.0～V4.9.0：只能下载到 Android 版本，功能单一，只有攻略、游记等功能；界面颜色单一。

V6.0.0～V7.9.0：增加目的地功能，分为找攻略、看游记、订酒店、问答人几个板块；更新页面 UI 样式；增加会员积分功能；增加平台内部订酒店功能；优化游记、攻略用户体验。

V7.0.0～V8.1.0：旅行攻略改名蚂蜂窝自由行；界面全新升级；增加自由行商城；新增嗡嗡社区；一些体验上的优化。

V8.1.4～V9.2.0："蚂蜂窝自由行"更名"马蜂窝旅游网"，以及一些体验上的优化。

三、马蜂窝发展策略控制与 App 更新迭代

（一）初名——旅行攻略

马蜂窝在最初将业务分散在各个 App 中，包括语言翻译工具——旅行翻译官、游记查阅工具——旅行攻略、旅游记录与社交工具——游记、记录和分享工具——嗡嗡、预订

工具——马蜂窝特价、预订工具——国际酒店专家。

旅行攻略就是马蜂窝旅游的前身,最初的旅行攻略只是做攻略的展示与下载。

1. App 的重视

随着智能手机的普及,2012 年下半年开始移动 App 的使用率大幅增加,Web 时代逐渐衰退,移动网络逐渐崛起,旅行攻略在 2013 年 7 月上线 V4.0.0,V4.0.0 开始 App 的功能迭代步入正轨。

2. App 商业化

2011 年 10 月,马蜂窝获得 500 万美元 A 轮融资和 200 万美元无息贷款。2012 年 6 月,开始商业化尝试,半年收入超千万,主要来自广告及佣金分成;但是 App 接入广告是在 2013 年 11 月发布的 V4.3.9 开始的,banner 位直接加入广告位。

至此,App 内包括攻略、攻略专题、游记、banner 广告,页面风格简朴,没有复杂的信息流。

3. 核心架构成型

2014 年 4 月,上线的 V6.0.0 对产品做了一次大的信息结构梳理,整个产品围绕目的地展开,提供目的地攻略、游记、酒店、问答、团购、附近玩乐六大板块。

UI 也做了较大的调整,设计风格更加简洁,首页增加优美风景图片,色彩也更加丰富。

V6.5.1 的产品结构中,发现页是首页,发现页中几乎囊括整个 App 的所有主要信息。这一版增加订酒店、找特价、问答人功能,加入社交功能,以及初步形成商业化效果,首次使用目的地带动商业转化,不再是单一的广告,而是有针对性地推荐。查找页是世界各地目的地的集合,可以进行筛选。

(二)第一次更名——马蜂窝自由行

马蜂窝一直在寻找适合自己的商业模式,如何利用自带流量这一优势获得利益,自身是做旅行社区的,显然不能与携程等已经发展得很完善的 OTA 平台直接竞争。既然不能竞争,那就合作,把他们变成客户,再利用强大的用户数据与用户活跃度,帮助 OTA 平台精准营销。

2015 年 2 月,马蜂窝获得高瓴资本、Coatue、CoBuilder、启明创投的 C 轮融资,累计融资逾亿美元后,在 2015 年 8 月上线的 V7.0.0,将旅行攻略改名为马蜂窝自由行。其实在之前的版本的旅行攻略中已经逐渐加入了特价预订、酒店预订、游记查看、社区问答等功能,所以此次改名只是让定位更加精确。

马蜂窝自由行不再局限于做攻略,而是为喜欢自由行的人提供服务,以及为 OTA 或旅游运营商带去精准流量的平台。商业模式也逐渐清晰,实现途径有两个:品牌商广告费和 OTA、企业、旅行社等的交易佣金。

因此,V7.0.0 的产品分为"发现""当地""商城""我的"四个模块。其中,"发现"模块是首页,增加商城入口,并且丰富了目的地专题,增加月份适合去的目的地,增加商城热卖的商品信息流,以及精品游记信息流,增加了主题活动专题。"当地"模块与 6.9 版本无较大差别。"我的"模块中,将"我的酒店"改为"我的订单",增加了"我的活动"

"消息通知"。"目的地"页面也做了调整,信息基本未变,但感觉没有之前好看。

1. 加入嗡嗡

V7.1.0 引入了社区,并直接在底部增加一个主菜单社区,社区就是嗡嗡,集中了全世界各地用户发表的旅游动态,用户可以评论、点赞、交流。"我的"模块中增加了"我的嗡嗡"。但是底部菜单变为 5 个,信息过于冗杂,所以这一版仅存活一个半月,此后上线了V7.2.0,这一版简化了菜单,只有"首页""当地""我的"三大板块。

将商城和社区融入"首页""当地""游记""目的地"中,相较之前的大板块,增加了曝光量。而且这些商城和社区都是可以和用户的核心需求关联起来,增强了用户体验,并达到精确营销的目的。

2. 自由行商城

从 V7.9.0 版开始,旅行商城都有一个专门的页面,如果说之前一直在探索,现在就是完全清楚当前阶段的定位。自由行商城业务也逐渐丰富,不再只有酒店和团购,而是增加了很多类型,如美食、托运、租赁、接机、门票等。预订是直接外链的 OTA 平台。

(三)第二次更名——马蜂窝旅游网

2017 年 11 月,马蜂窝获得 1.33 亿美元 D 轮融资。2018 年 2 月 5 日,马蜂窝正式宣布由"马蜂窝自由行"更名为"马蜂窝旅游网",并启动新一轮的品牌焕新。

"蚂蜂窝"变为"马蜂窝","自由行"变为"旅游网"。可以看出马蜂窝想要瞄准更广阔的市场的心。基于流量的产品想要维持下去,只有不断地涌入新的流量。马蜂窝已经不再局限现有的用户人群,而是想要发展到更广阔的人群中。

1. 用户特征

根据数据中分析,马蜂窝的女性用户居多,用户年龄主要集中在 25~35 岁,主要集中在一线、二线城市,尤以北京、广东数量最多。

2. 用户偏好

(1)目的地偏好。京沪、西南和江南地区最受用户欢迎。

境外最受欢迎的目的地是日本和泰国,韩国下降严重。远途旅行中,美国、马尔代夫最受欢迎。

(2)住宿偏好。境内游玩时,65% 的游客会选择在出游当周预订酒店。境外游玩时,40% 的出境自由行游客会至少提前一个月预订酒店。

自由行游客在预订境内酒店时,要浏览 8 家酒店后,才能做出最终选择,相比 2016 年增加 3 家。而在预订境外酒店时,自由行游客要浏览近 20 家酒店后才能确定。

(3)美食偏好。中国人喜欢通过味道来记忆一座城市。马蜂窝数据显示,无论去哪里旅游,中国自由行游客最爱的美食永远都是海鲜,2017 年产生的游记中被提及 42730 次。境外旅行中,日本、泰国美食热度很高。

(4)问答偏好。问答中,关于行程规划相关的问题数量最多,其次是交通、景点、住宿和行前准备等。由于对目的地情况了解不够充足,自由行游客面临的最大问题是行程安排不当,他们期待有经验的人能根据自己的情况提出有针对性的意见,协助自己规划行程。

3. 用户画像与场景

根据以上数据（其实单从上面的数据是得不到具体用户画像的，这里的用户画像有很多是根据对角色的判定写出的），可以大致得出几个用户画像和使用场景。

画像一：

王翔决定和妻子国庆节去三亚玩，预算是两个人 7 天 1.5 万元。需要制订详细的旅行计划，包括交通、住宿、食物、注意事项、当地玩乐等。他在马蜂窝的大量游记中提取了自己需要的内容，并且找到专门的三亚攻略，部分不清楚的也在问答上得到了答案。最后制订好 7 天的具体计划：交通 + 住宿 + 食物 + 玩乐 + 详细资金分配，并且根据计划提前购买了车票、机票、订酒店。因为是国庆高峰期，所以更要提前购买。

王翔是旅游爱好者，没事就喜欢在马蜂窝上浏览旅游游记，也喜欢和志同相合的人聊关于旅行路上的趣事。

画像二：

周五晚上，玲子躺在床上听音乐，无意中听到歌曲《成都》，被里面的歌词深深吸引。第二天立马打开马蜂窝 App 查看成都的旅行攻略，主要是当地玩乐的游记。遂和朋友小丽约好端午节去成都玩。

端午节期间，玲子和小丽在成都游玩，眼看假期快要结束，她无意中在马蜂窝上看到关于泸沽湖的游记，心生向往，于是决定延长假期，请假去泸沽湖游玩。

画像三：

Lisa 最近工作压力很大,老板决定给她放一周假。Lisa 想要有一个轻松惬意的旅行,希望有专门的人帮自己制订完美的旅行计划。

画像四:

自由文艺主义者

小雨 / 26岁 / 工作4年 / 工资不定

- 教育背景:本科
- 工作状态:自由工作,到世界各地拍照写文章
- 所在城市:杭州
- 兴趣爱好:拍照、写文章
- 消费水平:尽量花少的钱走更多的路
- 目标:将爱好变为工作

小雨在日本的民宿榻榻米上编辑此次旅行的游记,因为需要上传相机上的大量图片,所以小雨拿出自己的笔记本电脑,在网页上编辑,并上传图片。因为旅行没有结束,小雨将游记保存为草稿。

小雨在旅行的路上收到来自马蜂窝 App 的消息推送,是上次去马来西亚旅行的游记被人收藏点评了,因为文章写得比较出色,所以被推荐上了首页,并收获大批粉丝,也有不少的人找她拍照片,收入也有所增加,但毕竟还是少数,如果有更多的赚钱方法就好了。

最近游记的热度减退,小雨决定通过更多的方式提高自己的曝光度,于是主动去回答一些人提的问题。小雨还发现每个时间段,人们都喜欢跟风去到某些地方,如果有人告诉她哪些地方比较火,就可以蹭一波热度了。

4. 场景满足

上面就是做的简单的用户画像以及可能会有的用户场景,马蜂窝 App 最新版本的产品基本已经满足上诉用户场景的需求。

(1)用户需求。用户需要详细的目的地攻略、精准的目的地游记,最好能有记录计划的地方,还要能提前预订酒店、车票。

解决办法:产品设计上,查找目的地入口的需求很明显,查询结果需要包含攻略(包括交通、住宿、食物、注意事项、当地玩乐、消费情况等)、游记(需要实用的干货,可以按照时间,记录每天的游玩路线及消费情况更好)、酒店、车票、门票、问答、周边游玩等。个人中心可以按照日期显示行程,并且可以自定义,购买的酒店、车票等自动录入行程,在出行当天提醒。

(2)用户需求。用户需要活跃的社区氛围,并且有可以消磨时间的内容。

解决办法:首页推荐优质游记,可以做一些活跃气氛的互动活动,也可有专门的社交区域。首页也可推荐最近很火的目的地,或根据当下流行的元素做一些专题的介绍。

(3)用户需求。用户需要专属管家为自己制订旅行计划。

解决办法:提供私人定制的服务,可以找专门做私人旅游定制的公司合作,需要考察公司的服务是否安全、舒适。平台可收取旅游公司推广费用。也可自己寻找专业人员形成自己的定制品牌，但对人员的要求很高，也需要一套完整的运营体系，所以可以先做平台再自己运营，一步一步进行。

（4）用户需求。UGC用户需要一个良好的编辑环境，简单、方便、不易出错。

解决办法：移动端、网页端同步，可以保存草稿，可以上传高清图片，文章自动保存，可以预览。

（5）用户需求。优质UGC用户需要和普通用户区分开来，能从创作中获得尊重，提升自身的品牌价值，才会有更高的积极性持续输出。

解决办法：需要给优质UGC用户提供特殊标识，如签约旅行人、认证标识、荣誉徽章等。并且可以增加打赏功能，增加UGC用户积极性。还可以给UCG用户提供拍照接单、软文推广等资源。因为这部分用户是马蜂窝的重要资源，是多年积累下来的宝贵财富，所以需要好好守护，不能让其流失。

很显然马蜂窝之前面向的群体是重度UGC用户与重度旅行爱好用户，这部分用户可以很好地活跃马蜂窝社区氛围，但是付费用户比例却不见提高，所以马蜂窝需要扩展市场，让更多的人了解马蜂窝，增加实现普通用户到付费用户的比例。

在产品层面，马蜂窝未做较大改动，主要是在广告、运营层面下了功夫。首先是"马蜂窝，嗡嗡嗡"的洗脑广告，虽然很多老用户吐槽广告很low，但是可以看出马蜂窝想要吸引更多不同层面用户的心。接着世界杯的活动，羊毛党也为马蜂窝注入新鲜的血液。最后的快乐大本营广告，也是为了努力宣传自己。

（资料来源：http://www.woshipm.com，改动较大）

同步练习

一、单项选择题

1. 企业现阶段的市场状态、产品状态、竞争形势、分销渠道建设等是企业的（　　）。

   A. 营销环境　　　B. 营销现状　　　C. 营销目标　　　D. 营销策略

2. 按不同的旅游市场营销活动功能建立相应的职能部门，是（　　）组织形式。

   A. 地区型　　　B. 产品管理型　　　C. 功能型　　　D. 市场管理型

3. （　　）控制是通过营销审计对营销实施过程的最新情况进行评价，从总体或全局上对营销战略进行必要的修正。

   A. 年度计划　　　B. 盈利能力　　　C. 效率控制　　　D. 战略控制

4. 效率控制的内容主要包括4个方面活动效率的控制，分别是（　　）。

   A. 销售人员效率控制、广告效率控制、促销效率控制和分销效率控制
   B. 销售人员效率控制、产品投放控制、促销效率控制和分销效率控制
   C. 销售服务效率控制、产品投放控制、促销效率控制和分销效率控制
   D. 销售人员效率控制、产品投放控制、促销效率控制和总体效率控制

5. 通过各种渠道收集顾客和中间商的反映，可以使旅游企业全面了解产品和服务在顾

客心目中的地位和形象，改进企业的管理和服务工作，这种年度计划控制方法是（　　）。

  A. 营销费用分析　　　　　　B. 盈利能力分析

  C. 顾客满意度分析　　　　　D. 销售额分析

二、简答题

1. 如何进行旅游市场营销计划控制？
2. 旅游市场营销计划控制有哪些方法？

三、案例题

丰宁燕山大峡谷旅游投资失败案例研究

开发过程： 2004 年，丰宁县政府决定大规模开发燕山大峡谷，正式启动燕山大峡谷旅游综合开发项目，该项目囊括了道路交通、通信电力、狩猎滑雪、温泉休闲、汤河漂流等若干个子项目，计划总投资近 2 亿元。

2007 年 8 月，丰宁与北京中经汇丰旅游投资顾问有限公司签订了燕山大峡谷旅游园区开发协议，中经汇丰投资整体开发燕山大峡谷。历时十多年，到 2018 年，景区成为区域性旅游休闲地，能吸引周边游客，具有一定的地域优势。

旅游市场营销计划： 根据中经汇丰公司提交的开发策划书，燕山大峡谷开发定位四大功能。

（1）把峡谷建设成为"中国极限运动基地（滑雪）"。

（2）把峡谷建设成为"国际会议中心"。

（3）把峡谷建设成为全国知名的自然风光观光和休闲景区。

（4）把峡谷建设成为具有鲜明特色的满族民俗村。

投资结果： 经过十多年的发展，景区客流量接近 30 万人次，已经取得了一定的效益，但是，作为丰宁燕山大峡谷的整体开发商，北京中经汇丰旅游投资顾问有限公司并未能获得预期的投资收益，主要表现在以下 3 个方面。

（1）实际投资达到 4 亿多元，远超过计划投资的 2 亿元，投资成本没有得到有效控制。

（2）客流量和销售收入低于期望水平，未能恰当地估计市场的发展水平。

（3）休闲度假地产、养老地产、投资地产并未如期开发并创造收益。

失败原因：

（1）对旅游市场理解不够深刻，在周边环境不成熟和交通基础设施不好的情况下，客源未能达到预期水平。

（2）没有把握好旅游资源开发和旅游地产开发之间的联动关系，侧重开发旅游资源及旅游收入，对旅游地产市场理解不足，未能开发出能够快速创造现金流的适应市场且适当时机的旅游地产。

（3）没有购买或通过与政府签订的有效协议预先控制核心土地，使远期更大的休闲度假地产、养老地产、投资地产的潜在收益未能得到保障。

（4）规划设计院所规划的产品建设成本过大，产品不符合企业盈利需求，特别是规划投资较大的大量滑雪设施。

（5）开发分期不当，前期投入大量资金用于不能创造现金流的道路、电力、供水、通信等基础设施建设，而未能形成能够创造现金流的经营性资产或可销售的地产，使投资难以形成良性循环，增大后期投资压力。

（6）企业家没有重视社会资本运营，仅靠自有资金运营，投资规模和力度不够，使丰宁燕山大峡谷未能达到预期建设水平，金融资本的车轮必须一块转。

（资料来源：https://www.dotour.cn/article/4410.html，略改动）

问题讨论：

1. 根据上述案例，在执行景区营销计划的过程中应该采取哪些控制措施？

2. 案例失败的最大原因是成本预算控制，请就营销计划执行过程中成本控制提出具体的措施。

 前沿视角

大数据精准获客营销系统

随着科技发展，大数据、云平台、短视频、AI智能、AR视频技术等技术手段不断与旅游营销相结合，未来的旅游市场营销管理将呈现出智能化、多元化、网络化，一些深度体验式的旅游方式越来越被人们认同。因此，旅游市场管理将出现精准营销。精准营销就是要找到属于自己的客户并对其进行营销，精准营销（precision marketing）就是在精准定位的基础上，依托现代信息技术手段建立个性化的顾客沟通服务体系，实现企业可度量的低成本扩张之路，是有态度的网络营销理念中的核心观点之一。

精准营销就是公司需要更精准的、可衡量和高投资回报的精准客户。那么，怎样的营销模式才能定义为精准营销呢？三大基本要素缺一不可。首先是精确：目标越准，资源集优，营销才能更有效，方可做到事半功倍。

（1）精准的营销平台。大数据营销是基于大量的数据信息，依托大数据技术的基础上，应用于互联网广告行业的营销方式。互联网衍生于大数据行业，又作用于互联网行业。依托多平台的大数据采集，以及大数据技术的分析与预测能力，能够使广告更加精准有效地给企业带来更高的投资回报率。大数据营销的核心在于让网络广告在合适的时间，通过合适的载体，以合适的方式，投给合适的人。

（2）行业最重要的是数据，数据最重要的是精准，那么智能营销系统采集获取数据流程则是根据行业所需求的关键词和地区进行精准采集，采集的渠道则是以互联网为中心，实现多渠道大数据信息获取，采集渠道有哪些呢？比如说：地图、分类网站、搜索引擎、教育平台、行业资源网、网络爬虫等互联网渠道进行需求性的大数据采集，这也是互联网营销中必须具备的拓客 weixin1718 方式 1544，058 更全面地迎合互联网所要求的快速、精准、高效重要因素。

（3）精准营销过程中找准数据源是关键，大数据时代，企业如何正确驾驭海量繁杂的数据，达到企业、用户体验双赢，并不是一件容易的事情。做好这些的前提是大量的用户

> 数据怎么搞定，鹰眼大数据系统汇聚了各个行业网站、数据资源采集、网络爬取等资源库，可满足用户使用需求。
>
> （资料来源：https://www.jianshu.com/p/1773e34dd200，略改动）

项目小结

旅游企业要在激烈的市场活动中获取效益，必须重视旅游市场营销活动的管理。在旅游市场营销活动的管理过程中，要制订好切合实际的旅游市场营销计划，在实施具体的旅游市场营销活动时做好控制措施。在市场活动结束之后，旅游企业能够对该活动进行科学合理的评价和总结，以便进一步做好市场营销工作。

综合训练

1. 实训项目

选择本地知名的旅游行业企业（旅行社、酒店、旅游景区等），运用市场营销战略、定价策略、分销策略及促销策略等知识，设计市场营销策划书。

2. 实训目标

（1）培养学生根据旅游市场调研结果，运用市场营销战略、定价策略、分销策略及促销策略等，设计市场营销策划书。

（2）掌握旅游市场营销策划书设计的基本步骤及方法。

3. 实训指导

（1）掌握旅游市场营销策划书设计的基本步骤及方法。

（2）制定策划书之前，一定要先搞清楚各种营销策略的使用及成效的差异。

（3）各小组的策划书要结合市场营销的各种策略，尽量正规化。

4. 实训组织

（1）给学生一个市场调研的结果。

（2）全班分为若干小组，以小组为单位，每组3～4人，每组自选一名组长，共同根据调研结果，对产品制定一个营销策划书。

5. 实训考核

（1）每个小组写出一份策划书。

（2）各组派代表发言，在讲台上面向全班同学讲出各自的策划方案。

（3）各组在教师指导下互评。

（4）教师对各小组的策划方案进行综合点评。

（5）学生互评和教师评分各占50%。

项目八 旅游网络营销策略设计

【学习目标】

知识目标

1. 掌握旅游网络营销的基本概念和相关知识。

2. 理解旅游网络营销的主要模式。

3. 了解网络营销产生和发展的过程及特征。

4. 掌握旅游行业企业网络营销的现状、问题及对策。

5. 熟悉旅游网络营销的新技术和新业态。

能力目标

1. 能够认知旅游网络营销理论及发展历程。

2. 能够熟练运用旅游网络营销理论进行案例分析。

素质目标

1. 培养学生对新技术和新业态的学习热情。

2. 培养学生的收集数据、分析问题和解决问题的能力。

思政目标

1. 培养学生爱岗敬业的职业素养。

2. 培养学生追求卓越的创新意识。

【学习指南】

学习方法

1. 案例分析法。通过案例学习，结合背景，总结案例经验，强化知识运用。

2. 情境教学法。通过案例调研，深入企业营销情境，掌握相关环节和技巧。

3. 任务驱动法。通过具体项目任务驱动，分析具体问题，提出合理策略。

学习资源

1. 章节配套 PPT。

2. 网络资源。

（1）胶东头条：http://t.jiaodong.net。

（2）环球旅讯：https://www.traveldaily.cn。

（3）站长之家网站排行：https://top.chinaz.com。

（4）欣欣旅游网：http://www.cncn.net。

（5）南方航空：http://www.csair.com。

（6）艾瑞网：http://a.iresearch.cn。

（7）海螺邦：https://www.solosea.com。

（8）新浪网：https://www.sina.com.cn。

（9）搜索引擎优化 SEO 服务提供商：http://www.netconcepts.cn。

（10）排行榜 123 网：https://www.phb123.com。

（11）新媒体之家：https://www.cnwebe.com。

（12）全网营销推广：http://www.seolm.org。
（13）seo 服务：http://www.seohn.cn。
（14）金天鹅：http://www.jdglrj.com。
（15）草根 SEO：https://www.simcf.cc。
（16）前瞻网：https://www.qianzhan.com。

任务一 认知旅游网络营销

任务目标

某旅游集团有限公司招聘多名市场专员，主要职责是：①负责公司旗下网站、App、微博、微信等客户端或产品推广相关的社会化网络营销方案策划及组织执行，提高公司业务的品牌知名度和市场影响力。②负责为产品营销推广活动提供各种创意，撰写策划方案及操作。③企业自媒体的内容策划，利用营销手段（平台活动、广告渠道合作、事件口碑营销等），提高自有平台品牌形象及销量。作为该公司旅游市场经理，请为新入职的网络营销专员培训旅游网络营销的相关知识。

任务实施

每个小组将任务实施的步骤和结果填写到表 8-1 任务单中。

表 8-1 任务单

小组成员：	指导教师：
任务名称：	模拟地点：
工作岗位分工：	
工作场景： 1. 公司是旅游集团有限公司 2. 需要培训市场专员	
教学辅助设施	模拟旅游企业真实工作环境，配合相关教具
任务描述	通过对旅游网络营销专员职责的介绍，让学生认知相关定义和内涵
任务资讯重点	主要考查学生对旅游网络营销的认识
任务能力分解目标	1. 具备市场意识，理解旅游网络营销的基本概念 2. 熟悉旅游网络营销的相关知识 3. 学会解释相关旅游网络营销的概念，并举例说明
任务实施步骤	1. 掌握相关知识点 2. 学生以小组为单位，撰写旅游市场报告 3. 每个小组借助多媒体进行汇报，展示小组成果 4. 各小组互评，教师点评

任务评价考核点

1. 理解旅游网络营销的基本概念。
2. 掌握旅游网络营销的新概念。

 引导案例

2018 年山东烟台旅游网络营销优秀案例

1. "烟台旅游头条"宣传营销

"烟台旅游头条"是市文化和旅游局于 2018 年着力打造的国内首款以旅游电子地图为主线、以大数据平台为支撑、具有地方特色的智慧旅游服务平台，于 2018 年 8 月正式上线运营。

烟台旅游头条改变了传统客户端输入搜索的模式，能根据每位游客所在的位置提供"量身定制"的智慧服务，通过 VR、影像、音频等为游客提供听觉、视觉感官上的体验，通过电子地图为游客出行提供导航和服务推荐与设施指引，通过二维码为游客提供精准的景区景点讲解服务……这种融合了智慧、科技以及能够随时随地提供服务的方式，不仅让每位游客都能得到"握机在手、轻松畅游"的 VIP 享受，也传递了烟台旅游智慧化和信息化建设的成果。

基于"烟台旅游头条"微信小程序开发了寻宝活动营销专题页面，增加寻宝抽奖功能，先后在"2018 山东好时节烟台人游烟台暨龙湖国际海岸樱花节""5·19 中国旅游日"等主题宣传活动中，开发推出了多期专题营销活动，其中 8 月 14 日开始推出的"点赞鲜美时刻 我为家乡喝彩"点赞投票活动，更是吸引了大量市民、游客的参与，截至目前，"烟台旅游头条"总用户量达 133 万，访问量近 1200 万人次，对烟台旅游宣传起到了积极作用。"烟台旅游头条"宣传营销获评全省第二季度旅游网络营销十佳优秀案例。

2. "抖音带你游烟台"宣传营销

为顺应互联网和社群市场趋势，加强移动终端营销应用，市文化和旅游局于 2018 年 4 月开通了"@烟台旅游"抖音官方账号，利用抖音平台的展示形式，充分挖掘、创新旅游形象宣传形式，结合"仙境海岸 鲜美烟台"城市品牌形象，对全市旅游资源进行重新包装设计，通过与网红大 V 的积极互动、合作，制作了内容丰富、形式多样的宣传视频，展示推广烟台旅游资源，共发布短视频 179 条，阅读量 2500 万，获赞 13.6 万，相关大 V、网红同步发布的烟台旅游宣传视频，阅读量上亿人次，点赞量超过 2000 万，其中，仅养马岛景区的相关宣传视频点赞量就超过 700 万，"抖音带你游烟台"直接催热了"新晋网红"号称"小马尔代夫"的养马岛，以及文成城堡、长岛等景点，取得了良好的宣传营销效果。抖音营销也获评第三季度全省旅游网络营销十佳案例。

思考：

（1）山东烟台的网络营销主要采用了哪些手段？它为何能成功？

（2）山东烟台是如何发现客户的需要，开发有针对性产品的？

（资料来源：http://t.jiaodong.net/system/2019/01/15/013808943.shtml?from=phone）

一、旅游网络营销的相关概念

旅游网络营销是指旅游企业以电子信息技术为基础，以计算机网络为媒介和手段而进行的各种营销活动，也是目标营销、直接营销、分散营销、顾客导向营销、双向互动营销、远程或全球营销、虚拟营销、无纸化交易、顾客式营销的综合。

网络营销一方面要针对新兴的网上虚拟市场，及时了解和把握网上虚拟市场的旅游消费者特征和旅游消费者行为模式的变化，为企业在网上虚拟市场开展营销活动提供可靠的数据分析和营销依据；另一方面在网上虚拟市场开展营销活动，可以实现旅游企业的经营目标。

旅游网络营销主要是针对旅游企业而言的，与其他行业的企业一样，网络为旅游企业树立市场形象、实现双向交流、面向特殊的虚拟市场、开展在线交易提供了广阔的发展空间。因此，旅游网络营销既拥有网络营销的基本特点，又继承了传统旅游营销的基本特点，同时又有延伸。

（一）旅游网络营销的特点

（1）跨时空。互联网具有超越时空进行信息交换的特性，借助计算机网络，旅游企业能用更多时间和更大的空间进行营销，可每周7天、每天24小时随时随地提供全球性营销服务。

（2）交互式。旅游企业可以在网络上适时发布产品或服务信息，消费者则可根据旅游产品目录及链接资料库等信息在任何地方进行咨询或购买，从而完成交互式交易活动。另外，网络营销使供给双方的直接沟通得以实现，从而使营销活动更加有效。

（3）拟人化。互联网上的促销是一对一的、理性的、消费者主导的、非强迫性的、循序渐进式的，而且是一种低成本与人性化的促销，避免推销员强势推销的干扰，并通过信息提供与交互式交谈，旅游企业能与消费者建立一种长期、良好的关系。

（4）高效性。计算机可以储存大量的信息，可传送的信息数量与精确度，远超过其他媒体，并能适应市场需求，及时更新产品或调整价格。因此，旅游企业能及时、有效地了解并满足顾客的需求。

（5）成长性。互联网使用者数量快速增长并遍及全球，使用者多属年轻、中产阶级和高教育水准人群，购买力强而且具有很强的市场影响力，因此，对旅游企业而言，它是一个极具潜力的市场。

（6）整合性。互联网营销可以从产品信息、客户沟通、售后服务等入手，旅游企业借助互联网将不同的传播营销活动进行统一设计规划和协调实施，以统一的传播资讯向消费者传达信息，避免因不同传播中的不一致性产生消极影响。

（7）经济性。经济性主要表现在：①没有店面租金成本；②节省库存费用；③网上营销实际上是一种直销方式，可以减少商品流通的中间环节，降低营销成本；④结算成本低。

(8) 定制化。定制化有助于实现以消费者为中心的新的营销理念。旅游企业在网上推出的定制化产品可让消费者比较容易挑选。

(9) 个性化。网络营销使旅游企业的网络站点、电子信件以及其他经营活动适合于个体客户的需要，适应不同年龄、地点和不同爱好的个体消费者。

（二）旅游网络营销与传统企业营销的区别

互联网环境下竞争规则发生改变，传统营销已无法满足消费者的需求，也无法使企业在信息时代下的市场竞争中立足。

1. 网络营销是一种以消费者为导向，强调个性化的营销方式

目前，旅游业已经从简单的规范化的旅游产品发展到复杂的组合产品，从商务旅游到休闲旅游，从团体旅游到散客旅游都呈现出多品种经营的趋势。互联网的全球化、公开化特征使旅游者拥有了比过去更大的选择空间，他们可根据各自的意愿和需求在全球范围内寻找满意的旅游产品，而不受地域限制。以往千篇一律的旅游产品已经不能满足消费者的个性需求，消费者渴求的是更具时尚化和个性化的旅游产品。但是传统旅行社由于成本的限制，一般不会为散客提供旅游服务，个性化旅游在传统方式下也就难以实现。

利用网络营销，旅游企业可以为消费者提供大量的信息，并根据消费者的需要及时修改、发送，还可以根据消费者反馈的信息和要求，通过自动服务系统提供特别服务。庞大的促销费用得以节省，以顾客为中心的主导思想得以体现，这都是传统旅游企业所无法想象的。

2. 网络营销具有极强的互动性，是实现全程营销的理想工具

传统的旅游方式主要有两种：一种是旅行社组团旅行；另一种是个人自助旅行。前者存在的弊端是旅游者一旦预订了团队之后，就必须随团固定旅游行程和时间，而且要受到途中的购物困扰，而后者旅游的食、住、行、游、购、娱等环节均需自己解决，费用相对比较高。

利用网络营销，即使是中小企业，也可以通过电子布告栏、在线讨论广场和电子邮件等方式，以极低的成本在营销的全过程中同消费者进行即时的信息沟通，消费者则有机会对产品从设计到定价和服务等一系列问题发表意见。旅游企业可以根据旅游者的反馈信息，制定出多种满足旅游者意愿、爱好、档次等需求的旅游产品，供旅游者选择。这种双向互动的沟通方式，提高了旅游者的参与性和积极性，更重要的是，它能使旅游企业的决策有的放矢，从根本上提高消费者的满意度。

3. 网络营销能满足旅游者的方便性需求

在现代社会，随着生活节奏的加快，人们越来越珍惜闲暇时间，旅游者迫切需要以新的、更快速、更方便的购买和服务方式来满足其需求。旅游者价值观的改变促使旅游业传统营销方式也随之改变。

旅游网站的信息存储量大、更新及时。可以确保旅游者所需要信息的即时性，只要轻点鼠标，就可以实时查询、实时预订，如订票、订房、旅游线路的编程等事务基本上可以在几分钟内完成，也大大促进了买卖双方共建"双赢"的价值体系。

4. 网络营销能满足旅游者的价格需求

网络营销能为企业节省巨额的促销和流通费用。售前信息发布、订购、支付、售后服务等多种商务功能集成于一个电脑操作平台上，以往各种细致劳动分工高度集成，大大节省了经销中的费用。同时旅游网站因散客组团等形成了购买量大的团体，故可享受旅游产品提供方（如航空公司、饭店、景区等）给予的价格优惠。这使企业通过网络营销降低其产品的成本和价格成为可能。而通过网上预订，旅游者不仅可以订到便宜的机票和酒店，还可以在娱乐、餐饮等消费上享受到折扣优惠。

对于中小旅游企业来说，旅游电子商务极大地弥补了其在传统市场上营销渠道少、知名度低的弱势，为其提供了更为广泛的发展机遇和更为平等的竞争手段。

 案例 8-1

上线飞猪，这家传统旅行社如何脱颖而出

"累计成交总金额7352万元，度假类目国内板块销量和销售额双第一"，广州漫游国际旅游集团（以下简称漫游国际）的商家在2018年"双11"交出这样的成绩单。这家"名不见经传"的旅游电商仅用3年时间已成长为飞猪国内游板块销量最大的旅行度假商户。这家公司是如何摆脱传统旅行社经营模式桎梏的？又将如何依托运营线上平台所积累的经验，开拓出更广阔的发展方向？漫游国际CEO胡湘东向环球旅讯分享了他的创业经验。

1. OTA的强势增长把传统旅游批发模式逼到了墙角

OTA依靠技术打破旅游产品价格信息不对称，抢了不少线下旅行社的生意，加之愈演愈烈的价格战，更是让旅游产品价格一降再降，旅行社利润趋减。随着旅行社对资源产品需求的下降，胡湘东走"薄利多销"的批发生意受到了影响。

技术变革虽带来新的分销渠道和消费场景，却没能改变位于行业末端的旅行社的经营模式。旅行社依然沿用传统的交易模式，由旅行社和批发商签订库存买断协议后按照合同约定的账期结算。动辄数月的账期对旅游批发商的资金链造成了巨大压力，也影响了他们的规模化扩张。

2. 选择"触网"探索转型

面对在线旅游市场的冲击，旅游批发商试图摆脱"批发商"这个单一定位。部分中小批发商选择拥抱携程等OTA，把B2B生意直接搬到了线上。大型的旅游批发商则是加快上游资源的整合，谋求全产业布局；或是将渠道下沉，开设直营店进一步攫取线下市场。

权衡之后，2015年9月漫游国际签约飞猪，成为平台合作商户。此后，飞猪派出"小二"专职为漫游国际提供技术支持以及运营指导。"小二"会定期对漫游国际进行培训，并结合漫游国际的产品资源与阿里平台活动、线路和产品线相匹配，制订运营计划以及活动响应预案。

对于初涉线上业务的漫游国际来说，线上运营经验不足、运营人员缺失是他们当时的

最大挑战。为确保招到实践能力强且稳定的员工，胡湘东找到了珠海某大专院校，签订定向就业协议，开设"漫游班"，培养电商运营人才。经过数月筹备，漫游国际在飞猪的旗舰店上线。漫游国际在飞猪所开设的旗舰店订单量高速增长印证了胡湘东最初的判断。2017年漫游国际的GMV与2016年相比翻了4倍，一跃成为飞猪最大的国内旅游度假商户。

3. 站在阿里的肩膀上

胡湘东将漫游国际线上业务的成功归结于阿里平台的支持。在他看来，飞猪的产品推荐机制、直播平台以及菜鸟驿站都在推动漫游国际线上业务的增长中起了相当大的作用。

4. 拓展更多商业场景

在飞猪平台运营3年后，漫游国际的线上业务步入正轨，逐渐摸索出了一套相对成熟的运营模式，在飞猪平台的尝试取得了一定经验后，漫游国际也在不断尝试新的发展路径。一方面，漫游国际加速了线上渠道的拓展，将业务延展到美团和马蜂窝，并先后在2017年和2018年年初开设旗舰店。

据胡湘东称，平台业务目前已经成为漫游国际主要的营收来源，2018年前10个月，漫游国际在三大旅游平台上的销售额已超过6亿元。

对于未来的发展，胡湘东称漫游国际的转型才刚开始，未来的重心仍将在拓展旅游资源、覆盖更多目的地和景区等方面。与此同时，漫游国际也会进行更多的新尝试。例如，从2017年年末收购行军蚁网络科技公司，开始搭建自身的会员服务体系和CRM系统，以提高用户运营和服务能力。

对于漫游国际来说，打造自身的直销平台毫无疑问将面临如何打造品牌知名度以及如何改变用户通过OTA平台购买的消费习惯等挑战，也不排除平台出于维护自身利益是否会推出相应反制手段而影响漫游国际的既得利益，漫游国际的转型将是机遇和风险并存的探索。

（资料来源：https://www.traveldaily.cn/article/125665）

二、网络营销的产生与发展

（一）网络营销产生的背景基础

网络营销工具的运行平台是互联网，服务于一切与实现营销目标有关的网络营销活动，其目的是促使网络营销的开展效率更高、效果更好。因此，网络营销工具的产生、发展与互联网的产生、发展，以及与企业的网上营销活动紧密相关，不可分割。

1. 互联网的诞生是网络营销工具产生的技术基础

互联网是一种集信息技术、通信技术、计算机技术于一体的网络系统。作为军事和科研用途的互联网，由于其传播范围广、成本低、及时、互动等特点，从诞生起，就是企业发布商业信息、寻找商机的一种重要手段。网络营销工具一方面充分利用了互联网技术和现代通信技术，另一方面网络营销工具的运行离不开互联网。因此，如果没有互联网技术，就无从谈起网络营销工具。

2. 消费心理和行为的改变是网络营销工具产生的观念基础

网络营销是指以互联网作为营销的媒体、市场或营销工具时，通过创造顾客价值、提高顾客满意度来实现营销的目标和组织盈利的目标，建立有积极影响力的商务模式以促进市场环境的发展。网络营销不仅是一种技术手段的革命，它包含了更深层的观念革命。互联网络的出现，使消费观念、消费方式和消费地位正在发生着重要的变化，使网络消费者心理及需求呈现出新的特点和趋势：一是个性消费成为主流；二是消费者与营销者之间的互动性大为增强；三是网络消费的内容具有层次性；四是追求购物的乐趣；五是消费方式日趋方便快捷；六是注重价格因素。传统的营销手段和方式（工具）已不能满足这些新的变化要求，需要开发新的营销工具。因此，网络营销工具应运而生，并随着新的消费心理和行为的改变而不断发展创新。

3. 营销环境的变化是网络营销工具产生的现实基础

在现在这个竞争愈演愈烈的商业社会里，对许多企业来说，目前的渠道成本非常巨大。在有的行业中，产品渠道成本甚至要占到销售额的五成以上。同时，一些新兴中小企业进入一个行业的门槛也越来越高。商品信息由于计算机技术和网络的发展而呈现海量化趋势。为了在竞争中占优势，企业不断地推出各种低成本的网络营销手段来开辟新的市场，发现新的市场机会。随之而来的问题是，消费者面对浩如烟海的商品，在选购过程中消耗的时间成本越来越高。而商家在进行商品比较或者竞价的过程中，也需要有更高效率的能提高自己竞价能力的工具。基于上述种种因素，市场参与各方都有一种寻找能降低成本提高效率新手段的愿望，而在不断涌现的新方法中，网络营销工具就成为双方选择的手段之一。利用一系列网络营销工具开展网络营销，不仅可以节约昂贵的店面租金，减少库存商品资金占用，消除经营规模的限制，而且可以及时收集市场信息、捕捉消费趋势，更好地开发出满足消费者需求的产品和服务。这些都可以使企业经营成本和费用降低，增强企业的市场竞争能力。

网络营销的产生是多种原因综合作用的结果。随着科技的进步、互联网的发展、消费观念和经营理念的变化、市场竞争的改变，网络营销工具将得到不断发展，以便更好地服务于企业网络营销、提高营销效果。如一些公司正在集成网络电视和网络广告，使网络广告具有交互性、智能性和电视广告的特点。

（二）网络营销的发展

早在互联网诞生之前，旅游企业已经开始应用计算机专用网络开展旅游预订和营销。航空公司的计算机预订系统、饭店集团的中央预订系统（center reservation system，CRS）以及后来更为成熟的全球分销系统（global distribution system，GDS）在旅游运行中发挥着重要的作用。

1. 企业内部的网络营销

中央预订系统主要是指饭店集团为控制客源采用的本集团内部的计算机预订系统，最早是由假日饭店集团（Holiday Inn，Inc.）于1965年7月建立的假日电讯网（Holidex-I）。从

20世纪70年代至今不断更新，时至今日已拥有自己的专用卫星，客人住在假日饭店里可随时预订世界任何地方的假日饭店，并在几秒内得到确认。目前Holidex-Ⅱ每天处理7万间订房，仅次于美国政府的通信网，并成为世界上最大的民用计算机网。它已被美国政府指定为紧急状态下的后备通信系统。当前，国际知名的酒店集团内部CRS系统逐渐扩大和完善，使其在控制客源方面一直处于领先地位。

2. 行业内部的网络营销

全球行销预订系统，是在国际航空预订系统（CRS系统）的基础上发展起来的，其前身可以追溯到19世纪60年代国际大航空公司为自己建立的数据库。通过GDS，遍及全球的旅游销售机构可以及时地从航空公司、旅馆、租车公司、旅游公司获取大量的与旅游相关的信息，从而为顾客提供快捷、便利、可靠的服务。

GDS不但将诸多大航空公司的数据库联结起来，销售多家航空公司的中性票，而且已经将业务从航空预订拓展到旅游预订。和单一的旅游预订系统相比，GDS优势非常明显：首先是功能完善，所提供的产品囊括所有旅游产品类型，游客还能通过GDS预订到自己需求的特别服务产品；其次是网络众多，涵盖全球，信息丰富，服务快捷。从GDS的发展过程来看，GDS是由于旅游业的迅猛发展而从航空公司订座系统中分流出来的面向旅行服务的系统。

如今，GDS已经发展成为服务于整个旅游业的一个产业，除了原有的航空运输业，旅馆、租车、旅游公司、铁路公司等也纷纷加入到GDS中来。经过技术与商务的不断发展，GDS已经能够为旅行者提供及时、准确、全面的信息服务，并且可以满足消费者旅行中包括交通、住宿、娱乐、支付及其他后继服务的全方位需求。因为源于航空预订，GDS系统仍然由西方主要的大航空公司控股，但系统本身却以企业化的形式进行市场运作，为获取利益而在不断拓展网络。GDS在激烈竞争中，逐渐形成SABRE、GALILEO、AMADEUS、WORLDSPAN等巨头，例如中国航信TRAVELSKY就是中国国内最大的GDS。

3. 互联网与GDS相结合的网络营销

面对来自互联网的挑战，以GDS为中心的中间商不得不做出相应的应对措施，着力在两个方面进行改革：①使代理的产品类型更丰富，用户界面更为亲切方便；②寻求与互联网的融合。无论是旅游供应商还是旅游中间商，他们都看到了通过因特网来分销产品的巨大空间，因此，尤其是在欧美发达国家出现了GDS和互联网融合的营销趋势。

4. 互联网营销

根据互联网技术特征、该阶段互联网营销特征与传统营销的关系模式，可以将互联网营销的发展分为如下四个阶段。

（1）互联网营销1.0阶段。此阶段发源于20世纪90年代，以Web 1.0网络为基础。典型的互联网业态有新浪、搜狐等综合性门户网站，以及谷歌、百度等搜索引擎。此阶段用户以阅读浏览信息为主要目的，网络话语权较小，基本都是被动的信息接收者。企业在此阶段的互联网营销以广告发布为主，具体形式有网络广告、搜索引擎营销、电邮营销、BBS营销等，这些手段本质上属于传统营销中的广告传播工具。

(2) 互联网营销 2.0 阶段。此阶段大约出现在 2000 年前后，以 Web 2.0 网络为基础。典型的互联网业态有 Facebook、TWITTER、人人网、新浪博客、腾讯博客等互动平台，也有淘宝、天猫、京东、当当等商城出现。此阶段以交流互动为主要目的，开始初步尝试网上购买。用户网络权力增强，去中心化、草根性、真实性、自组织协同性、主体参与性明显增强。企业在此阶段的互联网营销以品牌传播为主，通过网络渠道销售为辅（甚至很多企业并没有重视网络销售渠道）。具体形式有博客营销、播客营销、RSS 营销、SNS 营销、联属网络营销、借助第三方电商平台销售等。这些手段本质上属于传统营销中的一些公共关系工具和辅助销售渠道，因此，本阶段的互联网仍然依附于传统营销。

(3) 互联网营销 3.0 阶段。此阶段大约从 2010 年前后开始，以 Web 3.0 网络为基础。典型的互联网业态有新浪微博、腾讯微博、微信等，美团网、蘑菇街、微信商城、苏宁易购，以及米粉（小米）、花粉（华为）在线社区等。此阶段，用户以购物、娱乐、分享为主要目的，网络权力较强，逐步形成消费者互联网社区与生态。企业在此阶段的互联网营销以互联网品牌创立、顾客引流及在线价值变现为主，具体形式有微商营销、朋友圈营销、品牌社区营销、直播营销、网红营销、自媒体营销等。此阶段互联网营销已经冲击或者颠覆传统营销模式，初步创立新的行业标准与营销规则。

(4) 互联网营销 4.0 阶段。此阶段从 2016 年前后开始，以人工智能、移动智能终端、虚拟现实、区块链、互联网支付创新等代表的新技术融合为物理基础。典型的业态有京东众筹、多价值观、多媒体途径参与互联网及智能终端的创新创业，用户既是消费者（使用者），又是生产者，还是资源提供者。企业在此阶段的任务是，通过重塑模式与资金整合促进线上线下融合、互联网与智能终端融合，以及企业与顾客价值共创，建立共生关系，具体形式有智联网营销、区块链营销等。

拓展阅读 8-1

网络营销的缺点和局限性

网络营销是有史以来变化最快的营销领域之一，在过去几年中，网络营销为世界各地的企业创造了巨大的机会，但是当利用网络营销进行商业活动时，必须注意看到网络营销的缺点与局限性。

1. 网络营销的缺点

(1) 可以复制的促销策略。互联网营销的一个危害是竞争对手很容易抄袭某种特定的技术。并且许多人已经这样做了，而且可用于误导客户并带走您的重要业务。

(2) 网络营销包含太多的竞争。就像在线广告的增长一样，互联网推广经历了太多竞争对手的过程。数字推广者无法进入一个更有影响力的地方，以便为他们的推广和推广任务提供最佳曝光，而且如果利基拥有太多的竞争对手，将会使获得目标观众的兴趣变得更加困难和昂贵。

（3）安全问题。网络营销有其自身的缺点，其经验价值并不明显。因此，对于在线查询产品或服务的个人或客户，请注意不要泄露私人信息，因为身份不明的人可能会使用这些信息，这也是网络营销的缺点之一。

（4）缺乏信任。一个显著的缺点可能是顾客缺乏对品牌的信任。因为独家特别优惠，似乎是诈骗者。因此，这是降低质量及公司的形象和可信度的一部分。

（5）需要更多的初始投资。网络营销包含各种限制，例如开发精致和专业的网站，并规划有效的技术。因此，像搜索引擎广告和社交媒体营销这样的付费营销非常昂贵，特别是对于小型企业所有者而言。

2. 网络营销的局限性

（1）网络营销不是免费的，因为硬件、软件、网站设计、在线分发成本、维护、网站托管、时间等成本都应该考虑到提供产品和服务的成本。

（2）互联网仍被视为大多数客户的信息收集来源，许多人在购买时仍然更喜欢实时互动。

（3）超过50%的家庭在网上购物，这个数字继续增长，而互联网骗局会严重阻碍网络营销的发展。

（4）更新时间至关重要，因此你的网站很容易提供过时的信息。

（5）你的网站安全吗？由于担心网站的安全性，许多访问者如果不知道你的网站是安全的，就不会使用他们的信用卡进行购买。

（6）没有替代品可以提供良好的老式客户服务，大多数在线营销人员缺乏查询响应计划和客户服务。因此，在与你联系之前，许多在线访问者已经将你的网站描绘为服务质量差。

（7）你的产品已经有很多竞争对手，当访问者找到你时，意味着他们已经查看了许多链接。除非能够快速找到他们正在寻找的东西，否则他们就会消失。

（三）旅游网络营销的主要模式

1. 建立网站

网站是旅游企业展示公司和产品的主要线上渠道。从服务功能看，旅游网站的服务功能可以概括为以下3类。

（1）旅游信息的汇集、传播、检索和导航。这些信息内容一般都涉及景点、饭店、交通旅游线路等方面的介绍；旅游常识、旅游注意事项、旅游新闻、货币兑换、旅游目的地天气、环境、人文等信息以及旅游观感等。

（2）旅游产品（服务）的在线销售。网站提供旅游及其相关的产品（服务）的各种优惠、折扣，航空、饭店、游船、汽车租赁服务的检索和预订等。

（3）个性化定制服务。从网上订车票、预订酒店、查阅电子地图到完全依靠网站的指导在陌生的环境中观光、购物。这种以自订行程、自助价格为主要特征的网络旅游成为个人旅游者的主流方式之一。

互联网营销替代了传统的报刊、邮件、电话、电视等中介媒体，利用互联网对产品的售前、售中、售后各环节进行跟踪服务，自始至终贯穿在企业经营全过程，寻找新客户、服务老客户，最大限度地满足客户需求，以达到开拓市场、增加盈利的经营目标。

 案例 8-2

旅游综合网站排行榜
（截至 2020 年 4 月 5 日）

1. 携程旅行网（ctrip.com）

携程旅行网是中国领先的在线旅行服务公司，向超过 1400 万会员提供集酒店预订、机票预订、度假预订、商旅管理、特惠商户及旅游资讯在内的全方位旅行服务。

2. 马蜂窝（mafengwo.cn）

旅游网，自助游，旅游攻略，自驾游，路书信息来马蜂窝旅游网，马蜂窝旅游网获取这些信息更全面。

3. 欣欣旅游网（cncn.com）

欣欣旅游网——中国在线旅游超市，4 万家旅游顾问为你提供超过 200 万条旅游线路、门票、签证、机票、酒店等预订服务……为你量身定制不一样的旅行。

4. 去哪儿网（qunar.com）

去哪儿网是中国领先的无线和在线旅游平台，其网站上线于 2005 年 5 月，公司总部位于北京。去哪儿网致力于建立一个为整个旅游业价值链服务的生态系统，并通过科技来改变人们的旅行方式。去哪儿网通过其自有技术平台有效匹配旅游业的供需，满足旅游服务供应商和中国旅行者的需求。

5. 穷游网（qyer.com）

穷游网鼓励和帮助中国旅行者以自己的视角和方式体验世界，为出国旅行者提供专业、实用、全面的出境游旅行指南和旅游攻略，是中国出境游旅行者们分享旅游目的地信息和游记攻略的平台。

6. 米胖网（mipang.com）

米胖旅游网通过集合旅行社直销，不设 400 电话，只提供网络预订服务的独有模式，大大降低了中间环节的成本，帮助游客享受高性价比的旅游。同时提供丰富的旅游景点介绍和旅游攻略供您参考。

7. 驴妈妈旅游网（lvmama.com）

驴妈妈旅游网——中国新型的 B2C 旅游电子商务网站，为旅游者提供景区门票、自由行、度假酒店、机票、国内游、出境游等一站式旅游服务。自在游天下，就找驴妈妈！

8. 途牛旅游网（tuniu.com）

途牛网提供国内齐全的景点门票预订，低至 3 折！在线预订，景点取票，发表点评得奖金且可提现！同一景点门票，自驾、跟团线路随您自由组合，一张门票也打折！预订景点门票快上途牛网。

9. 缤客（Booking.com）

Booking.com 隶属于 Priceline Group 集团（纳斯达克上市公司：PCLN），拥有并经营 Booking.com 品牌，是全世界客房销售量最大的网上住宿预订公司。Booking.com 的日均客房预订间数超过 900000 间。Booking.com 网站以及 App 吸引了来自世界各地的休闲旅游和商务差旅用户。

10. 同程网（ly.com）

同程网是中国领先的一站式旅游预订平台，提供 20000 多家特惠酒店、特价机票、景点门票、旅游度假、演出票务、租车预订服务；预订产品发表评价可获得 10~100 元现金券；专业服务、品质保障，让您的旅行更安心！

（资料来源：https://top.chinaz.com，略改动）

2. 旅游交易平台营销

（1）B2B（business to business）平台。B2B 平台主要包括以下几种情况。

① 旅游企业之间的产品代理，如旅行社代订机票与饭店客房，旅游代理商代售旅游批发商组织的旅游线路产品。

② 组团社之间相互拼团，也就是当两家或多家组团旅行社经营同一条旅游线路，并且出团时间相近，而每家旅行社只拉到为数较少的客人。这时，旅行社征得游客同意后，可将客源合并，交给其中一家旅行社操作，以实现规模运作的成本降低。

③ 旅游地接社批量订购当地旅游饭店客房、景区门票。

④ 客源地组团社与目的地接社之间的委托、支付关系等。

（2）B2C（business to customer）平台。B2C 平台主要是电子旅游零售业务。旅游者先通过网络获取旅游目的地信息，然后在网上自主设计旅游活动日程表，预订旅游饭店客房、车船机票等，或报名参加旅行团。对旅游业这样一个旅客高度地域分散的行业来说，B2C 交易形式方便旅游者远程搜寻、预订旅游产品，克服距离带来的信息不对称。另外，旅游 B2C 电子商务还包括旅游企业对旅游者拍卖旅游产品，由旅游电子商务网站提供中介服务等。

案例 8-3

欣欣旅游网

1. 真正旅游 B2B 平台

欣欣旅游网（http://www.cncn.net）B2C+欣欣同业 B2B 端无缝对接，构建唯一 B2B2C 生态体系，坚持只做平台、不做业务的经营底线。

2. 海量一手资源

聚集一手旅游资源批发商，整合机票等丰富资源，打造全国专业的旅游同业采购与分销平台。

3. 多渠道立体布局

一站采购分销，一键上架多渠道（欣欣网店+独立网站+手机店+微店）同步展示，快速实现全渠道运营。

4. 信用保障，权威认证

全国首创行业信用认证系统，严格审核企业资质，建立透明诚信档案，打造行业口碑排行榜。

5. 旅游信息化服务专家

欣欣专注于帮助旅游企业实现在线化，面向旅游行业提供旅游信息化、互联网化整体解决方案。成立至今已开发60余个工具系统和应用。

3. 移动互联网营销

移动互联网营销是基于手机、平板电脑等移动通信终端，利用互联网技术基础和无线通信技术来满足企业和客户之间的交换产品概念、产品服务的过程，通过在线活动创造、宣传、传递客户价值，并且对客户关系进行移动系统管理，以达到一定企业营销目的的新型营销活动。移动互联网营销主要包括彩信、短信、微信、公众号群发、WAP、App、二维码、手机应用等方式，具有灵活性强、精准性高、推广性强、互动性强等特点。

案例8-4

南航正式发布"互联网+"战略

2018年8月15日，南航在广州举行"南航e行"战略发布会，正式发布"互联网+"战略。"南航e行"是南航近年来全面实施数字化转型、打造世界一流航空运输企业的战略举措与重要抓手，旨在通过南航开发运营的移动端官方平台，为旅客及合作伙伴提供全流程电子化服务。

1. 打通各个功能环节，实现服务全流程智能化

退票可极速退款、出行知识搜索、特殊服务申请、电子发票开具……当天发布会上，南航营销委电子商务部的多位项目负责人登台，介绍了"南航e行"独有的功能和服务。

据悉，"南航e行"将移动互联网和航空出行全流程服务结合起来，整合航空旅游上下游行业资源，构筑一站式服务的南航移动应用平台，为旅客提供出行门到门的卓越服务体验，实现"一机在手，全程无忧"。

现在"南航e行"提供的服务覆盖了南航与旅客接触的全部环节，包括"出行前、去机场、在机场、飞行中、目的地、出行后"六大阶段的全流程服务。例如航班动态功能，除航班的核心动态数据外，还融入了更多的全流程元素：去机场前，购买预付费行李额，进行选座值机，查看机上娱乐，预订机上餐食等服务；在机场，会有值机信息指引、登机口变更提示、不正常航班退改等服务；飞机抵达后，可以指引领取行李、点评行程等。目前，旅客使用南航App可以在大部分国内机场自助办理全流程服务，从预订机票、选座

值机、机场接送到航班动态查询、餐食预订、电子发票开具等，都可以通过 App 自助实现，让旅客出行更加便捷、轻松。

2. 技术创新助服务升级，满足广大旅客对美好出行的需要

党的十九大报告中指出，中国特色社会主义进入新时代，我国社会主要矛盾已经转化为人民日益增长的美好生活需要和不平衡不充分的发展之间的矛盾。

南航营销委副主任兼电子商务部总经理黄文强表示，随着国民生活品质的持续提升，以及互联网应用的普及和推广，广大旅客不仅希望得到安全准点、周到热情、环境舒适、产品丰富的航空服务，同时也希望航空公司能够通过互联网提供更加精准、高效、定制化的航空服务。南航推出"南航e行"，努力在线上实现全流程服务，尽可能地满足旅客多样化、个性化的服务需求。例如，旅客现在可以通过南航官网、微信、App、现场办理等多种自助渠道办理值机，不但能优先选择座位，还能极大缩短值机时间。据统计，旅客通过人工柜台拿到登机牌平均需要6分钟，而通过自助值机可以缩短至6秒。这些服务点滴无不都是从细节做起，逐步完善航空服务的移动互联网化和智能化，是南航贯彻落实党的十九大精神，打造国际一流企业的实际行动，也是南航履行企业社会责任、为旅客提供美好出行体验的又一项具体体现。

"发展互联网电子商务、提升服务电子化水平，是社会发展的趋势、行业发展的方向，是提升服务质量、优化旅客体验的必经之路。"黄文强说。

3. 推进"互联网+"战略，打造全流程一体化服务平台

据了解，南航在中国民航较早涉足电子商务领域，2000年前后就率先建立了官方网站，经过十余年的发展，电子商务的理念已经深入南航业务的所有环节，营销业务、旅客体验等信息化发展已具备一定的基础。2014年，南航在国内航空公司中率先成立了电子商务部，统筹公司电子商务平台和创新电商产品的开发，并于2016年提出将"南航e行"作为智能化南航的抓手，经过近两年的努力，"南航e行"已基本能够满足旅客出行服务的全部需求，初步实现了旅客通过一部手机可以在线办理所有业务，员工通过一部手机可以解决旅客所有问题，向打造"数字化旅客"和"数字化员工"转型的目标。

"南航e行"是南航"互联网+"战略的核心，南航希望通过电商技术手段推动公司业务变革，提供全流程的航空营销服务产品，使电子商务成为南航的核心竞争优势。

从2000年推出中国民航第一张电子客票，2005年在广州白云机场首家推出自助值机，2009年在广州推出国内首张电子登机牌，2016年开具中国民航第一张电子发票，到2017年启用国内首个人脸识别智能化登机系统，南航在中国民航通过信息化创新服务旅客出行的改革中一直保持领先，始终坚持以解决旅客需求为出发点，借助技术研发为业务创造价值。

未来，南航将持续推进"互联网+"战略转型升级，继续更新和升级服务电子化，将旅客出行中接触的各项服务逐步部署至移动端，解决旅客出行的各种痛点和难点。同时，将积极探索人脸识别、智能机器人等先进技术和产品在民航运输中的应用实践，以智能出

行助力便捷出行，使旅客出行更加顺畅轻松。

（资料来源：http://www.csair.com，略改动）

4. 微博营销

微博营销以微博作为营销平台，每一个听众（粉丝）都是潜在的营销对象，旅游企业利用更新自己的微博向网友传播企业信息、产品信息，树立良好的企业形象和产品形象。每天更新内容就可以跟大家交流互动，或者发布大家感兴趣的话题来达到营销的目的。

该营销方式注重价值的传递、内容的互动、系统的布局、准确的定位，微博的火热发展也使其营销效果尤为显著。微博营销涉及的范围包括认证、有效粉丝、朋友、话题、名博、开放平台、整体运营等。自 2012 年 12 月后，新浪微博推出企业服务商平台，为企业在微博上进行营销提供了一定帮助。

案例 8-5

新浪：带着微博去旅行

带着微博去旅行作为中国互联网史上目前最大的一次旅游人群总动员，3 亿人次参与互动的这场全民旅游盛宴，在微博上建立了包括中国北京、中国上海、美国、墨西哥等国内外 99 个目的地页，让#带着微博去香港#、#带着闺蜜去旅行#、#旅行最美风景照#等多个活动话题火爆微博。与此同时，明星红人、企业机构、合作景点、旅游局也积极参与，共同掀起了一场线上与线下共舞的全民旅游热。#带着微博去旅行#成为一种时尚，是颠覆传统旅游行业的互联网创新营销模式，形成闭环营销服务体系。

#带着微博去旅行#最终数据统计显示，活动期间，共有 268 家企业、政府、旅游机构等合作方，以及 99 个线上目的地页面参与，合作伙伴包括从省级到县级的各级政府旅游局、各级风景区，涵盖旅行社、航空公司、酒店等旅游消费类商家及旅游周边中小企业等，为参与活动的用户提供了覆盖住、行、游、购一条龙体验的丰富旅游服务，激发用户发微博参与的 UGC 推广模式。

越来越多的企业和个人通过微博的话题运营，引发网友 UGC 的话题讨论，共同催热这场线上与线下齐发力的全民旅游总动员，旅游企业、机构借此机会获取好感，建立关系，形成闭环营销服务体系。

（资料来源：http://a.iresearch.cn/case/5104.shtml，略改动）

5. 微信营销

微信不存在距离的限制，用户注册微信后，可与周围同样注册的"朋友"形成一种联系，用户订阅自己所需的信息，旅游企业通过提供用户需要的信息，推广自己的产品，从而实现点对点的营销。

微信营销主要体现在以安卓系统、苹果系统的手机或者平板电脑中的移动客户端进行的区域定位营销，旅游企业通过微信公众平台，结合转介率微信会员管理系统展示商家微官网、微会员、微推送、微支付、微活动，已经形成了一种主流的线上与线下微信互动营销方式。

案例 8-6

旅行社利用微信做好口碑营销

1. 做好微信基础建设

利用微信，建立一个可以跟用户互动的平台，给消费者提供一个解决需求的渠道。做好微信基础建设，包括微信公众号申请、社群的搭建、微信客服的设置等。

2. 关注用户动态

旅游时大家最喜欢做什么事情，就是发朋友圈！不仅要关注朋友圈动态，还要关注他们在社群里的语言。当客人遇到不好的待遇的时候，最可能的就是把这些负面信息传达给朋友，当这些信息传递到旅行社时，已经蔓延到不可收拾的地步了，所以需要重视客户的心声。

3. 撰写优质的内容

身边有一个旅游达人，天天在朋友圈分享"全球最美酒店 Top""世界最唯美恋爱圣地推荐"这样的内容，可见这对旅游达人来说毫无抵抗力。要分析用户的喜好，看他们对什么内容感兴趣，就生产什么内容。例如针对老年群体撰写养生知识，针对年轻情侣就借势娱乐、时尚类内容。当然也要发一些旅游攻略、酒店排名，好的内容会让你事半功倍。

4. 和客户成为朋友

通过微信朋友圈、社群主动了解你的顾客，通过点赞、交流等方式，时刻让用户看到你在身边，并投其所好，和客户成为朋友。

5. 让客户的主动分享

客户的感受是最直观的，也是最有说服力的，鼓励他们主动分享自己的感受，只要他对公司品牌是肯定的，就一定要鼓励和赞扬他。同时也要鼓励他们说出对产品和服务的意见，只有将这些不好的意见说出来，公司才能够进行改善，让坏的变成好的，好的变得更好。

一定要用心去做口碑营销，把每一个细节做到位。

（资料来源：https://www.solosea.com/gan-huo/detail-2331.html，略改动）

6. 自媒体营销

自媒体营销是利用社会化网络、短视频、微博、微信、今日头条、百度、搜狐、凤凰、UC 等平台，在线社区、博客、百科、贴吧、媒体开放平台或者其他互联网协作平台媒体来进行营销公共关系和客户服务维护开拓的一种方式，又称自媒体营销、社交媒体营销、社交媒体整合营销。

案例 8-7

花之城大变样，百万级流量抖音网红都纷纷来打卡

"今非昔比"的花之城凭借全新的业态呈现，颠覆想象的玩转体验，已成功化身网红地标。近年来，打卡花之城成为众多网红和自媒体达人的计划行程之一："在这里随便一拍就是一张大片，我太喜欢这里了。"他们在花之城不同的景区解锁各式各样的拍照姿势，你摆我拍，不亦乐乎，色彩清新而又趣味十足的照片成为备受人们喜爱的刷屏利器。

他们都在哪儿打卡呢？

打卡点 1：温室花园，漫步花花世界

网红达人及自媒体人来到的第一站，通常都是 6000 平方米的温室花园——婕珞芙南亚芳香植物资源圃。这里有着上千种、近 800 万株来自世界各地的珍稀花卉，一步一景，阵阵花香萦绕身边，漫步其间宛若置身梦幻仙境。

打卡点 2：4D 穹幕体验厅，身临其境的视听盛宴

4D 穹幕体验厅采用 4D 特效高清数字立体电影播放系统与多音轨数字环绕音响，同时从多维度感官带给人全方位立体的体验。山川、河流、植物、动物……云南美景大片徐徐展开。每一帧画面如在眼前，每一个声音如在耳边，可以与蝴蝶嬉戏、与繁花共舞，身临其境的视听震撼，如同穿梭时空。

打卡点 3：婕珞芙（亚洲）芳香传奇馆，穿越中法 300 年历史

法国马赛港和逼真的法国街道还原景观，带领每一个人进入充满异域风情的国度，仿佛置身于巴黎歌剧院大街，漫步在异国的浪漫里，网红们都迫不及待地摆出最潮的 pose，拍出属于自己的网红大片。

打卡点 4：FUN 星球，尽享亲子童话时光

亲子业态一向是花之城的重点，这里有昆明超大的室内亲子玩创乐园——FUN 星球。走进 FUN 星球，首先映入眼帘的是一艘大船，以及无数可爱的装饰，一秒把人带入童话世界。这里有上万册中外图书绘本，孩子们可以畅读图书，感受阅读乐趣；众多亲子科普互动设备，让孩子们在玩中学、学中做、做中玩；而亲子运动馆还可进行职业体验、攀岩比赛等活动……五大场馆、九大学科、百种玩法让家长带着孩子一同遨游在知识的海洋。

打卡点 5：婕珞芙花萃护肤中心，感受花萃美肤力量

走进婕珞芙花萃护肤中心，馆内精油、香水、护肤品等琳琅满目，网红小姐姐们一到这里就沉迷在法国百年花萃提取工艺的精妙里，还可现场进行护肤体验，感受法国宫廷配方与云南花萃带来的神奇美肤力量。

打卡点 6：花 miao 玫瑰点心旗舰店

花 miao 是全国首家拥有原创 IP 形象的玫瑰点心品牌，不仅将传统技艺与新派鲜花饼的制作方法完美融合，而且结合了现代年轻人最喜爱的萌宠 IP 形象，联合跨界深入消费群体。单纯、率真、温暖的 IP 形象角色呈现给予年轻人治愈感，受到了网红达人们的强

烈推荐。花 miao 玫瑰点心系列产品均由《舌尖上的中国》特邀名厨研发，真心实意、真材实料，每一块点心都能给予人温暖。这样细节的品质，让众多网红达人们忍不住驻足品尝，开启了一股萌系美味潮流，花 miao 还被他们亲切地称为"鲜花饼中的爱马仕"。

打卡点7：花嘉·婚礼花园，最浪漫的婚礼殿堂

打卡的最后一站，是花之城全新打造的花嘉婚礼花园。露天草坪上，花卉秋千、花环小汽车、乳白沙滩、湛蓝海水等元素映入眼帘。梦幻、浪漫又唯美的场景绝对能给你一场完美的"世纪婚礼"。沉浸式婚礼堂、唯美仪式教堂、精致婚宴、网红打卡点、主题派对等一站式的周全配套，贴心的服务和顶级的品质，镌刻成永恒浪漫的回忆。

由"打卡"到熟悉再到认同，一张张代表云南新特色的"花漾网红"名片，不断发挥作用。网红达人、自媒体人对花之城，无一不充满赞叹："花之城不愧是打卡圣地，可爱、趣味、酷炫、文艺……怎么拍都是时尚大片，怎么玩都是新潮体验！"

（资料来源：http://yn.sina.com.cn，略改动）

7. 搜索引擎营销

搜索引擎营销（search engine marketing，SEM）是指在搜索引擎上面通过投放关键词的方式来获得网站流量，显著的特点是需要在搜索引擎网站开户，并且预先充值费用，然后将需要投放的关键词广告进行一系列的设置，当用户在搜索相关的关键词时展现给用户，以此来提升网站的流量。

SEM 的最直接的方式是关键词竞价排名，也就是通过付费的方式直接将你的关键词排在前面，以达到用户在搜索相关的服务和产品关键词时推荐给用户的目的。搜索引擎营销除关键词竞价之外，还有信息流广告、联盟广告等多种方式。

拓展阅读 8-2

旅游行业推广模式浅谈

说起旅游，大家立即就能想到途牛、携程、同程、驴妈妈这些电子商务网站，为什么它们能有这么大的名气，被大家所熟知？同样销售同类的产品，地接社也许是其中一个，为什么大家会选择这些电商网站呢，或者说这些电商网站的推广模式有什么不同呢？

也许有人说，这些网站有钱，但是网站的情况基本相似，基数相同，因此我们首先想到的就是每个网站的品牌定位不同，都有自己的品牌关键词，让大家可以记得自己的品牌口号。

在网站推广时也会出现几种形式：例如根据行业类型及公司品牌的情况，挑选有利的关键词在各种搜索引擎中进行投放，当用户在搜索引擎中搜索相关的关键词时，出价较高的网站排名靠前，用户也能找到想要的网站来购买产品，此类推广在行业里叫作 SEM 投放，这样见效比较快，但是一旦不投放，排名就会下降。另一种形式是根据公司的品牌情况分析网站，根据用户的行为对网站进行诊断，优化网站代码及页面情况，增加网站软文

内容，并增加其对内与对外的外链，这样的优化形式也叫 SEO 网站优化，坚持 6 个月到一年，就可能见到效果，但是停止优化后，排名也不会大幅降低。

通常旅游行业比较普遍使用 SEM 的形式，都希望能在短时间内见到效果，但是从长远角度来讲，增加 SEO 网站优化，才是最佳方案。

（资料来源：http://www.netconcepts.cn/personal-blog/40102.html，改动较大）

8. App 营销

App 即应用程序 application 的缩写，App 营销指的是应用程序营销。App 营销是通过特制手机、社区、SNS 等平台上运行的应用程序来开展营销活动。首先，通过 App 营销可以精准传递客户。在传统推广上企业都面临着"传播贵""传播难""传播无法测量"等困扰，而 App 却能很好地解决这些难题。其次，App 营销还能够贴身黏住顾客。与传统营销模式不同的是，App 营销不再受时间、地点的限制，也不再只是信息单向流通。从接触顾客、吸引顾客、黏住顾客，到管理顾客、发起促销，再到最终达成销售，整个营销过程都可以只在 App 这一个小小的端口内发生。

案例 8-8

2019 十大旅游 App

1. 携程旅行

携程旅行是一个关于旅游的综合性 App，涵盖有旅游的景点、路线以及住宿等相关问题的查询，并且可以在线预订购买各种票，也是目前知名度较高的旅游 App。

2. 去哪儿旅行

去哪儿旅行是提供众多查询功能的旅游软件，在线查攻略，适时提供景点的天气信息，航班查询以及景点查询，还有定位的功能。对于规划旅游景点路线有较大的帮助。

3. 飞猪

飞猪是阿里巴巴旗下的一款提供旅游服务的综合性 App，可以在线订机票、酒店以及查看攻略提前规划旅游路线，支持安卓以及 ISO 系统。

4. 马蜂窝自由行

马蜂窝是一款主打旅游资讯的 App，里面涵盖有国内外众多旅游景点的信息，可以查找靠谱且好玩的旅游攻略，同时也可以在线预订景点住宿房间。

5. 穷游

穷游是一款国内的出境服务平台，涵盖有各种国外旅行攻略，同时还有各种旅行指南以及旅行社区服务，对于不懂的旅行问题，可以通过问答交流平台得到答案。

6. 南方航空

在旅游的过程中，交通是一件不能马虎的事情，南方航空是中国年运客量最大以及航线网络较为发达的航空公司，通过软件，可以在线购票，非常方便。

> 7. 铁路12306
>
> 除了航空，也有人选择铁路，铁路12306便是一款方便的铁路购票App，可在线查询不同的列车时刻表、票价以及车票余票等，目前支持在线选座购票。
>
> 8. 蚂蚁短租
>
> 蚂蚁短租是国内的一家提供短期民宿出租的App，可以在线预订日租房、民宿以及客栈，拥有较高的性价比，支持在线预订支付。
>
> 9. Airbnb（爱彼迎）
>
> 爱彼迎是一款国际化的短租平台，去当地旅游的人通过在线联系家有空房屋能够出租的人进行租赁，平台上有较多的住宿信息可以选择，不管是公寓还是别墅抑或是树屋。
>
> 10. 旅行翻译官
>
> 旅行翻译官是马蜂窝的一款翻译软件，包含有20多种语种语言，拥有不同场景的翻译界面，目前是全中文界面，每条语句点击便可发音，还能进行录音分享。
>
> （资料来源：https://www.phb123.com/app/31598.html）

（四）旅游网络营销现状及问题

中国幅员辽阔，旅游资源丰富多彩。对于旅游行业来说，如何利用好这些旅游资源，吸引更多的客户前来，网络营销作为首选可以说是当之无愧，不仅因为中国网民规模为8.54亿人，而且因为互联网具备多种丰富的表现形式，能够充分地展现旅游景区。

1. 以消费者为本，引爆旅游行业营销导火索

网络营销与传统营销的根本区别在于网络的互动和跨时空特性，以及消费者需求的个性回归。其核心是将原本以产品为中心的营销策略，改变为以消费者为中心。从传播学的角度讲，互联网络是一种新兴的媒介，不仅覆盖了传统媒介（包括报纸、杂志、电话、传真、电视、广播等）大部分特点，也是一种以信息为标志的生活方式。而消费者生活方式的变化必然导致市场营销手段的变化。对于旅游业来说，互联网的出现为旅游者提供了丰富方便的资讯，更为旅游业提供了丰富多样的展示方法与渠道。

2. 个性化服务成为网络营销亮点

美国航空公司目前采用BrodaVison公司的一对一销售软件，加强其为经常坐飞机的人服务站点。通过编制出发机场、航线、座舱和餐饮喜好以及他们自己和家人爱好的简介表，这些人员可以提高订票过程的效率。借助这些简介表和快速联系乘机人员的某种方式，在学校放假的几周时间里，美国航空公司为孩子的父母提供坐飞机到迪士尼乐园的打折优惠机票，这是一种全新的销售方法。旅游行业网络营销具有以个性化迅速赢得数以百万计的用户的能力，这种能力正在创造出以前不能以快捷方式销售的产品以及巨大的商机。

3. 小米+步枪，线上与线下整合营销

目前我国网络营销总体水平不高，由于人才、模式等问题，旅游网络营销发展还需一个漫长过程，传统营销渠道以及策略仍然会在一个时期内占主导地位。传统的旅游行业进入互联网，一步跨越是不现实的，正确的做法是把网络营销和传统营销紧密结合，才能更好、更快和更有效率地满足顾客需要，更好地发展旅游市场，从而促进旅游市场的繁荣兴旺。

4. 网络营销口碑虚拟化

旅游企业发展电子商务应认真研究网络的传播特性，对于企业的品牌形象来说，口碑的作用是很大的。在过去的认知中，口碑的形成主要是在相互熟悉的人们之间口口相传。但是在网络世界里，口碑却是通过素不相识的陌生人进行传播的。它无影无形、来去无踪，具有明显的虚拟化特征，因此很容易被忽视。

由于网络所特有的无限延展性，信息传播可以有效突破时空限制，瞬间到达社会生活的各个层面和角落。对于旅游企业来说，如何通过不断努力，在网络世界中形成了良好的"虚拟口碑"，是一个值得研究的问题。目前来看，不少旅行社对于如何在网上宣传自己，似乎还比较懵懂，企业的品牌传播方式也欠妥。例如，有些旅游经理人求成心切，往往不分场合和对象，急于表现自己；也有些朋友不顾别人的感受，在各种论坛、BBS和群组里面大量发布自己旅行社的广告信息；还有极少数人在网上交流过程中，表现轻浮，盲目自大。凡此种种，不但不会取得良好的宣传效果，相反只会引起别人的反感。

5. 资源与市场之间横向整合

这种模式会以某种关联关系为纽带形成，例如一些发展成熟的旅游目的地，依托于目的地营销系统平台，整合本地化的各种星级酒店和旅馆资源；以同星级酒店跨区域网络营销联盟，满足该星级顾客特别是固定会员群体的需求；以经典旅游线路为核心，整合线路中不同酒店资源，成立旅游行业网络营销联盟平台；以其他某种关联属性为基础，成立旅游业网络联盟及其网上营销中心。在原有资源和能力基础上进行深度推广和系统提升，资源积累到一定程度后对上下游产业链形成深刻变革。

网络营销对于旅游行业来说已不是选择与不选的问题，而是如何根据自己旅游品牌的特点，进行系统化操作的问题。面对中国互联网 8.54 亿用户，旅游市场前景变得清晰可见，旅游网站以及各大景区的营销理念和营销方法也日趋成熟，新阵地转变为充满营销机会的平台。

拓展阅读 8-3

网络营销计划 8 个基本要素

有效的网络营销计划将帮助公司了解其目标市场和该领域的竞争，了解营销决策的影响和结果，并为未来的举措提供指导。虽然网络营销计划可能因行业、产品或服务类型以及你希望实现的目标而有所不同，但大多数计划都包含以下这些基本要素。

1. 情况分析

情况分析详细说明营销工作和背景，仔细研究将影响营销策略的内部和外部因素，许多公司进行 SWOT 分析，结合外部和内部分析来总结你的优势、劣势、机会和威胁。

2. 商业目标

有效的网络营销计划将有助于支持整体业务战略和目标。为了实现这种一致性，营销人员必须明确这些业务目标是什么，以及它们可以影响哪些方面。

3. 营销目标

这些目标将与整体业务目标相关联，但它们只关注营销可以影响的业务部分。例如，如果公司的总体目标是在明年将重复业务的收入增加一定百分比，那么相关的营销目标可能是让每个月都有一定数量的客户注册奖励计划。

4. 目标市场

目标市场的概念是营销中最基本且最重要的方面之一，但认为它可以吸引所有人显然是不现实的，因此需要确定理想的客户。客户喜欢什么，不喜欢什么？年龄几何？你在哪里可以找到他们？了解目标市场并将其细分为更小的组以进行特定促销，可以帮助我们确定在何处提交资源，以及使用何种策略和消息。

5. 策略

策略是希望实现营销目标的方法。因此，如果通过奖励邀请或介绍新客户，那么可以使用的一种策略是发送电子邮件，通过名称解决每个新客户，让他们了解可以获得的一些特定奖励，以及链接到轻注册奖励计划。

6. 消息指南

正确的信息传递有助于确立品牌在市场中的地位，帮助其从竞争对手中脱颖而出，向潜在客户展示价值，并覆盖特定受众。可以在整体计划中设置一些常规消息指南，然后将其作为起点，为每个广告系列和目标市场的不同细分制作更具体的消息。

7. 预算

预算表明在营销活动中花费多少，以及公司愿意为不同类型的营销活动投入多少资金。

8. 跟踪和评估

计划的这一部分应包括跟踪正在使用的每种营销活动的计划和程序。跟踪有助于监控每个营销活动的有效性，对整体计划评估尤其有用。如果没有跟踪和衡量所付出的努力，那么就无法有效地进行营销。

（资料来源：https://www.cnwebe.com/articles/6706.html，略改动）

 总结案例

未来酒店营销理念的变化趋势是怎样的

若是以一个"五年计划"的时间度量和畅想未来，至少有3个理念将给酒店营销带来变化。

第一，自有顾客的有效转化。酒店要采取有效的手段，把顾客吸引到酒店的平台上，并且让平台上的顾客转化成酒店产品的消费者。这两个动作同等重要，对酒店营销的影响都很大。

> 至于酒店平台，不能仅仅依靠销售经理"地推"拉进来老客户，而要通过酒店全员的服务努力，形成一个忠诚客户群，并由专人负责，不断维护，这当然并非易事，但必须去做。
>
> 第二，跨界与精准营销。跨界和精准营销已经成为互联网营销的利器，作为酒店需要考虑的是，如何让跨界成为精准营销的导火线？如今，"不想当网红的吃货不是好顾客"流行一时，酒店营销理应有新的思考。
>
> 要发挥酒店的场所优势，尝试让一群有共鸣点的人聚集到一起，然后引导产生不是原来的共鸣点的共同兴趣——这样的课题貌似有点绕，但应该成为酒店营销人研究的课题。
>
> 第三，生态链。酒店作为自然、社会、政治、经济、科技、环保、艺术乃至未来的集合体，可以延伸的地方有许多。现在已经有一些酒店和景区的产品打包销售，可以看作生态链的一种简单形式。
>
> 什么主题可以成为酒店营销应该抓住的生态链？这个链条该如何去设计？如何引起客人的关注并且愿意体验酒店的产品组合？这些问题的思考、解答和探索，对酒店营销的深化和扩展无疑具有积极的意义。
>
> 科技理念都在不断进步，对酒店行业来说也是日新月异，可以想象未来营销变化肯定不止上述这些，可能还需要广大酒店人在这个过程中去摸索和总结。
>
> （资料来源：https://www.sohu.com/a/201395636_218739）

同步练习

一、名词解释

1. 微博营销
2. B2C
3. 自媒体营销
4. 搜索引擎营销
5. 微信营销

二、简答题

1. 简述旅游网络营销主要模式？
2. 举例说明网络营销的缺点与局限性。
3. 简述旅游网络营销的现状与问题。

实训项目

选择一家旅游行业企业，浏览公司官网和互联网其他资源，分析其采用哪些主要网络营销模式，分析其主要竞争者的营销模式，并进行对比。你认为该企业的营销模式是否具有竞争优势？

以4~6位同学为一组，分组提交成果。

任务二　确立旅游网络营销策略

任务目标

某地新开一家中型规模的旅游景区,景区计划利用互联网开拓周边及国内市场。你刚入职该景区,正好负责这一块工作,请你做一份景区网络营销计划。

任务实施

每个小组将任务实施的步骤和结果填写到表 8-2 任务单中。

表 8-2　任务单

小组成员:		指导教师:
任务名称:		模拟地点:
工作岗位分工:		
工作场景: 1. 公司是新开的旅游景区 2. 制定一份旅游景区网络营销策略		
教学辅助设施	模拟旅游企业真实工作环境,配合相关教具	
任务描述	通过对网络营销计划的介绍,让学生认知相关概念	
任务资讯重点	主要考查学生对旅游网络营销的理解	
任务能力分解目标	1. 理解旅游网络营销的主要问题 2. 熟悉旅游网络营销的发展现状 3. 运用相关知识,制定网络营销策略	
任务实施步骤	1. 掌握相关知识点 2. 学生以小组为单位,制订景区网络计划 3. 每个小组借助多媒体进行汇报,展示小组成果 4. 各小组进行互评,教师进行点评	

任务评价考核点

1. 正确识别旅游网络营销的主要问题。
2. 掌握旅游网络营销的发展现状。
3. 根据问题和现状,提出旅游网络营销策略。

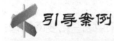
引导案例

营销 4.0 是什么

互联网的用户每天都在增长,截至 2020 年 12 月,我国网民规模达 9.89 亿。因此,营销需要适应新的消费模式,并且每天都要不断改进。

根据营销之父 Philip Kotler 的说法,我们正在进入一个新的营销阶段,在当前情境中,品牌需要为与消费者的这种更紧密的关系做好准备，他们不仅寻求产品，还寻求知识、内容和学习交流。

此外，营销渠道与整合之间的联系至关重要。这也意味着我们不应该把传统营销放在一边。事实上，两者相互补充，使战略越来越丰富。通过这种方式，可以说4.0营销比传统营销更加人性化，更接近消费者。

提出营销4.0这一术语的书的作者，列出了指导这一新战略的3个要点：谷歌效应、社交网络和服务。

（1）关于谷歌，必须将注意力转向搜索引擎如何变得更加苛刻和复杂，以及如何使网站适合这一点是有利的。使用SEO实践来创建内容和改进网站页面有助于使有机流量更加自信。内容创建也是一个非常重要的因素，因为消费者会寻找可以为他们提供有用的东西的公司，这些公司可以解除他们的痛苦并解决问题。

（2）当我们谈论社交网络的影响时，首先考虑以较小的投资增加品牌影响力和知名度的机会。此外，还要涉及与消费者的接近程度。

（3）第三种效应称为服务，科特勒指这种服务是互联网为扩大这一领域提供的可能性。我们可以使用像Netflix、Uber、Nubank、iFood和Spotify这样的公司，应用程序和在线公司提出的建议是让消费者的生活更轻松，这也是营销4.0的一个优势，同时降低成本和消费者密切联系，让他们感到受到重视。

（资料来源：http://www.seolm.org/1302.html，略改动）

思考：如何在企业中应用营销4.0？

随着信息时代的到来，旅游行业网络营销逐渐发展起来，并且被广大旅游消费者以及旅游企业的管理者所接受。旅游产品网络营销有着独特的优势，增强了旅游行业在市场中的竞争力，旅游企业在市场中的地位也在稳步上升。本项目主要以旅行社、酒店、旅游景区3种旅游行业典型企业为例，阐述其面临的问题和主要对策，介绍了旅游网络营销的优秀案例及做法。

一、旅行社网络营销策略

（一）中国传统旅行社营销模式——以杭州旅行社为例

根据以往学者对杭州传统旅行社营销模式的总结，用4P模式来分析目前杭州传统旅行社的营销策略。

（1）产品。旅行社营销策略的核心组成部分是旅游产品的设计与创新。旅游产品的形态是多种多样的。长期以来，杭州传统旅行社经营的产品种类虽然有所增加，但从总的情况来看，杭州传统旅行社销售的产品还是单一的"团体、全包价、标准等、文化观光旅游"的旅游产品为主。这样的形式不仅不能满足旅游者多样化的需求，而且也会加剧旅行社彼此间的竞争。

（2）价格。价格主要包括基本价格、折扣价格、付款时间、借贷条件等。传统旅行社的产品价格类型根据旅行社产品内容进行划分，旅行社产品价格分为组团报价、半包价、小包价、单项服务收费、特殊形式的旅游收费等。传统旅游业的定价不透明、不够规范、相对固定，同一条线路的定价会出现低价竞争，但提供的服务却难以达到承诺的标准。

(3) 渠道。目前杭州传统旅行社的销售渠道主要有直接销售渠道、地接社与组团社信息系统、大客户渠道。直接销售渠道是指旅行社直接向旅游者出售其旅游产品。地接社就是旅游地负责接待、服务的旅行社。组团社就是游客签订合同的旅行社。组团社一般都会自设直销点，如设立自己的门店，进行门店直营，通过前台客户接待解答客户的疑难问题。通过其他旅行零售代理商进行旅游产品销售。还有一些大客户渠道，一般组团社直接联系集体出游的多人客户，如企事业单位集体出游、奖励旅游等。当然还有一些通过网络进行旅游电子商务活动进行销售。

(4) 促销。促销组合是指企业利用各种信息载体与目标市场进行沟通的传播活动，包括广告、人员推销、营业推广与公共关系等。杭州传统旅行社常见的促销工具有广告、公共关系、营业推广、人员推销、直接营销和在线营销。

(二) 中国旅行社网络营销策略——以杭州某旅行社为例

1. 产品：精准营销，个性化服务

杭州传统旅行社应该意识到旅游者已经在使用移动互联网，杭州传统旅行社不仅使用移动互联网进行产品的展示，更要积极地开展社交联络、订购在线商品、在线支付等电子商务运用方面的技术。

杭州某旅行社建立了自己的移动互联网平台，通过运用移动互联网的方式，能够将旅行社的产品和服务进行更具体的展示，更灵活地向用户展示旅行线路的文字说明、图片、景点影音录像等多媒体信息。在购买旅游产品时，一旦旅游用户有什么问题也可以及时通过留言等方式与旅行社进行互动，对履行过程中的问题也可以进行反馈，有助于提升旅游产品的受关注度、更新宣传方式，达到更良好的宣传效果，最终达到提升旅游产品质量的目的。

2. 价格：放弃低价

杭州某旅行社在采用移动互联网改善营销模式后，抛弃了传统旅行社常用的低价竞争及通过旅行中的购物店强制游客消费的方式，而是通过互联网整合资源，了解旅游者的需求，试图定制不同的旅游类型，节省了运营成本的同时，也给信任公司的旅游者带来实惠。例如，毕业季的毕业旅行、老年人的夕阳红团、新婚夫妇的蜜月游等都成为公司重点关注的对象。利用移动互联网的网络平台，能够更好地通过大数据分析不同群体的旅行期待，并通过网络平台与不同群体的游客进行沟通，以期得到他们的建议。最后针对不同群体的需求制定出满足其意愿的出游路线和方式，在降低运营成本的同时，改变了以往的低价营销方式，为公司未来发展赢得更好的口碑。

3. 渠道：资源合作，突破限制

杭州某旅行社打造了旅游网站之后，相较于传统的旅行社而言，提高了业务的透明性和工作效率，密切了与同行业的交流，降低了成本，突显了产品本身个性化等特性，开拓了更为广阔的旅游市场。传统旅行社主要是以经营团队旅游为主,他们的目标市场多半也是局限于一个较小的区域范围之内。而旅游网站则可以突破时空的限制,为消费者提供全天候、跨地域的服务。因为,地域的延伸不会增加企业的经营成本。随着中国入境旅游业务的增长,这块市场的潜力巨大,是旅游发展的一个重要目标。

4. 促销:表现灵活,形式新颖

杭州某旅行社采取了移动互联网模式,首先更新了其促销方式,网上促销相较于传统的促销手段,宣传面更加广泛,网页还可以插入图片文字甚至视频等,这些手段多种灵活地展现了旅游线路的内容,其次,移动互联网的内容容易更新、成本低廉,而且与消费者可进行双向信息交流,因而促销效果好。网上促销逐渐成为旅行社和旅游消费者之间进行信息沟通的桥梁,消费者通过网页、聊天室等提出问题、征得解答,对旅游者所产生的促销效果会更好。

(三)中国旅行社业新媒体营销策略优化——以大连市为例

1. 优化新媒体营销人才队伍建设

旅行社新媒体营销的专业人才不仅要具备丰富的旅游营销、电子商务、旅游心理学等知识,而且还要精通与旅游活动有关的新闻话题的编写、制造等技能,能够推进各类事件和活动以吸引旅游者,并做好旅游信息输出的把关和监督等工作。特别是大连的中小型旅行社因人才的缺乏不得不聘请专业公司开展新媒体营销,这无疑加大了经营成本。为降低成本开支及确保新媒体营销工作的有效性,大连旅行社必须持续优化新媒体营销人才的队伍建设,加强对全体员工的培训,使之掌握新媒体营销的理念、投放技巧、数据分析、账户执行与管理、效果优化等方面的知识和技能,及时获取先进的业界理念和方法。

2. 注重新媒体营销渠道选择优化

(1) 优化旅行社的官方网站。官网是企业展示形象、发布信息及提供服务的重要窗口,官网的权威性会使公众对其产生较高的信任度,而其推广的旅游路线往往会被受众给予较高的认可。通过官方网站,旅游者在开展旅游活动之前,就可以查阅并核实旅游目的地的酒店住宿、交通工具、特色旅游纪念品等相关信息。大连市旅行社要在官网建设优化上加大力度,一是网站外观,页面外观应体现大连的地方特色,统一树立"浪漫之都"的形象;二是网站内容,内容编辑要紧跟时下热门话题、原创及有规律性的更新;三是网站功能,不断完善网络营销功能,增设在线支付系统,扩展在线互动功能模块,提升用户体验质量。

(2) 优选知名的第三方网络平台。大连旅行社要优选知名的第三方网络平台并与之合作,特别是力量薄弱的中小型旅行社,借助第三方平台的高知名度、浏览量和点击率的优势来增加商业机会。第三方网络平台提供旅行社需要的行业信息、旅游市场动态信息等;为交易双方提供在线沟通工具,如阿里巴巴电子邮件等;还提供包括客户信息记录、双方沟通记录、报价还价和订单资料在内的客户管理功能。如大连半岛假期国际旅行社借助大连小天使俱乐部平台优势,专注于发展亲子团业务,旅行社定位明确,目标清晰,成效显著。小天使俱乐部网站注册会员高达 70 万人,半岛假期承包了其所有旅游业务,以近郊游为主,客源稳定充足。

（3）开展并优化微营销渠道。如今，很多人的注意力被手机、平板电脑等电子设备吸引，成为"低头族"，再加上资讯爆炸，迫使人们只能扫描式、碎片化阅读来吸收四面八方的资讯。大连旅行社要充分利用包括微博、微信、移动 App 等在内的微营销工具，运用互联网思维以实现微营销的新突破，进行创意营销。如大连旅行社应开通新浪微博、建微信公众账号，而官方微博、微信要大胆创新，不断优化，结合当前的热搜话题来编撰抢眼的宣传语争夺游客的注意力，利用图片、文字、音频、视频相结合的方式，撰写小而精的适合微营销的宣传资料，同时结合各种吸引人的优惠活动，其微营销的效果更佳。

（4）开设旅游博客和 BBS 论坛。旅游博客营销主要是旅游目的地、旅游经济个体通过博客作为媒介进行旅游目的地及旅游产品、旅游纪念品等信息的推广，并分享旅游经历、见闻及使用经验，实现营销目的的营销活动。旅行社可以利用旅游博客开展营销，进行企业形象和产品的宣传和推广；而且旅游者也可以通过博客来分享其旅游活动经历，旅游者"晒"博客的过程客观上形成了旅行社产品的 N 次营销。BBS 论坛是最为广阔的口碑营销平台，又是草根集散之所，已成为各行业开展新媒体营销的不可或缺的媒介之一。对旅行社而言，BBS 论坛营销成本低廉，病毒式营销效果显著。旅行社可将 BBS 论坛作为其单独对众多网民进行直接参与式互动营销的基地。旅行社可以通过 BBS 论坛征集旅游线路，与潜在旅游者进行互动交流，实现免费推广。

3. 根据新媒体营销效果测评结果优化营销策略

在互联网和泛口碑时代，信息的传播者与受众之间信息对称性更强。旅行社必须重视并开展新媒体营销效果的测评工作，并根据测评结果优化其新媒体营销策略。由于其便捷性，大多数旅游者愿意选择在线消费评论，旅行社对其服务质量的调查和跟踪工作更加便利。旅行社应及时开展旅游者在线评论的调查工作，及时反馈，对旅游者提出的有关旅游产品、服务质量等方面的合理化建议要及时采纳，不断优化旅游产品结构，使旅游产品价格更趋于合理，持续提高服务质量，提高旅游者满意度，使之"乘兴而来，满意而归"。旅行社对于旅游者正面评价信息，可以在旅行社的官网、官方微博微信中进行推广，为其他旅游者提供借鉴和参考；而对于负面评价信息，旅行社要加大调查力度，及时公布调查结果，对于客观存在的各种不足，采取弥补措施，并加大公关力度，以挽回不良形象，塑造良好形象。

案例 8-9

旅行社微信广告——小红书带你游郴州
小红书带你打卡郴州高颜值美景
东江湖+高椅岭+仰天湖草原+流华湾古村 3 天 2 晚
住东江湖畔+市区豪华五星
全程有旅游管家贴心服务
完美呈现自驾游的自由自在

仅需399元/人·2人起订·同行高返（图8-1）

图8-1 小红书带你游郴州

微信营销的主要方式如下。

1. 微信时刻

在微信上获取新关注者的最常见方式是通过微信时刻，点击文章后，用户可以点击文章顶部的账户名称访问账户页面。

2. 增加参与度

设计一个引人入胜的微信HTML5，通过游戏化流程与用户互动。通过各种互动游戏以及各种形式，可以轻松传播和推广微信账号。使用诸如贺卡或贴纸功能之类的H5进行用户生成内容（UGC）活动也是增加品牌社区内参与度的有效方式。

3. 扫描二维码

二维码是访问内容的一种流行方式，微信用户可以使用扫一扫获取网页或文章内容。

4. 广告

微信广告包含一个功能，可以让用户点击"一键关注"按钮，使用户可以关注微信官方账号，这是通过每次点击费用广告获得初始牵引力的有效方式。

5. 品牌介绍

使用微信 HTML5 创建视觉上吸引人的信息页面和图像显示，用于发布品牌介绍、产品目录和时尚信息。

6. 信息收集

创建 H5 以收集目标受众的信息，这可用于 CRM 绑定或招聘等目的。

根据不同类型的活动，微信还应调整 KPI 设置。具体而言，如果 H5 主要关注产品展示，则 KPI 应与曝光相关，而不是关注粉丝群的增长。同样，引人入胜的广告系列需要更多关注完成整个过程并完成所需操作的参与者数量，而不是关注总页面浏览量。

（资料来源：http://www.seolm.org/1302.html，略改动）

小红书营销

小红书是 2013 年创立的，用户提交评论和与其他用户分享海外购物技巧，小红书专注于美容和时尚，是人们发布和分享购物技巧、产品评论和生活方式故事的平台。

小红书已发展成为值得信赖的来源，可为其他用户和志同道合的人提供建议和参考，小红书成功地创建了一个蓬勃发展的用户互动、参与的实时信息共享社区。

为了满足用户购买外国商品的需求，小红书在 2014 年推出了自己的跨境电子商务平台——小红书商城，用户可以通过应用程序购买海外产品，将消费者与全球品牌联系起来。从那以后，小红书与许多海外品牌建立了战略合作伙伴关系，包括兰蔻、Swisse 和悦诗风吟等。

凭借社交电子商务平台的商业模式，小红书近年来取得了巨大的成功，特别是在 2015 年，仅仅 6 个月，GMV 就从 100 万元增长到 1 亿多元。随后它持续增长，截至 2019 年，注册用户超过 2 亿，2018 年收入为 14.9 亿元，2019 年获得近 30 亿元的收入！作为国内最受欢迎的电子商务平台之一，它为营销人员提供了绝佳机会。

是什么让小红书如此特别？

1. 年轻，高购买力的人口

据其官方网站称，截至 2019 年 1 月，小红书的注册用户已达 2 亿，其中"90 后"和"95 后"的用户最活跃，根据艾瑞咨询统计数据收集的统计数据，超过 50% 的用户未满 30 岁，其中 80% 以上是女性。

对于年轻都市女性来说，小红书是一个有效的平台，用于销售和宣传护肤品、化妆品和时尚产品。鉴于该应用程序在Z世代非常受欢迎，小红书是一个理想的营销平台，适合那些希望瞄准年轻人群的品牌。

2. 蓬勃发展的在线社区

小红书通过让用户分享信息内容，包括产品评论、OOTD和化妆技巧，成功创建了一个在线互动社区。

除了创建自己的内容，用户还可以"保存"帖子，通过"喜欢"或"评论"与他人互动，甚至按"关注"订阅他们喜欢的特定用户/品牌。小红书还允许用户通过微博/微信在外部分享帖子。

为了保持高质量的内容，小红书不允许自我广告或辱骂。通过强调"真实性"，它通过实施这些政策进一步促进用户之间的信任和诚实共享。因此，所有品牌商店或广告都严格禁止"No.1……"或"最佳……"等描述。

除分享和评论外，小红书还使用推荐算法根据用户的浏览和搜索历史创建自定义主页，它还提供基于相同数据的"探索"功能。

此功能允许用户专注于他们感兴趣的主题并整理出不需要的信息。"附近"是根据用户的位置显示热门话题，而"关注"则显示订阅账户的最新帖子。

3. 广泛的口碑营销

该应用程序的用户生成内容使关键意见领袖（KOL）在平台上变得活跃，与抖音、微博上的KOL（影响者）类似，他们中的大多数分享有关美丽和生活方式的有用提示和有趣内容。这些KOL与品牌合作，向追随者宣传产品，从而提高品牌知名度、用户参与度和追随者。

小红书影响者的例子包括绰号"口红哥"的Austin Li，他尝试奢侈品牌的口红，如Gucci和MAC，他已经积累了3169800名粉丝，他的评论也经常被其他口红爱好者分享。

除那些在加入小红书后成名的人之外，范冰冰和欧阳娜娜等名人也开设了自己的小红书账户，这有助于进一步提升应用的流量和信誉。

范冰冰被称为"销售女王"，在小红书上积累了超过1000万粉丝，她经常与粉丝分享美容秘诀。追随者非常活跃，她所支持的每一款面膜都在平台上销售一空。

4. 直接链接到电子商务商店：关闭循环

小红书通过推出名为"小红书商城"的电子商务平台将其应用推向了新的高度，该平台允许用户在阅读评论后直接从商家购买产品。通过商店，用户不再需要担心产品的真实性。该功能大大降低了消费者的搜索和时间成本，并进一步鼓励应用程序内的"喜欢阅读"周期。

对于品牌，他们可以建立一个官方账户/数字商店来销售产品和与客户互动，这是提高市场意识和销售的有效方式。小红书为品牌提供全面的物流、客户服务和营销支持，包括数据洞察和应用内广告。

小红书是一个快速发展的在线市场，与淘宝和天猫不同，其内容驱动模式吸引了重视质量和真实性的消费者，为高品质品牌提供了巨大的机会。

（资料来源：http://www.seolm.org/1302.html）

二、酒店网络营销策略

酒店的不可移动性使酒店在大部分时候不能实实在在地展现在顾客面前,特别是对于外地的顾客,必须在酒店消费之后才能真正了解其服务水准,所形成的印象对以后是否再次光临该酒店起重要作用。因此,想要让顾客更好地在消费之前就形成对酒店的真切认识,就必须借助网络。通过网络,酒店综合运用各种多媒体手段,展示出各种服务设施、设备,使顾客远在千万里之外就能获得身临其境的感觉。通过网络,客户可以查询到任何目的地酒店的经营信息和客房价格,酒店经营设施、客房价格都是透明的,有助于顾客根据自己的需求做出正确的选择。

(一) 酒店网络营销存在的问题分析

1. 把酒店信息发布作为网络营销

国内绝大多数酒店,几乎把艺龙旅行网、携程网、中国商务订房网等网站当作网络营销的神,认为只要在这些网站上发布客房的预订、客房设施的展示、简单的酒店介绍等酒店信息,顾客自然而然就会上门。然而,在网络上发布信息仅仅是网络营销很小的一个方面,网络营销的本质是营销,而不仅仅是信息发布。所谓营销,就是要把酒店的亮点挖掘出来,展示给顾客看,让顾客真正了解酒店给顾客带来的利益和好处。如果仅在这些网站发布简单的酒店信息,而且每个酒店发布的信息基本相同,没有亮点,就难以吸引顾客的注意力。

2. 把创建酒店网站作为网络营销

酒店要实施网络营销,需要有酒店网站。然而,建酒店网站并不等于建设网站和进行酒店网络营销。首先,顾客访问多数星级酒店网站非常困难。如在百度中输入关键词"武汉市五星大酒店",在第 7 个页面才找到酒店网站;在百度中输入关键词"武汉市国际大酒店",在第 10 个页面还未找到酒店网站。其次,即使访问了酒店网站,网站内容大多数只有简单的酒店介绍、客房设施介绍、在线订房等内容,公司新闻较多的还是空白,网站内容基本上没有更新。再次,建了网站并不等于建设网站。一个重视网络营销的酒店网站,既要在网站内容上不断地更新,更要做好网站的维护和推广,让顾客很容易找到酒店的网站。以上这些,国内很多酒店都没有做好。

3. 酒店只销不营,等客上门

酒店网站只是停留在网上住店信息和网络预订的发布,以及只建了一个象征性的网站,没有网站维护,也没能进行网站推广,尽管有的网站有"宾客留言"导航,但没有和客户真正地互动沟通,只能说明酒店停留在只销不营阶段。这种等客上门的网络营销,难以营造酒店优越的住店氛围,难以树立酒店的形象,赢得顾客的好感。

4. 不重视网站推广

酒店进行网络营销,需要重视网络推广和网站推广,在建设好酒店网站的同时,还要重视论坛营销、博客营销、E-mail 营销、QQ 营销等。只有不断把酒店形象、酒店新闻通过其他途径进行推广，让顾客了解酒店，形成口碑效应，才会提高顾客的忠诚度，然而，针对这些方面，基本上没有酒店去实施。

（二）酒店网络营销不足的原因分析

1. 没有真正把握网络营销的实质

网络营销的实质虽然众说纷纭，但其实质是以市场营销原理为基础，以网络作为信息载体和沟通工具，营造酒店在网上的营销氛围，吸引顾客注意力的活动。它不是简单的在网络上发帖子、发邮件、单向的信息发布活动，网络营销也不是简单的网上销售。网络营销是针对目标顾客的需求，在网络上开展有针对性的交互性的营销活动，通过网上交互式活动，让顾客了解酒店给顾客带来的利益和好处，吸引顾客消费。

2. 认为网络营销产生的效益不明显

国内的许多星级酒店，几乎都是单体酒店，通过酒店自建网站实现网上销售的比例很低，估计只有10%左右。由于销售效益不明显，很多酒店更不重视网络营销，把建一个只有简单内容但很漂亮的网站作为网络营销。而这样的结果，却是恶性循环，网站越漂亮，顾客打开网站的速度越慢；网站内容越简单，对顾客越没有吸引力，更难以显示与其他酒店服务的区别，销售就越不理想。

3. 认为单体酒店不值得花巨资进行网络营销

酒店绝大部分都属于单体酒店，不论是国有性质还是股份制民营性质，由于缺少经营特色，入住率没有经济型酒店好。这就容易造成星级酒店的恶性循环，越是经营不好，酒店就越会考虑节省投入，越是节省投入，越是不重视网络营销，酒店的知名度越会下降，顾客对酒店的好感度越差，酒店的经营也就越困难。

4. 网络营销策略不当

很多酒店员工素质不高，管理层对网络营销也不了解，因此，不会网络营销。只是看其他酒店发布什么信息，那么，我们酒店也就发布这些方面的信息，这就是所谓的网络营销了。这样造成的后果，在网站上看到的是一些赤裸裸的商业味很浓的酒店广告信息发布。

（三）酒店的网络营销策略

1. 全方位运用网络营销工具，主动营销

（1）通过开展网上调查，提高星级酒店美誉度。星级酒店通过开展网上顾客满意度调查、顾客爱好调查、影响消费者购买因素调查、顾客建议征集等，可以更有针对性地开展酒店营销，更好满足顾客需要，提高顾客满意度。

（2）产品定制营销。随着消费需求的提高，个性化的消费日益成为人们的追求目标，通过在线客户服务和咨询服务，可以满足顾客个性化消费的需要，让顾客在最短时间内享受到他所希望得到的服务；同时，作为星级酒店也可以通过这种全新的信息交流方式，清楚地了解到每一个顾客的兴趣、爱好和要求，有针对性地满足顾客的个性需要，让顾客惊喜。

（3）充分运用各种网络营销工具。星级酒店开展网络营销，不仅要发布酒店的信息，而且要让发布的信息使顾客既看得到,又要激发顾客消费的欲望。因此,应当充分掌握和运用各种网络营销工具,包括站点营销、网络广告营销、电子邮件营销、搜索引擎营销、论坛营销、即时通信工具营销、博客营销,针对不同的目标顾客,采用不同的网络营销方法,以提高网络营销的有效性。

(4) 通过网上促销,提高知名度。星级酒店网站要吸引顾客访问和让顾客到酒店消费,根据不同时期的特点,采取不同的促销手段,来吸引顾客的注意。

(5) 通过网站内容促销策略,赢得顾客的信任和好感。增加网站内容可以满足顾客获取酒店信息方面的需要,高质量的内容又有可能获得其他网站或报刊转载,这样可以扩大酒店推广的价值。因此,星级酒店可通过采访、新闻稿件、每月专栏、酒店博客、大量介绍酒店和产品的软文,让顾客获取资料的同时赢得顾客的好感和信任。

(6) 提供免费服务。通过酒店网站与其他网站链接,可免费为顾客提供多种形式的服务,如天气查询、火车票查询、汽车票查询等,以免费策略吸引顾客访问。

2. 外包

网络宣传和推广,并不是酒店的核心业务,酒店管理层和员工对网络营销几乎都是外行,即使是拥有电子商务专业文凭的员工,也基本上都是擅长技术,而对营销不精通。因此,酒店可以把网络营销的业务委托给专业的网络营销公司去运作。

外包的好处:①成本低,不用组建网络运营团队,如编辑+美工+推广人员。②宣传效果好。专业营销人员写的文章,对顾客有很强的号召力和吸引力,而且由于熟悉网络可根据不同网站的特点撰写不同风格的文章,容易成为精华帖。③将极大降低酒店的运营成本,提升网络销量,解放酒店的人力和物力,使酒店工作人员将更多精力放在对客户服务及精细化的经营与管理上。

(四) OTA 时代酒店线上营销策略优化

(1) 研究酒店本身的情况,包括资金、资源、人员、位置和客群,尤其是对于客群的研究,包括会员、粉丝和潜在的目标客群,要研究细点,把各方面的分析做纵向和横向印证,做好营销画像,看看线上营销的方向、策略怎么定位,已有的到底适合或者说能吸引哪些人群。开始最好是能怎么干,而不是想怎么干,因为不在运营中检验策略的方向、优化细节,可能想多了,就容易想大、想偏。

(2) 确定线上营销策略的组合。可以分成几个板块,维度有很多,按 PC 端或者移动端分,按销售、评论、互动的功能分,按客群的属性分,按 OTA、微信不同的渠道等,明确各个板块的责任、资源、工作目标和工作方法。这里面谁主攻、谁游击、谁敲鼓,要有重点。

(3) 对不同线上渠道的玩法,要精益求精。例如,OTA 平台排序的权重知不知道?OTA 客户的搜索浏览偏好,对图片的数量和质量的要求知不知道?微信端用户接受信息的时间、场景知不知道?粉丝有哪些痛点知不知道?现在别人怎么评价酒店知不知道?搜索引擎能不能找到酒店?这些都应该知道。知道了,就要分析、跟进、反馈、优化,内部运营的管理要跟上、匹配、适应。

不要迷信技术手段，技术手段能够俘虏一大批客户，核心在于用心，靠利益点、靠应用吸引客户的做法短期是有效的，但是往往难以持续，成本和审美疲劳是绕不过去的，回归到服务的本质，用心服务客人，才能获得长久的忠诚。应该针对不同线上渠道，要有不同的维护机制、营销策略和调整方式。至于官网 SEO 优化，做到基本的要求即可，想出彩点的设计上可以根据品牌、定位下功夫，界面的漂亮与炫只是标配，是要让位于体验优化的，打开的速度、流程的设计、付款的便捷性以及信息的反馈才是最影响体验的部分。

（4）线上与线下的机制性协调。线上营销不能跟实体店的流程脱节，要有协调与衔接，不能出现真空与断层，做 O2O 方式的最忌讳这点，循环不起来。例如，某品牌官网，客人预订成功，在要求时段内入住时没房的；某 OTA 预订，到店发现酒店不承认的。这个部分流程、产品、服务，线上与线下是需要协调的，网络营销里面，有一个打造爆品的思维，比定位更重要，说白了就是单核突破，抓体验，本来这个是品牌建设的时代性优化做法，用在营销里面，效果也是很好的。

（5）线上推广。核心是受众，推广的目的是要让人知道、接受、认可和认同，促使其选择消费。这个部分跟受众的分析关系最大，通常的情况是，广告讲精准投放，实际还是广撒网的多；广告做得多，公关做得少；宣告强推说教的东西多，互动有趣让客群参与的东西少；过时的做法多，与网络风向同步的玩法少等。除了核心内容，口碑管理也可以纳入这个部分，评价也是一种生产力。

案例 8-10

酒店自媒体营销策略——以民宿酒店为例

酒店做自媒体营销，无非两个目的：传播和引流。通过内容传播品牌形象，把流量吸引沉淀下来，转化为预订率，从而拓展新的渠道，减少对 OTA 的依赖。主动拥抱自媒体营销，才能在激烈的竞争中厮杀出去，通过内容获得更多的曝光，赢得更多的客流。

着手做自媒体，需要把握住两个关键点：内容和推广。

一、内容三原则

自媒体内容遵循以下 3 个原则。

（1）持续性：能够持续不间断地输出内容。很多公众号，关注后点开历史消息，最新的一篇文章发布时间还是半年以前，这样就很难产生深远价值。

（2）价值性：发布的内容能够给用户传递价值，诸如有用、有趣、好玩都是价值的体现。有价值的内容才能够让用户主动转载分享，从而在更大的范围内进行传播。同时，价值能够加强用户黏性，让用户关注的时间更为长久，提高用户忠诚度。

（3）原创性：内容尽量做到原创，原创即是最好的营销。如今各大自媒体平台对原创内容版权的保护力度在增加，坚持写原创文章，同时可以获得自媒体平台原创保护标识，内容信服力会上升，拿来主义终究走不远。

二、内容载体

内容载体包括文字、图片（照片、Gif 图片、漫画、表情包）、音频、视频、图集、投票、链接、H5 页面。

在创作内容时候，要选择合适的内容载体。用户对图集、短视频、H5 页面内容载体更感兴趣，在上面停留时间也相对较长，链接载体打开率则相对较低。

选取用户感兴趣的话题：在创作内容时，可以从以下几个方面入手。

（1）根据酒店的不同属性，可以写不同类型的内容。例如，客栈民宿、度假酒店属于旅游六要素中的住，可以写和旅游相关的内容，因为客栈民宿的目标客户就是准备旅游或者有旅游计划的人群。客栈民宿基本都位于热门旅游目的地或者文化气息浓郁的乡镇，内容可以围绕旅游攻略展开，包括交通、气候、吃喝玩乐，这种内容最容易被读者收藏。也可以介绍盘点当地的美食、美景、民俗风情等。这样的内容比较容易形成持续性。

（2）和住宿有关的内容。如盘点厦门最美的 10 家客栈、丽江最适合情侣入住的五家美宿，通过整合盘点，把自家的店嵌入进去。

（3）酒店老板、员工的故事。通过对酒店员工故事的阐述，如对待某个工作在细节上的用心，因为什么样的情怀做了这家酒店等，这样的内容可能不会持续，只能发布几次，但是这些内容都是很好的宣传推广素材。

（4）发生在酒店里的故事。搜集整理发生在酒店里的客人与员工之间的故事。

（5）利用百度指数分析用户关注内容指数，可以结合地区需求图谱里的要素作为内容。以丽江为例，图谱里面搜索趋势上升的要素是丽江自由游攻略、大理、香格里拉。可以选择其中的某个要素作为内容。

（6）关注一些和旅游住宿相关的热门话题、时事热点，借这些内容做传播。平时多积累素材，包括文字及图片，这些素材可以自己加工，也可以从网上搜集整理。

虽然做内容提倡原创，但是客栈民宿的运营者受制于原创能力不足或者没有足够多的时间去进行原创，针对这种情况，可以对其他相关联的内容进行二次加工，移花接木、增删补充，形成新的内容。但是最好不要直接复制粘贴，这样的文章会被投诉删除的。

三、内容排版

一篇好的文章不仅包括好的内容，更应有一个好的版式。文章的排版属于对内容的二次加工包装，给用户呈现出一个更好的阅读体验。在排版时应注意对文章的段落、字体、文字颜色、行距、底色等进行调整设置。写好后的内容要进行预览，查看阅读体验如何，是否有错别字等基础性错误，之后再发布。

编辑文章可以使用专门的内容编辑器，编辑器上面版式多样，素材内容丰富。下面为内容排版的几个技巧。

（1）忌文章内容纯文字无图片，文字和图片要搭配使用。

（2）标题字数尽量控制在 16 字以内，超过这个字数，一方面会遮挡住封面图片，另一方面会换行，让读者第一眼看不到完整标题。

（3）可以使用|、【】等符号，突显标题关键字。

（4）封面图的尺寸调整为900像素×500像素。

（5）文章正文字号以14~18px为宜，以15px最合适，文章字数多的情况可以使用14px字号。

（6）文章首行无须缩进。如果段落较长，则可以在段落之间空行，或者插入图片来区分段落。

（7）文章中可以利用字号、颜色等突显某些关键字、关键段落。

（8）文章字数不宜太长，控制在1500~3000字。文字太长容易引起视觉疲劳，让用户记不住关键信息。

（9）选取的版式风格、颜色尽量统一，不然会给读者造成眼花缭乱的感觉，影响阅读体验，根据文章内容选取风格较为接近的版式。

（10）重要的内容放在文章的首尾部分，可以用标题提示法，如"文末有福利""文末有惊喜""文末有彩蛋"。

四、内容发布

如今自媒体平台很多，在具体的操作中，内容应该在哪个平台呈现？下面分析几个常见的自媒体平台。

1. 头条号

综合类内容分发平台，流量巨大。具有以下特点。

（1）高速成长的新兴创作平台，在应用宝上，今日头条下载量已经达到3.4亿人次。

（2）科学和精准的推荐引擎。创作的内容在几秒内就可以抵达目标读者的手机上。

（3）平台收益多样化。既有多样头条号的补贴计划，又有各种广告分成、赞赏收入。好的内容终究不会被埋没。同类型的还有一点讯媒体平台。头条号的两个重要推荐机制：全网首发、原创标签。

2. 微信公众平台

（1）依托微信，海量用户。具有以下特点。

① 场景丰富，服务号、订阅号可以构建自定义菜单。

② 与用户互动关系强。

③ 流量巨大。

④ 素材丰富。

⑤ 内容版权保护逐步加强。

（2）微信公众号有服务号和订阅号两种形式。

① 服务号：主要偏于服务交互，认证前后都是每个月可群发4条消息。

② 订阅号：主要偏于为用户传达资讯（类似报纸、杂志），认证前后都是每天只可以群发一条消息。

选择订阅号，还是申请服务号，操作建议如下。

（1）如果想简单地发送消息，达到宣传效果，建议选择订阅号。

（2）如果想进行商品销售，建议申请服务号。

3. UC 订阅号

UC 订阅号依托于 UC 浏览器和阿里,流量巨大,是一个综合类内容分发平台。具有以下特点。

(1) UC 浏览器目前在移动浏览器 App 中位列首位,占据大量市场份额,60 亿大流量精准推荐。

(2) 多种撩粉工具,社群更具黏性。

(3) 多种商业变现,更多想象空间。

(4) 阿里强大品牌背书。

这几个自媒体平台都是不错的选择,可以多平台入驻,一文多发,加强曝光率。头条号和微信公众号可以相互结合利用。在内容传播上,微信公众号不同于头条号、一点资讯平台。今日头条、一点资讯是按照用户兴趣推荐的。而微信公众号较为封闭,内容阅读量很大程度上是由关注用户数量及分享数量决定的。

五、内容分享

(1) 通过把内容分享转载到朋友圈、微信群、微博、QQ 空间、豆瓣、贴吧、百度文库、知乎等平台,进行二次曝光。

转载时候最好能够用几句话概括出内容的亮点,导引感兴趣的用户打开链接阅读,这样点击打开率会更高一些。

(2) 到其他平台投稿发布:受限于自己平台的用户数量,可以把好的内容在其他较大的平台投稿,或者以合作形式发布。

例如,那些垂直的旅游、酒店、客栈民宿、地方自媒体平台。只要内容质量足够好,完全可以在这些平台产生很大的曝光度。

六、发布时间

发布时间尽量选取用户使用平台的高峰期时段。以微信为例,微信用户每天高峰期是中午和晚上 22:00 点左右。可以选择在这两个时间段发布,同时,尽量选择周末时间段发布,如周六晚上。

为了加深用户印象及公众号的个性,可以选择固定时间点发布,如每天晚上 20:36 发布。持续一段时间,用户每到这个时间点就会想起,是不是又有新内容发布了。

七、平台工具

(一) 主要自媒体平台

1. 综合类自媒体平台

微信公众号:https://mp.weixin.qq.com。

头条号:https://mp.toutiao.com。

百度百家:http://baijia.baidu.com。

网易号媒体开放平台:http://dy.163.com/wemedia/login.html。

UC 云观:http://mp.uc.cn/index.html。

搜狐公众平台：http://mp.sohu.com。

新浪看点平台：http://mp.sina.com.cn/?vt=4。

一点资讯：http://www.yidianzixun.com。

企鹅媒体平台：https://om.qq.com/userAuth/index。

凤凰号媒体开放平台：http://zmt.ifeng.com。

一点号：http://mp.yidianzixun.com。

百家号：http://baijiahao.baidu.com。

简书：http://www.jianshu.com。

2. 视频类自媒体平台

搜狐视频自媒体：http://tv.sohu.com/ugc。

乐视自媒体平台：http://chuang.le.com/user/chuangxiang。

优酷：www.youku.com。

秒拍视频：http://www.miaopai.com。

3. 音频类自媒体平台

蜻蜓 FM：http://www.qingting.fm。

喜马拉雅 FM：http://www.ximalaya.com。

荔枝 FM：http://www.lizhi.fm。

企鹅 FM：https://fm.qq.com。

4. 直播类平台

映客直播：http://www.inke.cn。

花椒直播：http://www.huajiao.com。

一直播：http://www.xiaoka.tv。

（二）自媒体工具

在编辑内容时，诸如排版、修图、内容发布等，使用专业的网站工具，才能更有效地完成工作。下面就是一些常用的自媒体工具。

1. 排版工具

（1）秀米：http://xiumi.us。

（2）新榜编辑器：http://edit.newrank.cn。

（3）96微信编辑器：http://bj.96weixin.com。

（4）135编辑器：http://www.135editor.com。

（5）易企微编辑器：ttp://www.e7wei.cn。

2. 绘图修图工具

（1）创客贴：https://www.chuangkit.com。

（2）泼辣修图：http://www.polaxiong.com。

（3）黄油相机：http://www.bybutter.com。

3. H5页面制作工具

（1）易企秀：http://www.eqxiu.com。

（2）初页：http://www.ichuye.cn。

（3）兔展：http://www.rabbitpre.com。

（4）MAKA：http://www.maka.im。

（5）百度H5：http://h5.baidu.com。

4. 二维码生成器

草料二维码：它是国内最大的二维码在线服务网站，能够制作、生成、美化各种二维码。官方网站：http://cli.im。

（三）用户调研类工具

客栈民宿在做活动，可以利用以下几个工具来做问卷调查、设计表单、数据搜集、数据统计等工作。

（1）麦客CRM：http://www.mikecrm.com。

（2）金数据：https://jinshuju.net。

（3）问卷网：https://www.wenjuan.com。

（四）移动建站

（1）风铃：http://zhan.qq.com。

（2）魔云：http://www.mob51.com。

（五）短视频工具网站

（1）秒拍：http://www.miaopai.com。

（2）美拍大师：http://www.airvidapp.com。

（资料来源：http://www.jdglrj.com/gl270，较大改动）

三、旅游景区网络营销策略

随着经济文化水平的提高，信息化与数字化成为世界发展主流，"互联网+"时代已经走入我们的生活，旅游景区也顺应趋势，开展网络营销。旅游景区网络营销作为一种新的营销形式，对旅游景区以及我国旅游业的发展起着越来越重要的作用。

（一）旅游景区网络营销的重要意义

1. 网民是第一旅客市场

面对日益激烈的旅游市场竞争，谁掌握了网络营销，谁就掌握了未来旅游市场。看看这组数据，就知道并非夸大其词，当前，中国网民规模已超过8.5亿人。据调查，2019年上半年，中国网民人均每周上网时间达27.9小时，换算成日均达近4小时。人们在线上世界投入的精力和时间不断增加，互联网已经深深嵌入日常生活，虚拟与现实的界线日益模糊。

2. 游客出游路径分析

游客出游路径：旅游需求—网络搜索—旅游相关网站—选择旅游目的地—预订—旅游。

从游客出游路径可以看出，网络是游客整个出游活动中最重要的一环，通过网络，游客查询旅游信息、筛选旅游信息、预订旅游服务，通过分析游客的行为路径，可以清晰地知道旅游网络营销的这三个重点。

3. 让游客轻松找到旅游景区

以游客行为路径和消费需求为基础，特别是针对旅游市场，开发旅游 SEO 动态优化服务，让游客第一时间找到旅游景区。除旅游 SEO 动态优化服务外，以精神策划的网络主题营销活动，也是吸引游客的重要方法。

4. 让游客乐意选择旅游景区

游客找到旅游景区了，旅游景区以什么样的形象出现？什么内容？什么性格？只是一条冷冰冰的信息介绍是远远不够的。旅游景区应该和游客互动、交流，让游客感受到服务和品牌文化。这就是网络品牌互动。试想，顾客来店了，看到的是店面没有装修，没有热情的服务员，没有热闹的品牌展示，会进去消费吗？不会。游客也一样，网络就是景区旅游营销的第一站。

5. 让游客马上消费旅游景区

网络的另一个让人兴奋的地方是，游客马上可以进行消费。网络独特的即时性、消费性是其他任何媒体和平台都没有的。换句话说，网络上的信息和服务，只要游客感兴趣，游客马上可以进行体验和消费，所以网络对于旅游景区来说，除是品牌互动的阵地外，应该还是未来最重要的旅游销售渠道和平台，如果没有让游客在网上就开始消费的服务，那就抹杀了网络应有的经济贡献。

（二）旅游景区网络营销现状

1. 建立大区域旅游网站门户

大九网、华山旅游网、峨眉山——乐山旅游网是典型的例子，九寨沟、华山、峨眉山都是在国内外具有相当品牌知名度的旅游景区，通过构建大区域旅游网站门户，能够使其景区的品牌价值进一步在网站上放大，并且带动景区周边区域旅游业的发展，打破旅游条块分割的不利局面，有利于旅游者形成完整的区域旅游体验。

2. 网站功能更加人性化

旅游景区产品的实质是服务，目前一些旅游景区网站，从功能上主要实现信息发布、宣传、预订，大部分景区网站功能较为单一，多数拥有 Flash 网页，以景区介绍、产品介绍、联系信息等为主要内容，少数网站拥有在线旅游交易功能。

随着信息技术的进一步发展和旅游景区市场竞争的加剧，旅游景区网站在功能上将实现网站智能搜索、行程智能安排、旅游网络游戏、导游预订、在线电子杂志的形成、上传及下载等，使旅游景区网站功能更加集成化，为游客提供全方位的信息服务，形成各种主题的旅游产品，并实现在线预订。

3. 网络宣传营销方式将更加多元化

随着互联网的普及，网络营销的方式也趋于多元化。这一点同样表现在景区网络营销方式上。目前已经出现多种多样的营销方式，如社区互动营销、口碑营销、博客营销等。此外，无站点的景区可以加入第三方旅游信息网，发布旅游线路信息等多种方式进行营销。

在营销方式多元化方面，值得一提的是最近搞得风风火火的借势营销。首先是 2009 年年底，张家界巧借"阿凡达"进行景区营销，成为网络焦点，其次是 2010 年年初智美新媒参与的张家界景区"哈利路亚山"的网络营销，这些成功的案例，都体现出新的网络营销方式的良好效果。

4. 新技术应用将更加多样化

在旅游信息化繁荣发展的当今，旅游景区建设也应该不断与数字化紧密结合，朝着更加智能、更加便捷高效的方向发展。多样化的网络技术与信息技术的应用则成为其必经之路。

目前，一些景区已经实现在 RFID（无线射频识别）技术基础上的电子门票、人员实时监控与密度监控（如黄山景区），GPS 定位导航，景区电子地图，自动售票机、自助电子导游词服务（如山西博物馆）、自助查询系统等数字化建设。今后，随着对上海世博会信息技术应用的不断认可与普及，景区在建设数字体验馆、3D 电视景区宣传馆、4D 景区影院、即摄即传、移动高清视频监控和移动高清视频点播等高科技应用方面，都将有广阔的空间，各种新技术应用使旅游景区更加智能化和自动化。

（三）旅游景区网络营销对策

虽然网络营销具有一定的优势，但又存在很多不足，例如网络营销内容与事实不符、网络管理水平落后、网络营销策略老套等，下面是针对这些问题提出的对策。

1. 加强宣传，建立合适的网络营销模式

未来网络技术支持的网络营销是必然的发展趋势，提高人们对网络营销的认识，加快对网络营销的推广，借鉴一些成功经验，优先推广实施相对成熟的营销模式。网络时代，信息传递越来越快，旅游景区需要根据实时变化做出对策，迅速建立符合时代要求的网络营销模式。

2. 与对口网络平台合作

例如，可以和 OTA 电商垂直网站或旅游门户网站合作，进行活动合作，网站用户在查看相关内容的同时，顺便点击进入景区网站，可以有效地带来高质量流量，这是一种横向联合、优势互补的营销方法，花费不多，但经常容易被企业忽视。

3. 用问答营销和微信微博营销

问答营销是网络推广中的重要组成部分，在引导潜在客户消费和对自身企业的口碑宣传方面有着不可替代的作用。这方面工作做得好的话，效果立竿见影。

微信、微博营销的形式，能完美地解决旅游行业的人群精确性和时间紧迫性问题。成立企业的官方微博，结合相关旅游资源举办一个微博主题活动，通过旅游行业具有影响力的、粉丝众多的大号，名博做转发起点，吸引有相关兴趣或有需要的人群积极参与，能在极短时

间内覆盖几十万甚至上百万的客户群体，产生互动效应，其所能达到的宣传效果不言而喻。

4. 精准广告投放，让钱花在刀刃上

精准投放可以选择投放广告的位置，投放到最相关产品展示广告。投放的广告只会展示给正在查看或搜索相关信息的用户，掌握每天的花销和效果可以完全掌控成本，并随时调整广告的内容。

 拓展阅读8-5

旅游景点怎么做好移动互联网营销

旅游景点适合于各个领域，目标群体很广、分散，区域内不集中，不易获得好评，负面影响较小，使用者相距较远。如果说移动互联网营销是最差的经营策略，那么，旅游景点怎么才能做好移动互联网营销呢？

1. 景区公共服务的精确整合

景区要想在有争论的旅游消费市场中占优势，就必须在信息广泛传播中向广大顾客宣传其突出的特征，牢牢地抓住顾客，使其产品占有一定的消费市场。同时，这也是现实要求的。

2. 网络的团队建设工程

拥有较好的旅游网络营运的团队是旅游移动互联网营销的较好保障。团队不仅要对观光业有全面的了解，还要对旅游消费市场认知进行充分的研究，并具有很强的移动互联网营销能力。这也是营销的基本保证。

3. 移动互联网营销的渠道与方式

通过搜索引擎、录像网站、区域内网站、研讨会、Twitter邻里等各种网站，以及新闻报道、电视广告、软文档、照片、录像、娱乐和网络整合营销的案例等多种方法可进行大力宣传和特点展示。还有通过景区潜在顾客的宣传获得好评等。

把握移动互联网营销的绝对优势：更好的网络信息广泛传播渠道；更佳的信息承载力和信息接收视觉效果；网络链路生产成本较高；网络信息数据传输较好。

4. 景区网站建设工程

旅游景点管理者可根据自身工程项目的特征和观光客的生活习惯规划网站，为移动互联网营销打下坚实基础。观光客可以通过旅游景点的网站、宣传册和公共服务了解景点的近期投资或娱乐活动，并可与景区网络对话。这是景区网站的最重要的优势。

5. 景色景区

实施全面性的雇员营销方案，使所有雇员在做好管理工作的同时，可以参与景区的移动互联网营销，并通过各种网络的双赢营销方法进行宣传。如网站的SEO改进、景点的录像营销、景点研讨会的推广、景区的百度、博客营销等。

6. 第三方的平台合作伙伴

与其他旅游或非旅游的平台形成合作伙伴关系，整合各自的网络资源和线下旅游自然资源，开展更全面的合作。

（资料来源：http://www.seolm.org/1302.html，改动较大）

 案例 8-11

丽江网络推广：用于吸引游客的 7 个营销创意

丽江是一座沉淀千年文化历史的古城，直至今日依旧繁华不改，在寻找提升旅游营销策略的方法时，你可能会在大多数网站上遇到相同的网络推广提示和建议。许多旅游企业以有趣和创造性的方式营销自己，这些方式比你目前正在做得更高效。这里将向你展示 7 种超级创造性的方式，可将酒店和旅游业务的营销提升到一个新的水平。

1. 为目的地制订旅游营销计划

你可能会认为这不是一个创造性的营销理念，但它排在第一位，因为它是其他营销活动的基础。如果没有有效的营销计划，你就会迷茫。

制订旅游营销计划可能是你为网络营销做的最重要的事，如果没有适当的计划，你将很难实现目标，很难跟踪你正在做什么，为什么要这么做，以及它是否有效！

有效的营销人员和营销机构是制订详细计划的人，他们用这些计划来指导营销活动。创建旅游营销计划可让你逐步制定成功流程，因此请开始创建营销策略文档，并在策略更改时定期更新。

2. 驱动曝光与影响程序

由于某种原因，使用在线影响者作为酒店和旅游机构的营销方式正变得越来越流行。影响者是围绕其个人在线品牌建立了追随者的人，例如贴吧、抖音、微博用户等。

许多有影响力的人都有很多追随者和高度参与的观众，他们长期为特定的利基创造内容，他们的观众总是很开心，甚至渴望从中看到更多。

所以你会怎么做？寻找适合你所在行业并建立交流的影响者，这是一个双赢的局面。你可以帮助他们创建内容并体验新事物，并将你的业务展示给新的受众。

3. 创建一个关于你所在区域的指南

旅行者是旅游业的命脉，因此，旅游营销需要围绕旅行者的需求去做。大多数旅行者都不十分了解你所在的地区，因而他们需要非常有价值且有趣的、信息丰富的指南。

这个指南要简单，易于阅读和理解，不需要多么复杂、文笔多么精妙。因为无论它有多好，也很少有人会逐字逐句地阅读。指南中只要包括大家都想做的事情和想要去的景区，以及你对所在地区重要信息的提示。创建一个受欢迎的指南，然后免费赠送给旅行者，这也意味着高品质的照片和专业的设计。

4. 在社交媒体上构建讨论平台

访问你所在地区的人们会有很多问题，这些问题需要在他们来到这里之前得到解答。例如，你是否在这里看到一个主题？

在社交媒体页面创建一个讨论平台是一个增强旅游营销的方法，也有一些企业将社交媒体页面用作客户服务平台。

你将以类似的方式使用它，但不是处理客户投诉，而是快速和信息性地回答有关你所在地区的问题，这些问题包括：

你推荐什么类型的活动？

你知道这个城镇里有一家对狗友好的酒店吗？

使用公共交通工具从这里到那里很难吗？

你收到的大部分问题都很简单。

5. 创建目的地视频

整个在线世界正在转向视频，视频在很短的时间内传达了大量的信息，因此它是展示你是谁以及你做了什么的一种方法。

但是，不要制作一个与你的业务完全相关的视频。相反，向人们展示你的目的地并同时帮助他们即可。我们已经讨论过创建有关你所在区域的信息指南，为什么不将这些信息转换成一个视频呢？

制作有用的视频，展示你所在地区的活动，有关四处游览的有用提示，有趣的事实以及仅限本地人的秘密，在你的网站和社交媒体上分享这些视频。

6. 收集用户生成的内容并推广它

网络是与成千上万的潜在游客联系的主要方式，通过在一般区域内进行宣传或专业地处理潜在访客所拥有并希望满意的兴趣。

人们喜欢使用你的产品或访问目的地的其他人的真实例子，积极评论和照片产生的信任将具有很高的影响力，并帮助其他人了解你的品牌，人们喜欢分享，有些人可能已经以这种方式分享了你的品牌。

7. 按旅行者类型关注你的营销

任何旅游营销计划中最重要的部分之一就是知道你的产品要卖给谁，如果你不专注于自己的方法，那么在竞争激烈的行业中，你们的努力将会付诸东流。

千禧一代，家庭，夫妻，老年人，背包客——你的目标是谁？你知道从哪里开始吗？

如果您在著名的冲浪目的地拥有度假租赁公司，而你的典型客户是家庭，那么首先要针对对冲浪感兴趣的家庭。当你了解有关客户的更多信息时，你可以调整参数并进行分支。

如果你想让更多新婚夫妇来到你的度假村，就要在社交媒体上推广，并说明为什么你的度假村是度蜜月的最佳位置！如果客户通过了你的广告预订，你可以为他们提供蜜月特色美食，包括香槟、巧克力和浪漫晚餐。

（资料来源：https://www.simcf.cc/8317.html，改动较大）

 总结案例

中国在线旅游产业全景图谱

2018年11月28日，北京市文化和旅游局对旅游行业10在线旅游巨头进行行政约谈，规范全市的在线旅游经营行为。北京市文旅局表示，政府层面的旅游问题投诉平台中，涉及在线旅游的投诉量更大，主要涉及在线预订承诺不兑现、售后纠纷处理不及时等问题。随着在线旅游产业市场规模的不断扩大，也暴露出在线旅游企业在投诉处理、对供应商服务质量的把控上存在能力不足等问题，目前国家文化和旅游部已经起草《在线旅游经营服务管理暂行办法》征求意见稿，并已向各省市征求意见，针对在线旅游产业的监管政策即将重磅出台，推动我国在线旅游产业向高质量、高服务、高品质方向发展。

1. 在线旅游产业简介：涉及领域广，参与企业多

在线旅游是随着互联网发展而诞生的一种新型旅游商业模式，是指旅游消费者通过网络向旅游服务提供商预订旅游产品或服务，并通过网上支付或线下付费获得旅游资源的一种商业模式。用户可以通过互联网获取与旅游相关的产品或服务，而将旅游资源整合制作成产品在互联网上进行销售的在线旅游平台则是在线旅游产业的核心。

在线旅游产业链涉及众多领域，参与企业数量众多，且所处行业十分广泛。在线旅游产业链的上游是旅游资源的供应商，包括交通、住宿、旅游项目、服务支持等资源，涉及航空、高铁、客运、酒店、景气、租车公司、娱乐设施、保险签证等诸多企业。在线旅游产业链的中游是旅游产品整合及分销的线上和线下平台，按照模式可以分为线下分销和线上产品整合及分销；线上产品整合及分销模式根据客户群体不同和平台模式不同又可以分为B2B平台、OTA类B2C平台、非OTA类B2C平台。在线旅游的下游主要是各类营销平台，包括个人原创UGC平台、社交网络、搜索引擎、视频网站、移动应用等。此外，对在线旅游提供支持服务的产业也可以算作产业链的一部分，例如，在线支付、旅游金融、到达服务、出行信息提供等，贯穿于整个产业链中。

2. 市场规模：旅游需求不断增加，产业规模快速扩张

2009年12月，国家出台《国务院关于加快发展旅游业的意见》，旅游业一改之前从属行业地位，迎来了政策的春天。"十三五"以来，国家继续保持推动旅游业发展的态度，针对旅游业的现状和模式出台一系列的政策。

在线旅游方面，《"十三五"旅游业发展规划》为在线旅游发展定下基调，提出积极发展"互联网+旅游"，直接推动了在线旅游企业的发展壮大。此外，消费主力人群向"80后""90后"迁移，消费升级、新兴技术发展迅速，为在线旅游创新提供支撑等宏观利好因素，为我国旅游市场互联网化提供了动力，我国在线旅游蓬勃发展起来。

中国宏观经济平稳运行，人均可支配收入稳健增长，随着人们消费观念和消费结构的转变，对旅游的需求也急剧增长。2018年，根据我国旅游局数据，国内旅游人次达到约55.4亿人次，收入约5.13万亿元，同比分别增长10.76%和12.3%；实现旅游总收入5.99万亿元，同比增长10.9%，国民经济支柱性产业地位得以继续强化。

随着我国互联网普及率的不断提高，人们对在线旅游的认可程度也越来越高，加之在线旅游企业与旅游资源供给方面融合程度越来越高，不断推出性价比远远高于传统旅游行业的旅游产品，营销平台的不断发展壮大，促进了我国在线旅游渗透率的不断提升。2018年

上半年，在线旅游行业渗透率提升至 18.68%，2018 年年底在线旅游行业渗透率提升至 19.30%。

随着旅游产业收入的快速增长，在线旅游渗透率的不断提升，我国在线旅游产业市场规模也快速增长，据 Analysys 监测数据，2008—2017 年，中国在线旅游交易规模逐年递增，2017 年交易规模达 8923.3 亿元；2018 年前三季度中国在线旅游交易规模为 7342.62 亿元，逼近中国 2016 年全年在线度假旅游交易规模。2018 年全年中国在线旅游交易规模达 9900 万亿元，万亿规模指日可待。

在线旅游市场规模不断增长的同时，在线旅游市场用户规模及使用率同样有着显著提升。据 CNNIC 数据，我国在线旅游市场用户规模已从 2012 年的 1.12 亿人增长至 2017 年的 3.76 亿人，使用率则从 2012 年的 19.8%增长至 2017 年的 48.7%。2018 年上半年，在线旅游市场用户规模达 3.93 亿人，较 2017 年年末增长 1707 万人，2018 年在线旅游市场用户规模达 4.55 亿人。

3. 市场结构：在线旅游比重不断上升，在线交通占据主流

国内旅游产业增长速度放缓，而在线旅游增长速度快于旅游产业增速，以至于在线旅游在旅游产业中所占的比重越来越高，2018 年，在线旅游市场规模占全部旅游市场总量的 19.30%。在线旅游大致可以分为在线住宿、在线交通、在线度假三大模块。在线交通为比重最大部分，又可以根据出行方式的不同细分为在线机票、在线火车票、在线船票、在线汽车票等。

从 2013—2018 年各细分市场比重来看，在线交通市场比重始终保持在 60%以上，是在线旅游的主要组成部分，2018 年，在线交通市场规模约为 6883.3 亿元，占整个在线旅游市场的 69.53%。从在线交通内部结构来看，随着高铁线路的不断铺开，高铁车次的不断增多，在线机票的份额呈下降趋势。

在线旅游行业的兴起必然离不开在线机票预订市场提供的便利，2018 年前三季度，中国在线机票预订市场交易规模达到 4354.7 亿元。随着国际航线的陆续开通，飞机航班数量的不断增加，2018 年，在线机票市场达到 5871.7 亿元。

相较于在线机票市场，在线火车票市场增长更为强劲。一方面是火车票在线化率的提升，带动在线交易比例的提高；另一方面是高铁的快速普及带来更多交易量。截至 2018 年 11 月，我国高铁营业里程已达 2.9 万公里，是全球高铁里程最长、运输密度最高的国家。2018 年在线火车票市场规模达 1011.6 亿元。

根据 Analysys 统计，2018 年前三季度，中国在线住宿市场交易规模达到 1410.39 亿元人民币，超过了 2016 年全年。从 2018 年前三个季度的在线旅游规模变化情况看，第三季度的在线住宿规模最大；主要原因在于第三季度是旅游旺季，暑期和中秋假期的叠加刺激是在线住宿预订市场交易规模增长的主要因素。具体来看，亲子旅游的爆发和各在线厂商对于亲子旅游产品的开发和营销带动了住宿产品交易规模的增长。2018 年在线住宿市场规模达 1901.8 亿元，占全部在线旅游市场份额的 19.21%。

在线度假与其他细分市场一样，整体规模呈逐年递增趋势。从 2018 年季度数据变化

看,第三季度中国在线度假旅游市场交易规模达到333.35亿元,同比增长5.2%,环比增长28.3%。第三季度进入传统旅游旺季,加之目前游客对于旅游的休闲度假功能诉求明显上升,使本季度在线度假旅游市场交易规模增速较上季度增长28.3%。2018年在线度假市场规模达1114.7亿元,占全部在线旅游市场份额的11.26%。

4. 竞争格局:携程系一家独大,飞猪、美团快速崛起

我国最早进入在线旅游产业的是携程旅游网,携程旅游也凭借先发优势,不断在在线旅游市场中布局,业务覆盖酒店预订、机票预订、旅游度假、商旅管理等领域。2015年10月通过换股的方式收购去哪儿网,加上背后有百度股东的流量入口和资源优势,在线旅游领域变为携程系一家独大,2018年占据在线旅游市场51.7%的份额,如果加上参股的同程艺龙,携程系的市场份额高达66.2%。

市占率排名第二和第三的分别是背靠阿里生态圈的飞猪和腾讯为第一大股东的同程艺龙,分别占据了20.7%和14.3%的市场份额。从最近几年的增长速度来看,背靠阿里生态圈的飞猪与依托新美大平台的美团酒旅依托各自平台优势,崛起速度较快,对携程系可能造成较大威胁。

在线交通领域的竞争主要集中在在线机票预订上,2018年,在线机票市场规模约占在线交通市场容量的87.2%,因此,掌握了在线机票预订的话语权就基本在在线交通领域占据了绝对优势。携程系在机票预订市场上凭借着存量资源+用户黏性依然保持着绝对领先,但市占率已经从2015年的66.5%下降至2018年的59.6%,主要是票务预订标准化程度高、价格相对透明,具备一定流量的参与者都可以分得一定的市场份额,较低的进入壁垒使后入者形成一定的竞争。

在线住宿领域的竞争格局略有不同,美团凭借低端酒店资源的积累以21.2%的市占率位列第二,而携程系深耕中高端酒店市场,保持商旅用户黏性。携程+去哪儿+同程艺龙共同成立"赫城国际"酒店管理平台,牢牢把控住中高端酒店,大携程系在酒店资源端已经形成了辛迪加垄断。除赫程之外,飞猪、美团是其余两个真正具备酒店开拓能力的平台,但是也很难在中高端酒店标品上超越携程,布局非标、卡位低线成为突破的路径。

5. 发展趋势:渗透率不断提升,年轻客群成为主要消费群体

虽然我国在线旅游的渗透率已经达到了19.30%,但是相较于发达国家差距还较大,渗透率最高的国家为英国,可以达到64%,其他发达国家的渗透率均在30%以上,随着我国网民规模的不断增加,互联网普及率的不断深化,在线旅游由于方便、快捷、性价比高等特点也将成为人们选择旅行的主要方式,未来在线旅游产业规模将进一步扩大。

我国在线旅游产业已经进入快速发展期,一二线城市在线旅游渗透率逐渐进入稳态,其用户增长也逐渐趋缓,而三四线城市处于渗透率提升、用户增长的高成长阶段,过去一年在线酒店预订低线用户占比从43%提升至50%,低线城市需求崛起。未来三四线城市成为在线旅游增长的主要区域。

除了渗透率提高,在线旅游需求向低线城市转移之外,未来在线旅游产业也将呈现年轻化、本地化和多样化的特征。

年轻客群正在成长，未来将是在线旅游市场的消费主力，30~45 岁是我国最核心的高支柱型消费群体，当前消费能力最强；25~30 岁是我国最好的高潜型消费群体，美团深耕的是这类群体，消费能力尚未到顶。随着代际更替，3~5 年后，二三十岁的年轻客群将成长为在线旅游市场的消费主力，而随着消费结构的逐渐变化，旅游市场结构也将逐渐向低龄化转变，在线旅游市场也将呈现低龄化的特点。

随着年轻情侣相聚需求及本地用户周边游需求持续增加，在线酒店预订从过去的异地预订为主向本地场景并举转移，主流在线旅游平台也纷纷布局本地化在线旅游，主打本地生活服务的美团在本地酒店预订市场占据优势，易于实现"酒店+餐饮"的配套服务。携程 2017 年上线了"玩转当地"频道，未来也将持续发展本地化战略。

随着消费者的住宿需求更加多样化，共享住宿逐渐流行，民宿为在线旅游提供了越来越多的房源，而且民宿对在线旅游的依赖度更高。相较于酒店的统一场景，消费者也乐于在旅程中体验多样化的住宿场景，多样化也将逐渐成为在线住宿的主要模式。

我国旅游产业不断发展，随着渗透率的提升，在线旅游产业也将越来越大，随着国家政策的支持，行业标准的制定，高质量、高服务和高效率的在线旅游正在成为旅游业的主要模式。未来，在线旅游将逐渐代替传统旅游，在旅游产业中市场份额越来越高，预计 2024 年，我国在线旅游产业市场规模将会超过 1.8 万亿元。

总的来说，在线机票预订在稳定增长中持续优化各个产业链环节；在线酒店预订成核心企业竞争焦点；在线度假市场仅在各个企业谋篇布局而蓄势待发的阶段；支付、移动互联网、数据挖掘等技术的应用则将推动在线旅游行业的巨大发展。这些变化或趋势在未来几年必将进一步深化，在线旅游整体行业的渗透率和成熟度也必将持续而快速地提升。

（资料来源：https://www.qianzhan.com/analyst/detail/220/190328-23c28ffa.html，略改动）

同步练习

一、名词解释

1. 营销 4.0
2. 小红书营销
3. 自媒体工具
4. 大数据

二、简答题

1. 举例说明旅行社新媒体营销优化策略。
2. 简述旅游景区网络营销现状。
3. 简述酒店网络营销的对策。
4. 举例介绍两个视频类自媒体平台。

实训项目

选择一家旅游行业企业，浏览公司官网或者 App，分析其产品和渠道优势有哪些？你认为哪些人是该企业的目标客户？网站或者 App 设计和内容分别有哪些优点和缺点？

以 4~6 位同学为一组，分组提交成果。

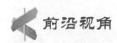前沿视角

AI 如何改变市场营销

人工智能（AI）不仅是一种工具，它还可以成为营销策略的支柱，并使你从竞争中脱颖而出。

以前，人工智能仅限于拥有开发复杂数据分析工具所需资金的大公司或机构。最近，人工智能因其可用性进入日常生活，它由许多应用程序、服务和平台提供。从控制顾客购物的方式，网站向特定访客展示材料的方式，向观众传递的个性化内容，以及每天众多无法察觉的互动，AI 的存在已成为不可避免的现实。虽然人工智能的应用几乎是无限的，但你可以通过以下几种方式将 AI 纳入你的营销策略。

1. 你正与机器人对话

多年来，许多大品牌开始利用聊天机器人与客户进行互动。聊天机器人在处理日常任务时非常有用，例如，促进产品退货、回答客户问题、帮助完成购买以及进行调查。一些独特的人工智能聊天机器人还可以帮助客户协商降低电话费用并提供互动故事。即使查询需要更多的个人接触，聊天机器人仍然可以用来将客户连接到正确的人来解决他们的问题。

2. 数据中的数据

企业非常擅长收集有关客户、交互、习惯、趋势和环境的详细信息，但直到最近，确定如何处理这些信息一直具有挑战性，耗时且昂贵。随着人工智能的兴起，企业可以根据系统中的数据快速分析和创建可操作的计划。

3. 让商业再次成为个人

当让人工智能处理许多耗时的任务时，你可以回过头来为营销和客户体验提供更个性化的体验。你可以花时间回复客户评论，生成内容，并与你的关注者建立更深层次的关系。但请记住，个性化不是放弃人工智能，而是将其融入你的业务中。

4. 内容为王

人工智能可以为你提供创建真正与目标受众产生共鸣的内容所需的数据。人工智能可以查看与你的内容互动的每个细微差别，包括他们的位置，他们访问你的时间，他们如何找到你的内容，他们是否转换为客户或潜在客户等。根据你选择使用的数据挖掘服务，你甚至可以了解有关客户的有价值的人口统计信息。

一旦确切知道你的客户是谁，你就可以创建可靠的内容以最大化投资回报。除通过高质量的材料为客户提供价值外，还可以使用 AI 查看访问者如何查找你的内容。AI 允许合并必要的关键字，以便在更多客户面前展示帖子。当你继续创建精彩内容并使用 AI 分析产生的互动时，将能够进一步调整你的材料，以便直接将内容与最高转换客户相匹配。

不可否认的是，AI 会越来越受欢迎，并成为每个营销人员库中的必备工具。尽管人

工智能可以对利润产生巨大影响,但需要确保最大限度地提高人工智能所带来的好处,同时保持构建忠诚客户的个人接触。虽然一些营销人员可能会选择完全接受人工智能,并将其纳入营销策略的各个方面,但是慢慢采用人工智能并找到最符合业务目标的方面可能是更好的途径。

(资料来源:http://www.seolm.org/1302.html,略改动)

项目小结

本项目首先介绍旅游网络营销的相关概念、产生及发展,分析旅游网络营销主要模式。其次,主要以旅行社、酒店、旅游景区三种旅游行业典型企业为例,阐述其面临的问题和主要对策,介绍了旅游网络营销的优秀案例及做法,对旅游网络营销的最新发展态势做了进一步地阐述,较为详细地介绍了微博营销、移动互联网营销、微信营销、小红书营销、自媒体营销等相关理论和案例。

综合训练

1. 实训项目

选择本地区旅游酒店、旅游景区、旅游交通、旅游餐饮、旅行社等旅游相关企业知名品牌,运用网络营销理论,分析该企业的网络市场营销活动,分析其网络市场营销策略的优劣,并提出相关建议。

2. 实训目标

培养学生资料搜集以及运用网络营销理论分析能力,通过项目让学生综合运用旅游市场营销体系知识。

3. 实训指导

(1) 指导学生掌握资料搜集方法。

(2) 给学生提供必要的参考框架。

4. 实训组织

(1) 把所在班级学生分成小组,每组4~6人,确定组长,实行组长负责制。

(2) 针对不同的旅游企业,运用网络营销理论完成旅游企业网络营销报告,进行 PPT 汇报,在课堂上进行汇报交流。

5. 实训考核

(1) 根据每组的旅游企业网络营销活动报告 PPT 汇报,由主讲教师进行评分和点评,占 50%。

(2) 课堂讲解完后,每个小组互评,各给出一个成绩,取其平均分,占 50%。

参 考 文 献

[1] 菲利普·科特勒，约翰·T. 鲍文，詹姆斯·C. 麦肯斯. 旅游市场营销[M]. 6版. 谢彦君，李淼，郭英，等译. 北京：清华大学出版社，2017.

[2] 李学芝. 旅游市场营销与策划：理论、实务、案例、实训[M]. 3版. 大连：东北财经大学出版社，2018.

[3] 谢彦君，梁春媚. 旅游营销学[M]. 北京：中国旅游出版社，2008.

[4] 李光瑶，石斌. 旅游市场营销[M]. 北京：清华大学出版社，2013.

[5] 屈云波. 旅游业营销[M]. 北京：企业管理出版社，1999.

[6] 张红英. 旅行社营销[M]. 上海：复旦大学出版社，2011.

[7] 操阳，纪文静. 旅游市场营销[M]. 2版. 大连：东北财经大学出版社，2019.

[8] 安贺新，史锦华，韩玉芬. 旅游市场营销学[M]. 2版. 北京：清华大学出版社，2018.

[9] 吴金林，李丹. 旅游市场营销学[M]. 北京：高等教育出版社，2010.

[10] 陈丹红. 旅游市场营销学[M]. 北京：清华大学出版社，2019.

[11] 王宁. 旅游市场营销[M]. 广州：广东高等教育出版社，2014.

[12] 赵利民，唐卫东. 旅游概论[M]. 长春：东北师范大学出版社，2008.

[13] 傅云新，蔡晓梅. 旅游学[M]. 广州：中山大学出版社，2007.

[14] 刘德光. 旅游市场营销学[M]. 北京：旅游教育出版社，2006.

[15] 王梦娜，曹宇宁. 移动互联网背景下杭州传统旅行社营销策略研究[J]. 商场现代化，2017(5):44-45.

[16] 佟欣. 基于移动互联网时代下的经济型酒店微信营销策略探析[J]. 经贸实践，2017(12):140-141.

[17] 武传表，万绍娟. 大连市旅行社业新媒体营销策略优化[J]. 电子商务，2018(4):46-47.

[18] 秦杨. 大数据背景下旅游企业网络营销创新[J]. 产业与科技论坛，2017(12):220-221.

[19] 李佳蔓. 旅游业的网络营销发展态势及对策[J]. 品牌，2015(9):19-20.

[20] 孙沁茹. 大数据视角下的酒店网络营销策略研究[J]. 中国商论，2017(12):47-48.

[21] 唐伟，刘璇. 酒店类微信公众号营销对策研究[J]. 环渤海经济瞭望，2017(9):64-65.